譯註 鴿原雜詠

乾 日

靜觀齋先生集

註譯

鴒原雜詠

乾㈠

靜觀齋先生集

신범식(申範植)

충북 청주 출생(자 仲楷).
가정에서 부친 景雲公과 청주향교 명륜당에서 申若浩 선생으로부터 한문을 수학하고, 상당고전연구소 石邨 李斗熙 선생과 한국고전번역원 명예교수 寒松 成百曉 선생을 사사하였다.

청주대학교 사범대학 한문교육과 졸업하고, 청주대학교 대학원 한문학과에서 석사학위를, 한성대학교 대학원 국문학과에서 박사학위를 받았다.
유원대학교 교수로 교양융합학부장·도서관장·평생교육원장·학생처장·교무처장·대학원장을 지냈고, 현재 부총장이다.

국사편찬위원회 《승정원일기》 정보화사업 교열위원을 거쳐, 백곡김득신기념사업회 연구위원, 증평학연구소 연구위원, 유원대학교 호서문화연구소 전임연구위원, (사)해동경사연구소 이사, 충청북도 문화유산위원회 전문위원으로 활동하고 있다.

주요 저역서로는 『국역 백곡집』(2006문화관광부 우수학술도서, 2006), 『백곡 김득신의 문학론과 문학세계』(2011대한민국학술원 우수학술도서, 2010), 『譯註 名家寶墨』(공역, 2011), 『(국역)영조국장도감의궤』(공역, 2018), 『道岡詩稿』(2019), 『예관신규식전집 제1권·아목루』(공역, 2019), 『역주 농계유고』(공역, 2020), 『譯註 大谷集』(공역, 2021) 외 다수가 있다.

譯註 鴿原雜詠 乾 ㊀ | 靜觀齋先生集

제1판 제1쇄 발행 2025년 11월 24일

지은이 신저
옮긴이 신범식
펴낸이 허재식
펴낸곳 고반
주소 (28042) 충청북도 괴산군 소수면 민들레마을길 58.
전화 043-832-1866
전송 0504-241-1866
전자우편 gb@gobanbooks.com
홈페이지 www.gobanbooks.com
블로그 blog.naver.com/gobanbooks
출판신고 제446-251002009000053호(2009년 7월 27일)
ISBN 978-89-97169-70-2 (94810)
978-89-97169-69-6 (전3권)

값 70,000원(전3권)
옮긴이와 협의하여 인지는 생략합니다.

이 책은 '고령신씨영성군파종약회'의 지원을 받아 제작되었습니다.

《역주 영원잡영》 서
譯註鴒原雜詠序

우리나라 도학(道學)과 문장(文章)의 훌륭함이 조선조 선조(宣祖)의 시대보다 더 융숭한 적이 없었는데, 이때에 영천신씨(靈川申氏) 가문에 훌륭한 세 명의 형제분이 있었으니, 첫째는 정관재(靜觀齋)로 휘(諱)가 저(渚)이고 자(字)가 백원(伯源)이며, 다음은 졸재(拙齋)로 휘가 식(湜)이고 자가 숙정(叔正)이며, 막내는 하은(霞隱)으로 휘가 용(涌)이고 자가 계달(季達)이다. 아버지는 휘가 중엄(仲淹)인데 음직(蔭職)으로 벼슬하여 통정대부(通政大夫)에 이르고 좌찬성(左贊成)에 추증(追贈)되었으며, 어머니는 문화유씨(文化柳氏)이다.

세 아드님은 모두 총명하고 영특한 자질로 시(詩)와 예(禮)를 전해오는 가문에서 생장하여 자신을 위하는 성인(聖人)의 학문을 알았고, 일찍이 퇴계(退溪) 이(李) 선생을 스승으로 삼아서 독실히 믿고 예를 좋아하였으며, 퇴계가 별세하자 또다시 대곡(大谷) 성운(成運) 선생의 문하에서 수학(受學)하여 진실로 알고 참으로 실천하며 마음을 보존하여 본성을 길렀다.

정관재공은 특수한 자질을 타고나고 일찍 두 현자에게 배워서 비분강개(悲憤慷慨)하여 큰 뜻이 있어서 과문학(科文學)에 급급하지 않았다. 태학(太學)에서 유학할 때에 명재상들이 모두 공경(公卿)의 지위에 오를 것으로 기약하였다. 일찍이 향공(鄕貢)에서 천거되어 예조(禮曹)의 시험에 갔을 적에 간사한 무리들이 부정한 짓을 하는 것을 보고는, 영원히 돌아와 부모를 효성(孝誠)으로 봉양하고 여러 아우들을 훈도(訓導)하였다. 어머니 유씨(柳氏)가 용담현(龍潭縣) 관아에서 별세하자 돌아와 청주(淸州)에 장례하고 묘 곁에서 시묘살이를 하였는데, 너무 슬퍼해서 건강을 해쳐 병을 이루어 이 때문에 일찍 별세하였다. 역학(易學)과 예설(禮說)에 밝아 《역행연의(易行衍義)》와 《예설총론(禮說總論)》을 저술하였으나 병란(兵亂)에 모두 잃었으니, 애석하다.

둘째와 셋째 두 분은 백씨(伯氏)와 함께 일찍 두 선생의 문하에서 수학하고 젊은 나이에 과거에 올라 문장을 잘한다는 명성이 크게 떨쳐졌으며, 내직(內職)과 외직(外職)의 높은 벼슬을 지내고 끝내 참판(參判)에 이르렀다. 가정에서의 행실이 순수하고 돈독하여 효도와 우애가 천성(天性)에서 우러나왔다. 행하신 일과 경력이 두 분 모두 서로 비슷하였는데, 조정에 있을 때에는 도를 행하고 직간(直諫)을 하는 것으로 자임(自任)하였으며, 목민관(牧民官)이 되어서는 백성을 교화하여 아름다운 풍속을 이루는 것을 위주하여 부임하는 곳에는 언제나 훌륭한 성적(成績)이 있었다. 또 예학(禮學)에 심오하여 '예서(禮書)'를 편찬하니, 사람들은 내용이 정밀하고 심오함에 탄복하였고, 사계(沙溪) 김장생(金長生) 선생은 일찍이 예(禮)를 안다고 인정하고 편지를 보내어 의심나는 곳을 물었다. 시문(詩文)은 올바른 성정(性情)에서 나와서 중평(中平)하고 순수하며 청화(淸和)하고 원전(圓轉)하여 한결같이 윤리(倫理)를 바로잡고 도학(道學)을 밝히는 것을 힘썼으니, 옛날에 이른바 '인자(仁者)의 글은 간곡하다.'는 것이다.

효행(孝行)이 탁이(卓異)하여 찬성공(贊成公)을 받들 적에 뜻과 몸을 모두 봉양하여 어버이의 기쁨을 지극히 하였다. 어버이를 위하여 장수를 축하하는 잔치를 열자 여러 문장가들이 모두 시를 지어 축수(祝壽)해서 시축(詩軸)을 이루었다. 봄과 가을로 잔치를 베풀어 해마다 이와 같이 하니, 사람들이 모두 영화롭게 여겼다.

둘째와 셋째 두 분은 성품이 본래 강직하였는데 어두운 조정인 광해군(光海君) 때에 정도(正道)를 지키고 흔들리지 않았으며, 인목대비(仁穆大妃)를 폐출할 적에 조정의 청원에 참여하지 않았으므로 간사한 소인들에게 곤궁을 당하여 벼슬길이 막혔으니, 또한 조행(操行)이 곧고 깨끗함을 볼 수 있다. 그러나 일찍이 이것을 말씀과 얼굴빛에 나타내지 않았으며 고향에 돌아가 노년을 보낼 계책으로 삼으니, 우뚝하여 그 미칠 수가 없다. 만년(晩年)에 찬성공의 상(喪)을 당하자 혈기(血氣)가 이미 노쇠하였으나 상례(喪禮)를 《주문공가례(朱文公家禮)》를 한결같이 따랐는데, 그 예(禮)보다 더하였다. 둘째인 졸재공은 이로 인해 끝내 효행으로 정려문(旌閭門)과 복호(復戶)를 받았으나 막내 하은공에게는 미치지 못하니, 사람들이 모두 애석해하였다.

집안에 세 선생의 유집(遺集)이 전해오는데 가문이 본래 청빈(淸貧)하여 이것을 오랫동안 책상에 보관해두고 발간하지 못하였다. 비록 때에 따라 이것을 붓으로 등서(謄書)하였으나 오류가 많으니, 후손들의 서운함이 어떠하겠는가. 수십 년 전에 석판(石版)으로 출간하였으니 매우 다행이었다. 그러나 교정이 정밀하지 못하여 오탈자(誤脫字)가 더욱 많으며, 원본 또한 잃어버려서 대조하지 못한다.

신범식(申範植) 교수는 하은공의 12대손이다. 천성이 학문을 좋아하여 나와 종유(從遊)한지가 오래되었다. 그리고 선조의 일에 더욱 힘을 다하였다. 졸재공집(拙齋公集)·하은공집

(霞隱公集)은 원래 빠진 부분이 있었는데, 마음을 다하여 수집(蒐輯)하고는 마침내 스스로 번역하고 이름을 '역주(譯註) 영원잡영(鴒原雜詠)'이라 하니, 모두 3책이다. 이 문집은 비록 시(詩)를 읊음에 그치지 않았으나 위주한 것이 시이고, 또 옛 제목을 따른 것이다.

어느 날 신 교수가 나에게 이렇게 말씀하였다. "우리 선조이신 삼형제 분은 학문의 문로(門路)가 이미 바르고 시문(詩文) 또한 높았으나 집안에 재력이 미치지 못하여 출판하지 못하였습니다. 뒤에 간행한 본(本)이 있지만 오류와 누락한 부분이 많으므로 제가 마침내 힘을 다하여 보충해서 번역을 하였으나, 저는 학문이 얕고 재주가 부족하여 비슷한 글자의 오자(誤字)를 구분하지 못하니, 다만 아득할 뿐입니다. 원컨대 선생께서는 서문(序文)을 써 주시고 겸하여 수정을 가해주십시오."

나는 이에 대답하기를 "나는 본래 문장을 잘하지 못하고 시에는 더욱 몽매(蒙昧)하며 또 정신이 혼몽(昏懜)하니, 어찌 이것을 감당하겠는가. 세 선생의 훌륭한 행실과 출처(出處)의 바름, 문장과 이력(履歷)의 자세함은 모두 원집(原集)에 자세히 나와 있다. 다만 신 교수가 선조를 위하는 정성이 무궁하여 비록 한 마디 말씀과 짧은 글귀라도 《조선왕조실록(朝鮮王朝實錄)》 등 국고문헌(國故文獻)과 여러 집안의 유집을 상고하여 10여 년에 거쳐 빠진 것을 보충하고 잘못된 것을 바로잡았으니, 그 마음이 참으로 지극정성이었다. 내 비록 한 번 읽었으나 수정하지 못하고 약간 오자를 바로잡았을 뿐이다. 이 문집은 분량이 그리 많지 않으나 거의 전체의 큼을 알 수 있으니, 옛날에 이른바 '한 점 고기에서 온 솥 안의 맛을 안다.'는 것이 아니겠는가." 하고는, 마침내 이것으로 서문(序文)을 쓰노라.

을사년(乙巳年) 맹하(孟夏)의 초하루에 창산(昌山) 후학(後學) 성백효(成百曉)*는 삼가 쓰다.

---

* **성백효(成百曉)** : 1945년 예산 출생. 자는 동영(東英), 호는 한송(寒松), 본관은 창녕(昌寧). 민족문화추진회 부설 국역연수원 연수부 수료, 고려대학교 교육대학원 한문교육과 수료. 민족문화추진회 국역실 전문위원, 단국대학교 동양학연구소 사전편찬원, 국방부 전사편찬위원회(군사연구소) 책임편찬원과 민족문화추진회 부설 국역연수원 교수, 한국국학진흥원 고전국역자 양성과정 강사, 성균관대학교·경희대학교 겸임교수를 역임하였고, 서울대학교 인문대학 사학과 및 사범대학 국사교육과 한문 지도를 하였다. 현재는 사단법인 해동경사연구소 소장, 한국고전번역원 명예교수, 김해 월봉서원 원장, 유원대학교 호서문화연구소 고문이다. 역서로 《논어집주(論語集註)》를 비롯한 25여 종의 사서삼경과 《고문진보(古文眞寶)》 등 11여 종의 중국고전, 《명심보감(明心寶鑑)》 등 7여 종의 기초한문, 《우계집(牛溪集)》 등 36여 종의 한국문집 및 기타 논문 등 다수가 있다.

我國道學文章之盛 莫隆於朝鮮穆陵之際 於是時 靈川氏有三良焉 伯曰靜觀齋諱渚字伯源 次曰拙齋諱湜字叔正 季曰霞隱諱涌字季達 考諱仲淹 蔭仕至通政 贈左贊成 妣文化柳氏 三子者俱以聰明穎悟之資 生長詩禮之家 早知爲己之學 嘗師退陶李先生 篤信好禮 卒又修學于大谷成先生之門 眞知實踐 存心養性 靜觀齋公生稟異質 早從兩賢學 慨然有大志 不屑屑於科業 遊太學時 名公巨卿皆以公輔期之 嘗擧鄕貢赴禮曹 見奸徒用事 浩然長歸 孝養父母 訓導諸弟 妣柳氏歿於龍潭縣衙 歸葬清州 廬于墓側 哀毁成疾 因此早卒 明於易學禮說 著易行衍義及禮說總論 而盡佚於兵亂 惜哉

叔季二公 與伯氏早遊兩先生之門 少年登科 文名大振 歷揚內外 累官至參判 內行純篤 孝友天性 其行事經歷 亦皆相類 立朝以行道直諫自任 牧民以化民成俗爲主 所莅輒有成績 又邃于禮學 纂集禮書 人服其精深 沙溪金先生嘗許以知禮 致書問疑 詩文出乎性情之正 中平純粹 清和圓轉 一以正倫理明道學爲務 古所謂仁者之言藹然者也 孝行卓異 奉贊成公 志體俱養 極其歡娛 爲親設慶壽筵 文匠詞伯皆以詩祝之 積成卷軸 春秋設宴 歲以爲常 國人榮之 叔季二公 性本剛直 至于昏朝 守正不撓 西宮之廢不參庭請 由是厄於憸邪 進塗枳塞 可見操履之貞介 然未嘗見於幾微 還鄕爲終老計 卓乎其不可及矣 晩丁贊成公憂 血氣旣衰 喪禮一遵朱文公家禮而過之 拙齋公卒以孝旌閭復戶 然未及於其季 人皆惜之

家傳遺集 而素清寒 久藏篋笥 未嘗登梓 雖隨時謄書 訛誤多矣 後裔之憾 爲如何哉 數十年前 以石版出刊 幸莫甚焉 然校讎未精 尤多脫誤 原本亦失 不能照勘 申教授範植甫 霞隱公之十二代孫也 性好學 與予從遊久矣 於先祖之事 尤致力焉 拙齋公集霞隱公集 原有缺漏 而盡心蒐輯 乃自爲譯 名之曰譯註鴒原雜詠 總三冊也 此集雖不止於吟詠 其爲主者詩 又因其舊題也 一日謂予曰 吾先祖伯叔季三位 門路旣正 詩文亦高 家力未逮 未能出版 後有刊本 而多謬誤漏落 某乃盡力補完 爲譯解 而學淺才薄 不能辨虎帝之訛 只是茫然而已 願吾子爲之一言 兼加修正焉 予應之曰 曉素不文 於詩尤鹵莽 又精神昏耄 焉敢當之 三先生行義出處之正 文章履歷之詳 俱有原集可詳焉 但申教授爲先之誠無窮 雖一言隻字 考之於實錄等國故文獻與諸家遺集 閱十餘星霜 缺者補之 誤者正之 其心良苦矣 予雖一讀 不能修潤 略加竄乙而已 此集雖不多 而庶可以知全體之大矣 古所謂一臠知鼎者非耶 遂爲之序

乙巳孟夏之朔 昌山後學 成百曉 謹序

《역주 영원잡영》 해제

심경호(沈慶昊)*

1. 서문

《영원잡영(鴒原雜詠)》은 고령신씨(高靈申氏)의 신저(申渚, 1544~1588), 신식(申湜, 1551~1623), 신용(申涌, 1560~1631 처음 이름 신설(申渫)) 삼형제의 시문과 관련 자료들을 모은 합편 문집으로, 1961년 4월에 하은 신용(신설)의 12대 후손 신존식(申存植)에 의해 석인본 3권 2책으로 간행되었다. 이 역주본은 석인본을 저본으로 하되, 그 후손 신범식(申範植) 교수가 습유를 대폭 증보하고 상세한 주석을 붙인 것이다.

신저 이하 삼형제는 곧 신숙주(申叔舟)의 5대손이다.[1] 조부는 신서(申漵, 1483~1537)이고, 부친은 신중엄(申仲淹, 1522~1604)이다. 저의 자는 백원(伯源), 호는 정관재(靜觀齋), 신식의 자는 숙지(叔止), 호는 졸재(拙齋)·용졸재(用拙齋), 신용(신설)의 자는 계달(季達 처음 자는 계수(季收)), 호는 하은(霞隱)·하곡(霞谷)이다.[2] '영원'이란 말은 우애 있는 형제를 뜻하는 말이다. 《시경》〈소아(小雅)·상체(常棣)〉의 "저 할미새 들판에서 호들갑 떨듯, 급할 때는 형제들이 서로 돕는 법이라오. 항상 좋은 벗이 있다고 해도, 그저 길게 탄식만을 늘어놓을 뿐이라오.[鶺鴒在原, 兄弟急難. 每有良朋, 況也永歎.]"라는 말에서 유래했다. 곧 신저 등 삼형제가

---

* 심경호(沈慶昊) : 현 고려대학교 명예교수. 서울대학교 국어국문학과와 동 대학원 석사과정 졸업하고, 일본 교토대학 문학박사 학위를 받았다. 고려대학교 문과대학 한문학과 교수 및 고려대학교 한자한문연구소장을 역임했다. 현재는 동아한학연구 편집위원장, 애산학회 이사 및 편집위원장, 전통문화연구회 이사, 율곡국학원 이사이다. 저서로 《한학 입문》·《김시습 평전》·《안평》·《김삿갓 한시》·《내면기행》·《산문기행》·《한국의 석비문과 비지문》·《호, 주인옹의 이름》 외 다수가 있고, 역서로 《주역철학사》·《서포만필》(상·하)·《심경호 교수의 동양 고전 강의: 논어》(1~3) 외 다수가 있다.

1) 신숙주 이후, 신형(申泂)과 연일정씨[정보(鄭溥)의 딸], 신광윤(申光潤, 1468~1554)[전부인 파평 윤필상(尹弼商)의 외손, 제2배 충주지씨 지준(池浚)의 딸, 계실 김해김씨 김하(金河)의 딸]과 충주지씨 소생 신서(申漵)로 이어졌다.

2) 한국학중앙연구원 한국역대인물종합정보시스템에 신용(申涌)을 '대사헌(大司憲) 졸재(拙齋) 신식(申湜)의 종제(從弟)'라고 잘못 해설했다.

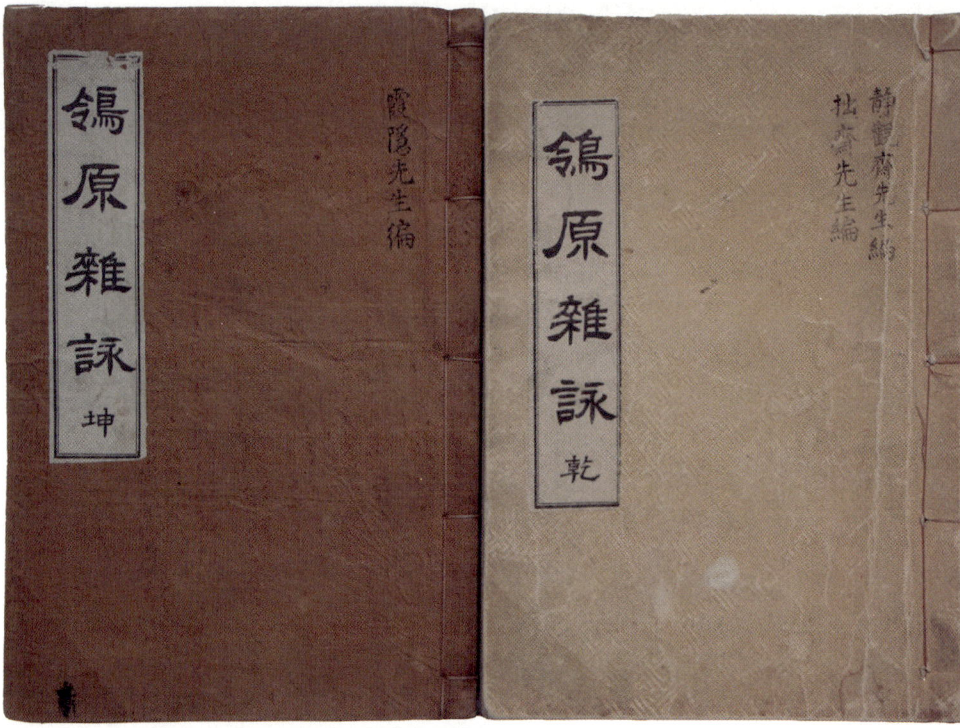

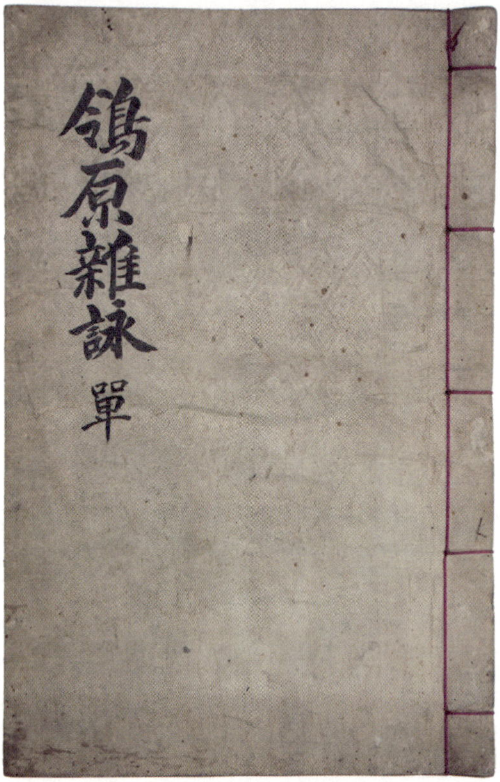

《영원잡영》 석인본(위)과 필사본(아래)

석인본 《영원잡영》은 3권 2책으로, 건(乾) 책에는 《정관재선생편(靜觀齋先生編)》과 《졸재선생편(拙齋先生編)》을 수록하고, 곤(坤) 책에는 《하은선생편(霞隱先生編)》을 수록했다.
필사본 《영원잡영》은 불분권 1책(120장)으로, 시만을 수록했는데 신저(申渚)의 단독 음영 및 수창(首唱)과 신식(申湜)·신용(申涌)의 수화(酬和) 사실에 따라 편집했다.

생전에 형제급난(兄弟急難)의 짙은 우의를 지녔던 것을 추모하여, 그 세 사람의 시문에 이 표제를 사용한 것이다. 《영원잡영》에는 실제로 삼형제가 서로 수창한 시들이 적지 않다.

《영원잡영》의 1961년 석판본은 1960년(단기 4293년, 경자) 9월 9일(중양일)에 하은 신용(신설)의 11대손 신백우(申伯雨, 1888~1962)가 《영원잡영》의 서문을 짓고, 1960년 12월 하순에 신존식(申存植)이 발문을 지었으며, 1960년 11월 21일 족예손 신현모(申顯謨)도 발문을 지었다. 1961년에 신현모는 〈좌윤공실록(左尹公實錄)〉을 작성하여 정관재 신저의 막내아우 신은(申濦)의 실기와 자손들을 소개했다.[3]

고령신씨의 시조는 고려 때 군기감 검교를 지낸 신성용(申成用)이고, 중시조는 보한재 신숙주의 일곱째 아들인 영성군(靈城君) 신형(申泂)이다. 영성군의 맏아들인 신광윤(申光潤)은 충청도 청원군 낭성면 묵정리(墨井里) 먹우물동네(머그미마을)에 복거했다.[4] 즉, 연산군의 갑자사화(1504) 당시 신광윤은 영의정 윤상필이 외손서라서 연좌되어 고초를 겪고, 중종반정으로 풀려나 1510년(중종 5) 무렵 현재 청주시 청원구 북이면 용계리 모애(茅涯) 마을로 낙향하였다. 그러나 1537년 맏아들 신서[5]가 그곳에서 사망하자 1540년(중종 35) 청주의 상당산(上黨山) 동쪽인 청원군 낭성면 묵정리 머그미마을에 복거하였다. 신서는 사맹(司猛)을 지냈고 이조참판에 추증되었다. 묵정리에는 현재 육현사(六賢祠)를 비롯하여 여러 기념물이 남아 있다.

신저(申渚)·신식(申湜)·신용(申涌 신설)의 부친은 신중엄이다. 음보로 벼슬길에 올라, 통정대부에 이르고 수관(壽官)으로 가선대부(嘉善大夫) 동지중추부사에 올랐다. 부인 문화유씨(1522~1564)는 사도시 정(司䆃寺正)을 지낸 유엄(柳渰)의 딸이다. 신중엄이 1604년 타계하자 가을에 간성군수(杆城郡守) 최립(崔岦)이 묘지문(墓誌文)을 지었다. 1619년(광해군 11)에 이르러 우의정 심희수(沈喜壽, 1548~1622)가 비문을 지었다. 타계 후 42년 뒤에 자손의 공로로

---

3) 1961년 1월 15일. 족예손 신현모가 〈좌윤공실록(左尹公實錄)〉을 작성했다. 《하은집》 부록에 수록되어 있다.

4) 신광윤(申光潤, 1468~1554)의 자는 윤지(潤之), 호는 일재(逸齋)이다. 문충공(文忠公) 보한재(保閒齋) 신숙주(申叔舟)의 손자이며, 문간공(文簡公) 기재(企齋) 신광한(申光漢, 1484~1555)의 형이다. 연산군 때 한성참군으로 있다가, 갑자사화 때 영의정 윤필상(尹弼商)의 외손서라는 이유로 연좌되어 구금되었다. 중종반정으로 석방된 뒤 청주로 낙향하였다. 좌승지에 추증되었다. 1609년(광해군 원년, 기유) 50세의 하은 신용(신설)이 〈증승정원좌승지신공묘비문(贈承政院左承旨申公墓碑文)〉을 작성했고, 그해 8월에 신식이 호서관찰사로 있으면서 비를 세웠다. 신용, 〈증승정원좌승지신공묘비문(贈承政院左承旨申公墓碑文)〉(기유, 1609년, 광해군 원년), 《고령신씨세보유사(高靈申氏世譜遺事)》 수록.

5) **신서(申漵)** : 자는 자심(子深)이다. 음직으로 부사맹을 지냈다. 연산군때 갑자사화에 윤필상 사건으로 연좌되었고, 중종 때 기묘사화에 또한 연좌되어 평생 벼슬길에 나가지 않았다. 이조참판에 추증되었다.

좌찬성에 추증되었다. 1655년(효종 5)에 신도비가 건립되었다. 비문은 심희수의 찬이고, 글씨는 면천군수 이산뢰(李山賚)가 썼다. 홍문관 부제학 여이징(呂爾徵, 1588~1656)이 두전(頭篆)을 올렸다. 청주시 상당구 낭성면 관정리 430-1에 신도비가 있다.

신저(申渚)는 신중엄과 정경부인 문화유씨와의 사이에서 태어난 3형제 중 장남이다. 15세 때부터 아우 신식을 효제충신(孝悌忠信)과 예의염치(禮義廉恥) 등의 말로 일깨웠다. 모친상을 당한 이후로는 어린 아우 신용(신설)을 보듬었다. 17, 18세에는 태학에 유학(遊學)했는데, 상공 정언신[6]이 장래를 기대했다. 향시에 합격하고 예조에서 과거를 보러 갔다가 시국을 한탄하여, "해는 저물고 찬바람 세차니, 날리는 티끌이 옷을 더럽힐까 저어되네.[日暮西風急, 飛塵恐汚衣.]"라고 읊고는 돌아왔다. 아우 신식과 함께 성운(成運, 1497~1579)의 문하에서 유학하고, 예학(禮學)에 힘쓰고 역학(易學)에 조예가 깊었다. 1564년(명종 19, 갑자) 8월에 부친이 전라도 용담현(龍潭縣) 관아에서 타계하자 겨울에 반장하여 청주 묘소 곁에서 여막살이를 했다. 이때 한질(寒疾)에 걸렸다. 청주 묵정에 한 칸 집을 따로 짓고 '정관(靜觀)'이라 명명했다. 송나라 정호(程顥)의 〈춘일우성(春日偶成)〉 시에 "만물은 고요히 관찰해 보면 모두가 자득하여, 사시의 아름다운 흥취가 사람과 똑같네.[萬物靜觀皆自得, 四時佳興與人同.]"라고 한 구절에서 '정관'이라는 재호를 따왔다. 1579년 성운이 타계하자 제문을 지어 곡했다. 1588년(선조 21, 무자) 가을 병이 위독하자, 아우 신식에게 박장(薄葬)할 것을 유명(遺命)으로 남기고, 9월 26일 정침에서 졸하였다. 11월에 묵정 건좌(乾坐) 언덕 모친의 묘 아래에 장사지냈다. 전부인은 적순부위(迪順副尉) 함창(咸昌) 김정준(金廷俊)의 딸로, 득준(得濬)과 득해(得海)를 낳았다. 후배는 사평(司評)을 지낸 능성(綾城) 구심언(具審言)의 따님으로, 득호(得灝)를 낳았다. 저서로 《역행연의(易行衍義)》 3권과 《예설총론(禮說總論)》 4권이 있었으나, 병란에 산일되었다.

신식(申湜)은 1576년(선조 9) 충의교위(忠毅校尉)일 때 병자(丙子) 별시(別試)에 병과(丙科) 5위(08/19)로 급제했다. 시제는 표(表) 〈의당사문박사한유진원화성덕시(擬唐四門博士韓愈進元和聖德詩)〉였다. 이후 사헌부 집의(司憲府執義)로 있을 때 정여립(鄭汝立)의 일파

6) 정언신(鄭彦信, 1527~1591) : 본관은 동래(東萊), 자는 입부(立夫), 호는 나암(懶庵)이다. 함경도병마절도사·대사헌·부제학·함경도관찰사·병조판서 등을 역임하였다. 우의정이 되어 정여립(鄭汝立)의 모반 후 그 잔당에 대한 옥사를 다스리고는 위관(委官)에 임명되었으나, 서인 정철(鄭澈)의 사주를 받은 대간으로부터 정여립의 구촌친(九寸親)이므로 공정한 처리를 할 수 없다는 탄핵을 받아, 위관을 사퇴하고 이어서 우의정도 사퇴했다. 정철 등으로부터 계속 정여립의 일파로 모함을 받아 갑산에 유배되어 그곳에서 죽었다. 1599년에 복관되었다. 문경의 소양사(瀟陽祠)에 제향되었다.

로 탄핵되어 유배당하였다가 1592년 다시 집의가 되었다. 임진왜란 때에는 경상도안무어사(慶尙道按撫御史)로 활약하였다. 그 뒤 동부승지·좌부승지·좌승지 등을 역임하고 대사간과 부제학을 거쳐 도승지·동지중추부사·공조참판 등을 지냈다. 1597년(선조 30) 명나라 급사중 서관란(徐觀瀾)이 양호(楊鎬)의 일을 조사하러 와서 동궁을 보자고 했을 때 대신들이 부제학 신식을 동궁 수행원으로 추천했다. 그런데 선조는 "신식을 졸(拙)하다"고 했다, 신식은 졸재라고 자호했다. 광해군 때 신식은 다시 그 일을 상기하여 여러 사람에게 글을 받았다.[7] 1599년(선조 32) 사은사(謝恩使)로 명나라에 다녀왔다.[8] 환국 후에 호조참판·대사헌이 되었다. 광해군 즉위 후에 충청도관찰사·동지중추부사를 지내고, 1612년(광해군 4) 7월부터 1615년(광해군 7) 1월까지 강원도관찰사를 지낸 후 임기 만료 후 체직되었다. 1618년(광해군 10) 다시 사은사로 명에 가서 왜의 실정을 알렸다. 말년에는 지중추부사로 기로소(耆老所)에 들어갔다. 예학에 밝아, 《의례고증(疑禮攷證)》과 《가례언해(家禮諺解)》 등을 저술했다. 1695년(숙종 21) 충청북도 청주시 상당구 낭성면 무성리 344-1번지에 신식을 제향하는 쌍천서원(雙泉書院)이 설립되었다. 1871년(고종 8) 서원철폐령으로 없어졌다가 이후 1989년 고령신씨 문중에서 다시 세웠다. 2015년 4월 17일 청주시 향토유적 제6호로 지정되었다.[9] 신식은

---

7) 이호민(李好閔)의 시, 최립(崔岦)·홍가신(洪可臣)·유몽인(柳夢寅)의 기, 홍가신·이수광(李睟光)의 후서(後敍), 이준(李埈)·정경세(鄭經世)의 명(銘), 정구(鄭逑)의 설(說), 신흠(申欽)의 찬(贊) 등이다. 안세현, 〈17세기 전반 누정기 창작의 일양상-신식(申湜)의 '용졸재(用拙齋)'에 붙인 기문(記文)을 중심으로-〉, 《어문논집》 58, 민족어문학회, 2008, pp.193~228.

8) 《선조실록》 권118, 선조 32년 10월 13일(기축)에 보면, 사은사 신식이 북경에서 귀환하는 길에 통주(通州)에서 통사 차경인(車敬仁)과 이마(理馬) 탁영남(卓永男)을 통해 장계하여, 중국 조정에 돌아간 중국 장수의 관직 상황을 아뢰었다. 즉, 신식은 8월 7일 비로소 북경에 도착했는데, 9일에 승리를 선포하는 의식 때문에 홍려시(鴻臚寺)에서 보고하는 단자를 접수하지 않아 10일에 조현했다. 11일에 담당관에게 표문(表文)과 방물(方物)을 바쳤으며 9월 6일에는 상사(賞賜)를 받았다. 11일에 사조(辭朝)하려 하였으나 예부에서 출근하지 않아 사조하지 않고 그날로 북경을 출발했다. 사조하던 날 관리들이 '상서(尙書) 석성(石星)이 옥중에서 병으로 인해 죽었다'는 사실, '동정(東征)의 공로 서열을 그저께 내렸는데, 경리(經理) 양호(楊鎬)는 기용되고 진 제독(陳提督)은 세습(世襲)되었으며, 유 제독(劉提督)은 도독에 승진되고, 동지(同知) 서 급사(徐給事)도 기용되었으며, 정응태(丁應泰)는 상으로 은 50냥을 받았을 뿐이다.' 라고 들었다고 한다.

9) 내부는 통간 콘크리트 방에 3개의 쌍문을 달았고 정면 뒤의 편액에는 '효자증자헌대부이조판서겸지경연의금부춘추관성균관사홍문관대제학예문관대제학오위도총부도총관행가의대부사헌부대사헌겸동지춘추관사신식지문(孝子贈資憲大夫吏曹判書兼知經筵義禁府春秋館成均館事弘文館大提學藝文館大提學五衛都摠府都摠管行嘉義大夫司憲府大司憲兼同知春秋館事申湜之門)'이라고 쓰여 있다. 신식의 전신교의좌상(全身交倚坐像)영정이 있다. 먹으로 바탕을 그린 견본(絹本)으로, 가로 110cm, 세로 171cm의 크기이다. 제작 연대와 화가는 알려져 있지 않다.

노개(盧塏)의 따님을 아내로 맞아, 아들 신덕자(申德滋)를 낳았다. 그 다음 아들과 딸 넷을 두었다. 차남 신득연(申得淵, 1585-1647)은 문과에 급제했다.[10] 부인 노씨 부인의 묘지는 한준겸(韓浚謙)이 작성했다. 한편 신득연은 성균관 전적으로 《선조실록》 편찬의 기사관(記事官)으로 참여하고, 1632년(인조 10) 강원도관찰사가 되어 부친의 《가례언해》를 간행했다.[11]

신용(申涌 신설(申渫))은 1588년(선조 21) 무자(戊子) 식년시(式年試)의 생원시에 합격하고 1591년(선조 24) 신묘(辛卯) 식년시 문과에 급제했다. 이듬해 임진왜란이 일어나자 의병을 일으켜 충청도 지역을 지켰다. 이후 수찬, 교리, 사예, 장령, 승지, 예조참판 등을 역임했다. 지방관으로는 공주목사(公州牧使), 순천부사(順天府使), 김제군수(金堤郡守)를 지냈다. 1602년 8월에 황해감사에 제수되었다. 1608년(광해군 즉위년) 동지사(冬至使)로 나갔다. 이때 광녕 진무사로 있던 이성량이 중국 조정에서 광해군의 책봉을 인준하지 않고 있다는 사실을 알고 도어사(都御史) 조집(趙楫)과 함께 "조선의 영토를 탈취하여 중국의 군현으로 삼아야 한다." 라고 주청한 일이 있었는데, 신용(신설)이 북경에서 이 소식을 듣고 조정에 알려왔다. 1608년(선조 41) 4월에 우승지, 좌승지가 되었다. 광해군 즉위 후 8월에 동지사(冬至使)로 연경에 갔다가 이듬해 돌아왔다. 1612년(광해군 4) 겨울에 순천부사(順天府使)에 임명되었으나 부임하지 않았다. 1617년(광해군 9) 광해군이 인목대비를 폐위하자, 부호군(副護軍)으로서 항소(抗疏)했다가 전리(田里)로 방축되었다. 1618년(광해군 10) 가을에 가족을 데리고 청주 묵정리로 돌아왔다. 군직(軍職)에 부쳐졌으나 나아가지 않았다. 1624년(인조 2) 이괄(李适)의 난에 어가(御駕)가 공산(公山)으로 피란하였다는 소식을 듣고, 셋째 아들 득치(得治)와 함께 행재소로 갔다. 진무원종훈(振武原從勳) 제2등에 책록되었다. 1627년(인조 5, 정묘) 하은 68세 때, 갑자란(甲子亂 이괄(李适)의 난)[갑자(1624, 인조 2)] 역적 중에 같은 이름을 가진 자가 있었으므로 상소하여, '설(渫)' 이름을 '용(涌)'으로 고쳤다. 1631년(인조 9, 신미) 72세의 신용(신설)이 이해 여름 서울 집으로 돌아왔다. 10월 19일에 한질(寒疾)에 걸려 서울 집에서 72세로 타계했다. 12월 4일 풍덕(豊德) 동쪽 율리(栗里)에 장사지냈다. 전 부인 이씨(李氏)의 산소와 같이

10) 신득연의 자(字)는 정오(靜吾), 호는 현포(玄圃)이다. 1603년(선조 36) 생원시 3등 42위로 합격하고, 1610년(광해군 2) 계묘 식년 문과에 을과 3위로 급제했다.

11) 신득연은 1633년 회답사(回答使)로 후금에 파견되었다. 다음 해 도승지에 임명되었고, 경상좌도양전사(慶尙左道量田使)를 역임한 뒤 세자시강원 빈객으로 청나라에 파견되었다. 신득연은 1643년 생질 이규(李炷)가 명나라와 밀무역한 것을 알고서도 고하지 않았다는 이유로 제주도에 유배되었다. 처음 부인 동래정씨는 정창연(鄭昌衍)의 따님이고, 다음 부인은 이진(李溍)의 딸이다.

하였다. 저술로는 《의례고람(儀禮考覽)》·《상례통재(喪禮通載)》·《오복통고(五服通考)》 등이 있다. 부인은 남양홍씨로 홍가신(洪可臣)의 딸이다. 신용의 가계는 신득치(申得治)-신집(申潗)-신필청(申必淸)으로 이어졌다.[12] 신필청은 성호 이익(李瀷)의 장인이었다.

2. 《역주 영원잡영》의 구성

1961년간 석인본 《영원잡영》은 3권 2책으로, 건(乾) 책에는 《정관재선생편(靜觀齋先生編)》과 《졸재선생편(拙齋先生編)》을 수록하고, 곤(坤) 책에는 《하은선생편(霞隱先生編)》을 수록했다. 한편 문중에는 필사본 《영원잡영》 불분권 1책(120장)이 별도로 소장되어 있다. 이 필사본은 시만을 수록했는데, 신저(申渚)의 단독 음영 및 수창(首唱)과 신식(申湜)·신용(申涌)의 수화(酬和) 사실에 따라 편집했다. 즉, 신저의 단독 음영과 신저의 수창에 이은 신식·신용의 수화를 정연하게 정리했다

금번의 신역본은 석인본을 저본으로 하여 기존의 체제를 유지하되, 《정관재선생편》을 《정관재선생집(靜觀齋先生集)》으로, 《졸재선생편》을 《졸재선생집(拙齋先生集)》으로, 《하은선생편》을 《하은선생집(霞隱先生集)》으로 제명을 바꾸었다. 그리고 《졸재선생집》과 《하은선생집》에 각각 석인본에 없던 습유를 증보했다. 즉, 전체 구성을 보면 다음과 같다.

건(乾)〈1〉 책

《역주 영원잡영(鴒原雜詠)》 서[성백효(成百曉)]

《역주 영원잡영(鴒原雜詠)》 해제[심경호(沈慶昊)]

《영원잡영(鴒原雜詠)》 서[신백우(申伯雨)]

---

12) 신집(申潗, 1623~1689, 호 鐘山)은 천성적으로 효행을 타고 났다. 신필청(申必淸, 1647~1710)은 1684년(숙종 10) 정시(庭試)에서 장원급제했다. 부친상을 당해 장례를 마친 뒤 중문 밖에서 시묘살이 하면서 3년상을 마칠 때까지 채과(菜果)를 먹지 않았다. 숙종이 특명으로 관직을 제수하고 정려(旌閭)하였다. 1807년(순조 7) 충청북도 청원군 낭성면 관정리(현 청주시 상당구 낭성면 관정리)에, 효행으로 참판에 증직된 신집의 효(孝)와 신우권(申佑權)의 처 파평윤씨(坡平尹氏)의 열(烈)을 기리는 효열각이 건립되었다. 1898년(광무 2) 중수하고, 1985년 도로공사로 헐리게 되자 마을 안쪽인 지금의 위치로 이전했다. 정려 사면은 홍살로 막고 안에는 효자·열녀 정문 편액을 걸었다.

《영원잡영(鴒原雜詠)》 서[권용직(權容稷)]

《정관재선생집(靜觀齋先生集)》

시 : 422제(오언절구 150제, 오언사운115제, 육언절구 3제, 칠언절구 93제, 칠언사운 59제, 잡언시 2제)

문 : 제문 1편(〈祭成大谷先生文〉)

부록(附錄) : 행장(〈行狀〉)[申湜 撰]·통문 3편(〈雙泉書院通文〉·〈鳳溪書院回通文〉·〈清安鄕校通文〉

건(乾)〈2〉 책

《졸재선생집(拙齋先生集)》

시: 오언절구 7제, 오언사운 5제, 칠언절구 9제, 칠언사운 4제

문: 기(記) 1편(〈文巖書院記〉), 제문 1편(〈祭八溪君鄭公文〉), 전(傳) 1편(〈爲李察訪慶著立傳〉), 차(箚) 2편(玉堂箚子 1, 玉堂箚子 2), 답교(答教) 1편(〈答政院教〉)

부록(附錄) : 행적(〈拙齋申先生行蹟〉), 잡록(〈溪門諸子錄〉·〈清州儒林上疏〉), 제문(〈奉安祭文〉), 시장(〈拙齋先生申公諡狀〉), 연보, 연경별장(燕京別章), 관동별장(關東別章), 춘천별장(春川別章), 호서별장(湖西別章)[봉산별장(鳳山別章) 포함], 서(書) 18편, 명[〈拙齋銘〉(鄭經世)], 좌목(〈壽親養老稧座目〉)

습유(拾遺)

시문 : 시 7제, 계(〈全羅道防禦啓〉), 발(〈八字屏跋〉), 묘비문(〈贈吏曹參判申公墓碑文〉), 제문(〈祭江叟朴先生墓文〉·〈祭宋東萊文〉·〈祭唐興府院君洪公文〉·〈祭鄭寒岡文〉·〈祭清風郡守金陵李公文〉)

제현의 글: 경수연시(慶壽宴詩), 별장(別章), 호와 관련한 시(〈用拙齋贊〉·〈拙齋詩〉), 계(〈上申方伯到任啓〉), 상량문(〈文巖書院上樑文〉·〈雙泉書院上樑文〉), 서(書) 5편, 기[〈拙齋記〉(洪可臣)·〈用拙軒記〉(柳夢寅)·〈自娛窩記〉(柳夢寅)], 후서[〈用拙齋記後敍〉(李睟光)·〈書用 拙齋記後〉(洪可臣)], 발[〈諺解家禮跋〉(李植)], 만사, 제문, 잡록, 행장[〈拙齋公行狀〉(申哲雨)]

곤(坤) 책

《하은선생집(霞隱先生集)》

시: 오언절구 54제, 오언율시 24제, 칠언절구 30제, 칠언율시 8제, 장단구 1제, 집구 1수

문: 부 2편, 발(跋) 3편, 서(書) 1편, 계(啓) 29건, 차(箚) 2건, 소(疏) 1건, 록(錄) 1건(〈壬辰事蹟〉), 제문 5편

부록(附錄) : 별장(別章) 28편, 제문 2편, 행장 2편, 묘갈명 3편, 시장 2편, 하은 선생 연보, 〈左尹公實錄〉, 《영원잡영》 발 3편

습유(拾遺)

교서[〈扈聖錄勳敎書〉(申渫 撰)], 계[〈論書體制啓〉(申渫 撰)], 차[〈服制上箚〉(申渫 尹暄)], 서(書)(〈尊史拜狀天安衙軒〉), 묘비문[〈贈承政院左承旨墓碑文〉(申渫 撰)], 제현별장(諸賢別章) 5편, 서(序)[〈五服通考序〉(許穆)], 상량문[〈鳳溪書院上樑文〉(朴徵曦 撰)], 기(〈霞隱公碑閣記〉)

《역주 영원잡영》 발[신용호(申用浩)]

전체 구성에서 알 수 있듯이, 《영원잡영》의 3편은 신저(申渚)·신식(申湜)·신용(申涌)의 시문을 싣고 각각 유문(遺文), 《실록》 등 문헌 산견의 기사(記事), 수창(酬唱), 실기(實記)·행장(行狀), 묘도문자, 추모서원 관련 기록과 상량문 등을 수습하여 부록으로 붙였다. 신식과 신용의 경우는 각각 연보를 작성했다. 신저는 연보를 작성하지 않고 행장을 실었다.

한편 《영원잡영》과 관련하여 참고할 만한 번역본으로 기존에 2종이 간행되어 있다.

(1) 충북대학교 우암연구소 편, 신용호(申用浩)·신범식(申範植), 《역주 명가보묵(名家寶墨)》, 우암학술총서 05, 충북대학교출판부, 2011.

이 책은 고령신씨영성군파종약회 제현유묵첩 《명가보묵(名家寶墨)》을 저본으로 삼았다. 저본은 《청주 고령신씨 명가묵적》이라고도 한다. 신중엄(申仲淹, 1522~1604)의 팔순 잔치에 아들 신식(申湜)·신설(申渫) 형제가 초대하거나 따로 시를 받아 묶은 《경수도첩(慶壽圖帖)》, 신식의 관력(官歷)과 관계된 《연경별장(燕京別章)》·《관동별장(關東別章)》, 신설의 관력과 관계된 《해서별장(海西別章)》, 그리고 신식·신설 형제 당대 인사들과 주고받은 《만력간독첩(萬曆簡牘帖)》, 신설의 현손 신택(申澤, 1662~1729)이 허목(許穆, 1595~1682)에게 받은 좌우명을 적은 《미수서적(眉叟書蹟)》 등으로 이루어져 있다. 신설의 《해서별장》 후반부는 신택이 무안현감으로 가며 받은 전별시를 함께 엮었다.

신용호·신범식 역주, 《역주 명가보묵》의 내용을 보면 다음과 같다.

01. 《경수도첩(慶壽圖帖)》

〈경수도시서(慶壽圖詩序)〉[최립(崔岦)]

〈경수석상구점(慶壽席上口占)〉 1[심희수(沈喜壽) 구점, 한호(韓濩) 서] 2[최립(崔岦) 구점, 한호(韓濩) 서]

축시(祝詩)·차운(次韻)·자점(自占)·녹봉(錄奉)·기제(寄題)·경제(敬題) : 한준겸(韓浚謙), 이희득(李希得) 2제, 이항복(李恒福), 김수(金睟), 최철견(崔鐵堅) 2제, 이수광(李睟光) 2제, 황진(黃璡), 김현성(金玄成), 이덕형(李德馨) 2제, 이호민(李好閔) 2제, 이정귀(李廷龜) 2제, 이준(李埈), 심희수(沈喜壽) 축시 2제, 이산해(李山海), 유근(柳根), 이충원(李忠元), 허진(許震), 심륭(沈㦕), 허목(許穆)

〈경수연제명도병부(慶壽宴題名圖并附)〉

02. 《연경별장(燕京別章)》 신식(申湜)

〈배정신각로조천서(拜呈申閣老朝天序)〉[최유해(崔有海)]

전별시 : 최립(崔岦), 이항복(李恒福), 한응인(韓應寅), 정경석(丁景錫), 한준겸(韓浚謙), 이정립(李廷立), 이산해(李山海), 배삼익(裵三益), 송상현(宋象賢), 허성(許筬), 홍종록(洪宗祿), 정경선(鄭景善), 윤섬(尹暹), 이대해(李大海), 한준겸(韓浚謙), 안령산인(鴈翎山人), 황윤길(黃允吉), 변이중(邊以中), 홍이상(洪履祥), 좌충(左沖), 홍적(洪迪).

03. 《관동별장(關東別章)》 신식(申湜)

〈송강원방백신식서(送江原方伯申湜序)〉[유몽인(柳夢寅)]

전별시 : 이정귀(李廷龜), 허공언(許功彦), 퇴촌병부(退村病夫), 박홍구(朴弘耉), 김수(金睟), 최혜길(崔惠吉), 김현성(金玄成), 박이장(朴而章), 이필영(李必榮), 미상, 목대흠(睦大欽), 추포병부(秋脯病夫), 오정(吳竫), 이충양(李忠養), 이형원(李馨遠), 김상헌(金尙憲), 이호민(李好閔), 송영구(宋英耉), 박승종(朴承宗), 신흠(申欽), 신경진(辛慶晉), 허균(許筠), 이충(李沖), 김영남(金穎男), 조희일(趙希逸), 최기남(崔起南), 윤의립(尹毅立), 이사홍(李士洪), 이수광(李睟光), 유근(柳根), 윤근수(尹根壽).

04. [춘천별장(春川別章)] 신식(申湜)

전별시 : 윤근수(尹根壽), 오옹(唔翁), 유근(柳根), 박홍구(朴弘耉), 신익성(申翊聖), 이경전(李慶全)-151, 317

05. [호서별장(湖西別章)] 신식(申湜)

전별시 : 신흠(申欽)

06.《해서별장(海西別章)》 신용(신설)

전별시 : 이호민(李好閔), 홍경신(洪慶臣), 이수광(李睟光), 이정귀(李廷龜), 이상신(李尙信), 목장흠(睦長欽), 최철견(崔鐵堅)

07.《부안별장(扶安別章)》 : 신택

전별시 : 이현기(李玄紀), 권환(權瑍), 심계량(沈季良), 경도헌(景陶軒), 박경승(朴慶承), 이웅징(李熊徵), 홍상빈(洪尙賓), 송성명(宋成明), 윤이풍(尹以豊).

08.《간독첩(簡牘帖)》

이호민(李好閔) 서찰, 천감공소(天鑑孔昭), 홍가신(洪可臣) 서찰, 〈봉송신고령부봉산(奉送申高靈赴蓬山)〉[이정립(李廷立)], 〈녹봉사은정사행사(錄奉謝恩正使行史)〉[유근(柳根)], 목장흠(睦長欽) 서찰, 이호민(李好閔) 서찰, 〈추화신졸재영공칠월연회남용호원운이사불민지죄(追和申拙齋令公七月宴會南龍湖元韻以謝不敏不之罪)〉[심희수(沈喜壽)], 정구(鄭逑) 서찰 2편, 정경세(鄭經世) 서찰 5편, 김장생(金長生) 서찰 2편, 협(協) 서찰, 모인(某人) 서찰 2편, 강신(姜紳) 서찰, 이원익(李元翼) 서찰 4편, 윤근수(尹根壽) 서찰.

09. 〈미수서적(眉叟書蹟)〉[허목(許穆)]

10. 부록 : 〈신중엄신도비명(申仲淹神道碑銘)〉

《역주 영원잡영》 건곤 2책은 신택 관련 《부안별장(扶安別章)》 이외의 대부분을 재수록했다.

(2) 이기범(李起範) 역, 《정관재 신저 선생집(靜觀齋申渚先生集)》(원서명 《鴒原雜詠》), 고령신씨 영성군파 정관재 종중 주관, 서울:인쇄향, 2016.

이 책은 전체를 9편으로 분류했다. 즉, 제1편 詩 五絕, 제2편 詩 五律, 제3편 詩 六絕, 제4편 詩 七絕, 제5편 詩 七律, 제6편 雜著(雜詩), 제7편 文(〈祭成大谷先生文〉), 제8편 附錄 1, 제9편 附錄 2 등이다. 제1편부터 제7편까지는 《영원잡영》의 《정관재집》 부분을 그대로 따랐다.

제8편인 부록 1에는 〈행장(行狀)〉, 〈쌍천서원통문(雙泉書院通文)〉, 〈봉계서원회통문(鳳溪書院回通文)〉, 〈청안향교통문(淸安鄕校通文)〉, 〈발(跋)〉[하은선생12대손(霞隱先生十二代孫) 존식(存植)], 〈영원잡영발(鴒原雜詠跋)〉[족예손(族裔孫) 현모(顯模)], 〈영원잡영발(鴒原雜詠

跋)〉[정관재선생11대손(靜觀齋先生十二代孫) 운식(運植)]을 수록했다. 〈행장〉 1편과 통문 3편은 《영원잡영》의 《정관재집》 부록에 있다. 그리고 3편의 발문은 금번 역주본 곤책 〈하은선생집〉 다음에 모두 들어 있다.

제9편인 부록 2에는 다음 글들이 있다.

01. 〈09세 영성군 형(泂)공의 배위 연일정씨 묘지명〉
02. 〈10세 신광윤(申光潤)공 묘갈명〉
03. 〈11세 신서(申潊)공 묘비문〉
04. 〈12세 증좌찬성 고령신공 중엄 신도비명〉
05. 〈14세 신득준(申得濬)공에 대한 만사(挽詞)〉[최립(崔岦) 지음]
06. 〈17세 신계(申溎) 묘갈명〉

02는 곧 《역주 영원잡영》 곤책 《하은집》 습유(拾遺) 수록의 〈증승정원좌승지신공(신광윤)묘비문(贈承政院左承旨墓碑文)〉[신설 찬]이다. 03은 곧 《역주 영원잡영》 곤책 《졸재집》 습유 수록의 〈증이조참판신공(신서)묘비문(贈吏曹參判申公墓碑文)〉이다. 01, 04, 05, 06은 《영원잡영》에 없었다.

《정관재 신저 선생집》은 시문의 번역에 충실하고자 했으나, 각 시문의 작성시기를 충실하게 밝히지는 않았다. 또한 인명, 지명, 전고(典故)는 최소한의 정보만을 소개했다.

이에 비하여, 금번의 《역주 영원잡영》은 1961년 석인본을 저본으로 삼아, 《명가보묵》과 《정관재 신저 선생집》의 내용을 거의 대부분 포괄할 뿐만 아니라, 각 시문의 작성 시기를 충실하게 고증하고, 인명, 지명, 전고(典故) 등을 세밀하게 해설했다.

3. 신저·신식·신용(신설)의 합동연보

신저·신식·신용의 행력과 《영원잡영》 시문 및 자료를 연관시켜 연도별로 살펴 보면 다음과 같다. 삼형제의 행력은 《졸재선생집》의 〈연보〉와 《하은선생집》의 〈연보〉를 참고로 하고 기타 관련 자료들을 대조했다.

1544년(중종 39, 갑진)

정관재 신식이 청주 묵정리(墨井里) 집에서 태어났다. 증조 신광윤(申光潤)[승지공]은 연산군 때 사화를 피해 청주에 터를 잡고 살았다. 조부 신서(申激)[참판공]은 먼저 세상을 떠났고, 부친 찬성공(贊成公)[신중엄(申仲淹)이 문화유씨와 혼인하여 이곳에 살았다.

1551년(명종 6, 신해) 정관재 8세, 졸재 1세

10월 9일(계해) 졸재 신식이 묵정리 집에서 태어났다. 부친 찬성공(贊成公)[신중엄(申仲淹)]이 그때에 처음 벼슬하여 동궁선수감역관(東宮繕修監役官)이 되었다.

1554년(명종 9, 갑인) 정관재 11세, 졸재 4세

10월에 증조부 신광윤이 타계했다.

1560년(명종 15, 경신) 정관재 17세, 졸재 10세, 하은 1세

12월 30일(신유)에 하은 신용(신설)이 묵정리 집에서 태어났다. 부친 신중엄(申仲淹)은 사헌부 감찰이었다.

1561년(명종 16, 신유) 정관재 18세, 졸재 11세, 하은 2세

부친 신중엄이 용담 현령(龍潭縣令)이 되었다.

1564년(명종 19, 갑자) 정관재 21세, 졸재 14세, 하은 5세

8월 28일(정유) 모친 정경부인 문화유씨가 용담현 관아에서 작고했다. 겨울에 청주 묵정으로 귀장했다.

1565년(명종 20, 을축) 정관재 22세, 졸재 15세, 하은 6세

부친 신중엄이 용담에서 체직되어 돌아왔다.

1565년(명종 21, 병인) 정관재 23세, 졸재 16세, 하은 7세

모친을 위한 심제(心制)를 끝마쳤다. 졸재 신식이 부인 노씨(盧氏)를 아내로 맞았다. 그리고 퇴도(退陶) 이황(李滉)에게 나아가 학문하는 방도를 물었다.

1568년(선조 원년, 무진) 정관재 25세, 졸재 18세, 하은 9세

하은 신용(신설)도 중형 신식을 따라 이황에게 수학하였다. 이황은 1570년 겨울 타계한다.

1569년(선조 2, 기사) 정관재 26세, 졸재 19세, 하은 10세

9월, 졸재 신식의 맏아들 득자(得滋)가 태어났다.

1571년(선조 4, 신미) 정관재 28세, 졸재 21세, 하은 12세

가을에 부친 신중엄이 상주통판(尙州通判)으로 있었다. 관아의 누헌이 수운헌(水雲軒)

이 었다. 일본 사신이 상주에 당도하여 하은 신용(신설)에게 시를 짓게 하자, 곧바로 절구 한 수를 읊었다. 《하은집》에 오언절구(〈商山衙中 見倭使 即占一絕〉)가 있다.

1573년(선조 6, 계유) 정관재 30세, 졸재 23세, 하은 14세

졸재 신용(신설)의 딸[김덕민(金德民)의 처]이 태어났다.

1575년(선조 8, 을해) 정관재 32세, 졸재 25세, 하은 16세

삼형제는 대곡(大谷) 성운(成運)의 문하에서 같이 공부하였다. ○하은 신용(신설)이 호서(湖西) 향해(鄕解)에서 〈졸자일부(拙者逸賦)〉로 장원을 하였다.

1576년(선조 9, 병자) 정관재 33세, 졸재 26세, 하은 17세

9월에 졸재 신식이 문과에 급제하였다. 이달 29일에 중시 별시에서 표 〈당사문박사한유진원화성덕시(唐四門博士韓愈進元和聖德詩)〉로 병과 제5등에 합격하여 승문원(承文院)에 선발되어 들어가서, 박사로 승진하였다. ○겨울에 부친 신중엄이 상주목사에서 내직으로 들어와 남부주부(南部主簿)가 되었다.

1577년(선조 10, 정축) 정관재 34세, 졸재 27세, 하은 18세

겨울에 부친 찬성공 신중엄이 종부시 주부(宗簿寺主簿)로 옮겨 임명되었다가 얼마 후 상서원 판관(尙瑞院判官)으로 승진하였다.

1578년(선조 11, 무인) 정관재 35세, 졸재 28세, 하은 19세

여름에 부친 찬성공 신중엄이 순천부사(順天府使)에 임명되었다.

1579년(선조 12, 기묘) 정관재 36세, 졸재 29세, 하은 20세

8월에 졸재 신식과 하은 신용(신설)이 제문을 지어 성운(成運)의 영전(靈前)에 제사 지냈다.

1580년(선조 13, 경진) 정관재 37세, 졸재 30세, 하은 21세

1월 28일에 하은 신용(신설)의 맏아들 득패(得沛)가 태어났다. ○졸재 신식이 질정관(質正官)으로 북경에 갔다가 돌아와서 전적(典籍)에 오르고 예조좌랑으로 자리를 옮겼다.

1581년(선조 14, 신사) 정관재 38세, 졸재 31세, 하은 22세

졸재 신식이 가을에 관서(關西)에서 마필(馬匹)을 점검[점마(點馬)]하고, 겨울에 일본 사신을 영남(嶺南)으로 호송하였다.

1582년(선조 15, 임오) 정관재 39세, 졸재 32세, 하은 23세

8월 13일에 하은 신용(신설)의 둘째 아들 득유(得游)가 태어났다. 동짓날, 정관재 신저는

이자유(李子瑜)[이름 미상] 및 막내아우(하은 신설)와 함께 시를 지었다.

1583년(선조 16, 계미) 정관재 40세, 졸재 33세, 하은 24세

부친 신중엄이 임기가 만료되어 사옹원 판관(司饔院判官)에 제수되었다. 군(郡)을 다스린지 6년이었다. ○졸재 신식이 호조·형조·공조의 낭관(郎官)을 역임하고, 지평에 임명되었다.

1584년(선조 17, 갑신) 정관재 41세, 졸재 34세, 하은 25세

부친 신중엄이 수안군수(遂安郡守)에 임명되었다.[通訓大夫 行遂安郡守 黃州鎭管兵馬同僉節制使] 수안을 '요하(遼河)'·'요주(遼州)'·'해주(海州)'라고도 불렀다. 졸재 신식의 아들 득자(得滋)가 소씨[소순복(蘇純福)의 딸]를 아내로 맞았다.

1585년(선조 18, 을유) 정관재 42세, 졸재 35세, 하은 26세

졸재 신식이 여름에 성절사 서장관(聖節使書狀官)으로 북경에 갔다. 12월 4일 졸재 신식의 둘째 아들 득연(得淵)이 태어났다.

1586년(선조 19, 병술) 정관재 43세, 졸재 36세, 하은 27세

졸재 신식이 성균관 전적을 거쳐 사간원 정언(正言)에 이배(移拜)되었다.

1587년(선조 20, 정해) 정관재 44세, 졸재 37세, 하은 28세

5월에 졸재 신식이 성균관 사예(司藝)로 한학교수(漢學敎授)를 겸하였다. 7월에 사간원 헌납(獻納)으로 있었다. 12월에 성균관 직강(直講)에 임명되었다. 겨울에 신식의 장녀가 김덕민에게 시집갔다.

1588년(선조 21, 무자) 정관재 45세 타계, 졸재 38세, 하은 29세

2월에 졸재 신식이 2월에 전적(典籍)에 임명되었다. 2월 24일 무자 식년 생원시(生員試)에 신용(신설)이 3등 38위(68/100)로 합격했다. 5월에 봉정대부(奉正大夫)에 가자(加資)되고, 전적(典籍)으로서 중학교수(中學敎授)를 겸임하였다. 다시 헌납이 되었다가 전적으로 바뀌고 서학교수(西學敎授)와 한학교수(漢學敎授)를 겸하였다. 다시 헌납이 되었다가 전적으로 바뀌었다. ○9월 26일 정관재 신저가 45세로 타계하여, 11월에 묵정(墨井) 선비(先妣)의 묘소 아래 건좌(乾坐)의 언덕에 장사지냈다.

1589년(선조 22, 기축) 졸재 39세, 하은 30세

1월에 졸재 신식이 사헌부 장령(掌令)으로 승진하였고, 2월에 체직되어 의빈부 경력(儀賓府經歷)이 되었다가, 9월에 홍문관 수찬(弘文館修撰)에 임명되었다. 겸직은 전례와 같

았다. 이 해 겨울 정여립의 역모 옥사가 일어났다. 위관(委官)이 신식을 심문하면서 형신(刑訊)을 가하더니, 곤양(昆陽)으로 유배 보냈다. ○겨울에 부친 신중엄이 수안군수(遂安郡守)에서 체직되어 상의원 판관(尙衣院判官)에 제수되었다.

1591년(선조 24, 신묘) 졸재 41세, 하은 32세

신식은 곤양의 배소에 있었다. ○8월, 계조모(繼祖母) 전주이씨(全州李氏)가 작고하였다. ○9월 1일, 신묘 식년시 문과에서 신용(신설)이 병과 18위(28/34)로 급제했다. 장원은 민유부(閔有孚)였다. 신용(신설)은 승문원에 선발되어 들어갔고, 홍문관 부정자(弘文館副正字)로 승진하였다.

1592년(선조 25, 임진) 졸재 42세, 하은 33세

4월에 왜적이 침략해 왔다. 하은 신용(신설)은 충청도에서 병사를 모집하여 의병장이 되고, 호남의 김천일(金千鎰)·고경명(高敬命), 영남의 곽재우(郭再佑)와 함께 격문을 돌려 맹약했다. 기호(旗號)를 '청동충의군(淸東忠義軍)'이라 하였다. 동래부사 송상현(宋象賢)의 부인은 신용의 삼종질녀로, 송상현이 순절 직전에 서신으로 처자를 부탁했으므로 사람을 보내 맞아 들였다. ○여름에 신식이 사면을 받았다. 신식은 미처 어가를 호종(扈從)하지 못하였더니, 경기도순찰사 권징(權徵)이 계문(啓聞)하고 신식을 불러 종사관으로 임명했다. 이로 인해 막하(幕下)에서 8, 9일을 머물렀다. ○9월 6일 신용(신설)의 셋째 아들 득치(得治)가 태어났다. ○12월에 계증조모(繼曾祖母) 김해김씨(金海金氏)가 작고하였다.

1593년(선조 26, 계사) 졸재 43세, 하은 34세

2월에 신식은 한성부 서윤(漢城府庶尹)에 서용되어, 도성으로 들어가 사민(士民)을 불러 모으고 명나라 장수를 접대하였다. 7월에 광주목사(廣州牧使)에 임명되었다. 겨울에 어가(御駕)가 도성으로 돌아왔다. ○12월에 신용(신설)은 홍문관 부정자로 불러 사국의 일을 관장하게 하였다.

1594년(선조 27, 갑오) 졸재 44세, 하은 35세

정월 1일 신용(신설)이 가주서로 입시했다가 4일에 도승지(張雲翼)의 계청으로 체직되었다. 8월 4일에 다시 가주서로 출근해서 당직을 섰고, 초8일에 체직되었다. 10월에 실정자(實正字)가 되었다. 10월에 예문관검열 겸 춘추관기사관(藝文館檢閱兼春秋館記事官)에 올랐다가 오래지 않아 시강원 설서(侍講院說書)로 옮겨졌다. ○신식은 통훈대부(通訓大夫, 정3품 당하관) 품계에 승진했다. ○12월에 졸재 신식이 사간(司諫)에 임명되었다. 조

금 있다가 홍문관 교리 지제교(知製敎)로 이배되었다.

1595년(선조 28, 을미) 졸재 45세, 하은 36세

3월에 신식이 다시 사간(司諫)에 임명되고, 교리로서 시강원 문학(侍講院文學)을 겸하였다. ○신용(신설)이 설서(說書)를 거쳐 승정원 주서(丞政院注書)로 옮겨졌다. 복(服)을 마친 뒤에 신식은 곡산(谷山)의 수령이 되었다. ○4월 16일 임진년의 공로를 녹훈(錄勳)할 때, 이순신(李舜臣) 등은 효충장의적의협력선무공신(效忠仗義迪毅協力宣武功臣)의 훈호(勳號)에 책록되고, 하은 신용(신설) 또한 창의(倡義)한 공훈으로 선무원종 2등훈(宣武原從二等勳)에 녹훈되었다. 이달(李達)이 〈억석생〉에서 신용(신설)의 '청동충의군(淸東忠義軍)' 활동을 칭송했다. 4월 30일까지 주서(注書)로서 출근했다. 6월에 다시 검열(檢閱)로서 예문관 대교(待敎)에 올랐다. 세자시강원(世子侍講院) 설서(說書)로 사서(司書)에 올랐다. 휴가를 얻어 외처에 있었다. ○6월에 신식은 집의(執義)에 임명되었고, 왕명을 받고 외방에 출사하였다. 7월에 장악원 정(掌樂院正)과 지제교(知製敎)에 임명되었다. 8월에 부인 노씨가 별세하였다. 12월에 통정대부(通政大夫 정3품 당상관)에 올라 동부승지(同副承旨)에 임명되었다.

1596년(선조 29, 병신) 졸재 46세, 하은 37세

2월 2일, 우부승지 윤담휴(尹覃休, 1544~1585)가 시강원의 말로, 본원의 관원이 12명인데, 실제 출근하는 사람이 적다는 사실을 보고했다. 당시 신용(신설)은 사서(司書)로서 휴가를 얻어 외처에 있었다. 3월 18일에 신용(신설)이 봉훈랑(奉訓郎)으로서 사간원 정언에 임명되었다. 8월에 홍문관 부수찬 지제교 겸 경연 검토관에 임명되었다. 8월 28일 홍문관 부제학 이호민(李好閔), 부응교 김상용(金尙容), 교리 권희(權憘), 부교리 이심(李愖), 수찬 신설(申渫), 저작 김광엽(金光燁)이 세자 섭정의 명을 거두어 달라는 계를 올렸다. 11월 1일 조강에서 《주역》 고괘(蠱卦)를 강할 때 검토관 신설이 《정전》과 《본의》에 차이가 있다는 설을 개진했다. 또 비로 인해 종묘 친제와 문묘 알성의 시기를 뒤로 늦춰 거행할 시기를 정해야 한다고 아뢰었다. ○졸재 신식은 6월 9일에 우부승지로서 아뢰기를 "명나라 제독 마귀(麻貴)의 명으로 절강(浙江) 유격장군 섭상(葉鱨)이 지은 〈권려가(勸勵歌)〉는 서문에 '웅건한 군사 10만 명을 훈련하여 기회를 보아 나아가 구원하게 되었다.'는 등의 말이 있어 적중(賊中)에 유입되게 해서는 안 됩니다."라고 하자, 아뢴 대로 하라고 하였다. 21일에 좌부승지로서 본원의 좌석 차서의 전례를 들어, 자신이 우부승지

로 된 것이 홍세공(洪世恭)의 뒤에 있으니, 홍세공을 올려야 한다고 아뢰었다. 9월에 부호군에 체부(遞付)되고, 바로 이조참의에 임명되었다.

1597년(선조 30, 정유) 졸재 47세, 하은 38세

2월 6일에 우승찬 기자헌(奇自獻)이 홍문관의 말로, 입직을 교체할 관원이 없다고 보고하고, 홍문관 관례에 수찬으로 상번으로 삼는다는 것이 있으니, 수찬 신설을 상번으로 올리고 추이(推移)하여 입직하도록 허가해 줄 것을 청하여, 윤허를 받았다. ○하은 신용(신설)이 부교리로 승진하고 6월에 재차 정언으로 옮겨졌다. 8월에 부교리에서 이조좌랑 겸 도원수 류성룡(柳成龍)의 종사관에 올랐다. ○여름에 졸재 신식이 지제교로 있다가 대사간으로 옮겨졌고 체직되어 호군(護軍)에 붙여졌다. 곧이어 부제학에 제수되었다가 좌승지로 옮겨졌고 다시 부제학에 제수되었다. 가을에 어명을 받들어 학가(鶴駕 왕세자)를 호남[혹은 해서, 혹은 관서]에서 맞이하였다. 돌아와서 대사성을 겸임하고, 성균관 석채(釋菜)의 악장(樂章)을 정리하여 바로잡아 고쳤다. 겨울에 명나라 서관란(徐觀瀾)이 도래할 때 접반의 역에 추천되었으나, 선조가 '신모(申某)는 졸하다'라고 말했다. 이에 신식은 '졸(拙)' 자로써 서재 이름을 지었다.

1598년(선조 31, 무술) 졸재 48세, 하은 39세

부친 신중엄이 통정대부의 품계에 승진했다. ○1월에 졸재 신식이 지제교(知製敎)로서 호남선유사(湖南宣諭使)가 되었다. 보은(報恩) 쪽으로 길을 잡아 따님 용궁현감 김덕민[13]의 처를 곡하였다. 3월에 체직되어 호군에 붙였다가 다시 도승지에 제수되었다. 병신년부터 무술년까지 3년간 외직으로 나갔다가 들어와서는 은대(銀臺 승정원)에 있으면서 왕명을 잘 받드니, 선조가 특별히 한 자급을 올려주었다. 겨울에 품계가 올라 가선(嘉善)이 되었고 동지중추부사(同知中樞府事)에 제수되었다. ○가을에 하은 신용(신설)이 감군독량어사(監軍督粮御史)로 바닷길을 순찰하였다. 명나라 경리(經理) 만세덕(萬世德)이 황해도에 병사를 주둔시키고 군량(軍糧)을 독책(督責)하였다. 부친 신중엄이 가산(家産)으로 쌀 3백 곡(斛)을 내어 기일을 정해 큰 배에 실어 보내자 군심이 안정되었다. 선조가 구마(廏馬)를 내려주었다. 12월에 이조정랑(吏曹正郞)으로 승진하였다. ○12월에 신식의 증

13) 김덕민(金德民, 1570~1651) : 본관은 경주(慶州), 자는 방량(邦良)이다. 김가기(金可幾)의 아들로, 1603년 충청도관찰사 유근(柳根)의 도움을 받아 성운의 문집을 3권 1책으로 간행하였다. 예빈시 주부, 용궁현감(龍宮縣監) 등을 지냈다.

조는 안동부사에 증직되었고, 증조비 지씨(池氏)와 김씨(金氏)는 숙인(淑人)이 되었고, 부인 노씨(盧氏)는 정부인(貞夫人)이 되었다.

1599년(선조 32, 기해) 졸재 49세, 하은 40세

3월에 졸재 신식이 공조참판에 임명되고, 4월에 사은사(謝恩使)로 차출되었다가 얼마 안 가서 황해도관찰사에 임명되니, 사명(使命)이 앞에 있다는 이유로 부임하지 않자 다시 공조참판에 임명되었다. 앞서 명나라 찬획사(贊劃使) 정응태(丁應泰)가 조선이 왜(倭)와 내통하고 속국으로서 조(祖)니 종(宗)이니 하는 천자의 호칭을 쓴다고 무함하자 진주사(陳奏使) 이항복(李恒福)이 중국에 가서 변론했으나 석연치 못하였다. 이때 사은사 겸 진주사를 보내게 되었는데, 신식을 사은사 겸 진주사로 삼았다. 겨울에 복명(復命)하였고, 호군(護軍)에 붙여졌다. 곧 외직으로 강릉부사(江陵府使)에 보임되자 부친을 임소로 맞이하였다. 당시에 부친 신중엄은 곡산수령에서 체직되어 해서(海西) 곡산(谷山)에 우거하고 있었는데, 신식이 상소로 진정(陳情)하여 임소로 모시고 왔다. 부친 신중엄은 앞서 만세덕의 군사에게 가산을 덜어 군량미를 보내 준 일로 통정대부에 가자(加資)되고 절충부호군(折衝副護軍)이 되었다. ○5월에 하은 신용(신설)은 성균관 직강이 되었다가 사예(司藝)로 옮겨졌다.

1600년(선조 33, 경자) 하은 41세

신식은 강릉부사로 있었다. ○3월에 하은 신용(신설)은 안산군수(安山郡守)에 임명되었으나 부임하지 않았다. 6월에 직강으로서 홍문관 교리로 승진되었다. 7월 14일(을묘) 홍문관 교리 신용(신설)은 부수찬 윤훤(尹暄, 1573~1627)과 함께 선조의 복제(服制)에 관해 상차(上箚)했다. 7월에 사헌부 장령에 임명되었다. 8월 1일 병조 낭관들이 서울에 대기시킨 양남(兩南)의 역마를 함부로 탈 수 없도록 계청했다. 8월 5일, 사간원의 계사에 근거하여 호조가 마련한 재상사목(災傷事目)의 등급을 새로 정하려는 것을 제지할 것과 군자감 별영을 혁파할 것을 계청하여 윤허를 받았다. 12일에는 의정부로 하여금 옥당록을 다시 상의하여 조처하게 할 것을 계청하여 윤허를 받았다. 13일에는 여러 도감의 낭청에 불량한 학생들이 6품으로 올라가는 수단으로 삼지 못하도록 낭청을 도태시킬 것을 청했다. 8월에 사간으로서 시강원 필선을 겸하였다. 12월에 성균관 사예로서 통례원 상례(通禮院相禮)에 임명되었다. ○가을에 부친 찬성공 신중엄이 첨지중추부사에 제수되었다.

1601년(선조 34, 신축) 졸재 51세, 하은 42세

하은 신용(신설)은 1월에 의정부 검상에서 의정부 사인에 올랐다. 2월에 부응교로서 시강원 보덕을 겸하였으며, 사인으로 당상관에 올랐다. 8월에 동부승지에 임명되었다. ○ 부친 신중엄이 가선대부에 오르고 동지중추부사에 임명되었다. 신식과 신용(신설)이 잔치를 열어 기로소의 어른들과 공경(公卿)들을 맞이하여 축수했다. 신축·임인·계묘·갑진년 동안 매년 봄가을로 늘 그렇게 하였다. 경수연첩(慶壽宴帖)과 은배(銀盃)는 종손가에서 전한다.

1602년(선조 35, 임인) 졸재 52세, 하은 43세

1월에 졸재 신식이 호조참판에 임명되었다. 이때 《주역언해(周易諺解)》 편찬을 위한 경서교정청(經書校正廳)을 설치하였는데, 당랑(堂郎)에 참여했다. 윤근수(尹根壽)를 수당상(首堂上)으로 하여, 홍섬(洪暹)·허성(許筬)·이호민(李好閔)·박홍로(朴弘老)·신식(申湜)·강복성(康復誠)·이덕윤(李德胤)·김광렵(金光燁)·윤광계(尹光啟)·한백겸(韓百謙) 등이 참여했다. 4월에 특진관으로 경연(經筵)에 참여했다. 3월에 신식에게 정경세(鄭經世)가 편지를 보내 출처의리(出處義理)를 물어왔다. ○2월에 하은 신용(신설)은 우부승지에서 좌부승지에 올랐다. 4월에 우승지를 거쳐 호군(護軍)에 제수되고, 8월에 황해도시찰사(黃海道視察使)[해서관찰사]로 나갔다. 9월 초하루, 이호민(李好閔)·홍경신(洪慶臣)·이수광(李睟光)·이정귀(李廷龜)·이상신(李尙信)·목장흠(睦長欽)·최철견(崔鐵堅) 등이 전별연을 열어, 《해서별장(海西別章)》을 이루었다. ○4월에 경수연(慶壽宴)을 열었고, 10월에 또 열었다. ○10월에 신식은 명나라에서 태자를 봉한 조서 반포를 위해서 온 사신 고천준(顧天埈)과 최정건(崔廷健)과 함께 한강을 유람하면서 지은 시에 화답시 2수를 지었다.[14)]

---

14) 1602년(선조 35) 겨울 명나라 황태자의 책봉례 거행 후 반책립황태자조사(頒冊立皇太子詔使)로 한림원시강 고천준(顧天埈)과 행인사 행인 최정건(崔廷健)이 왔다. 대제학 이정귀가 원접사가 되고, 이안눌(李安訥)·박동열(朴東說)·홍서봉(洪瑞鳳)을 종사관, 권필(權韠)·차천로(車天輅)·양경우(梁慶遇)·허균(許筠)을 제술관, 김현성(金玄成)·한호(韓濩)를 사자관(寫字官)으로 삼았다. 영위사(迎慰使)는 이호민(李好閔)과 유근(柳根)이었다. 당시 의주에 5개월 동안 머물면서 창수가 이루어졌는데, 그 시들은 1613년 《동사집(東槎集)》으로 엮었다. 사행 기간 중의 수창집은 《임인황화집》으로 간행했다. 의정부 좌찬성 심희수(沈喜壽)는 그 서문에서 적과 진루를 마주하느라 예제(禮際)를 충분히 펴지 못했으며, 재조(再造) 이후 "황폐한 상황이라 모든 일을 새로 만들지 않으면 안되어, 평상의 의식과 연향의 공궤도 검소함을 추구하지 않을 수 없었다."라고 변명했다. 고천준의 은(銀)·삼(蔘) 토색이 극심했으므로, 심희수 서문은 숨은 뜻이 있다. 심경호, 〈『황화집(皇華集)』 서문과 기자 관련 창수에 나타난 조선 문신의 자주적 문명의식〉, 심경호·김한규·이종묵·김은정·박용만·노경희·김덕수, 《황화집과 황화수창》, 한국학중앙연구원, 2022. 12, pp.13~79.

황화집	연도	중국사신	접반사	창화인
임인황화집 (壬寅皇華集)	선조 35 만력 30 (1602)	고천준(顧天埈) 최정건(崔廷健)	이호민(李好閔)	이호민 심희수(沈喜壽) 정창연(鄭昌衍) 서성(徐渻) 정광적(鄭光績) 이덕형(李德馨) 황진(黃璡) 신식(申湜) 기자헌(奇自獻) 강정(姜綎) 허봉(許篈) 이안눌(李安訥)

1603년(선조 36, 계묘) 졸재 53세, 하은 44세

졸재 신식이 1월에 호조참판으로 경서교정청의 일을 마치자 가의대부(嘉義大夫)로 품계가 올랐다. 4월에 예조참판, 8월에 대사헌에 임명되었다. ○2월 23일 하은 신용(신설)의 전 부인 전의이씨(全義李氏)가 서울 댁에서 46세로 세상을 떠났다. ○경수연을 열었다. ○8월에 하흔 신용(신설)이 체직되어 형조참의가 되었다. ○10월에 졸재 신식은 체직되어 동지중추부사에 붙여졌다.

1604년(선조 37, 갑진) 신중엄 83세로 작고. 졸재 54세. 하은 45세

2월에 졸재 신식이 홍문관 부제학에 제수되었는데, 동료들을 이끌고 차자(箚子)를 올려 정인홍(鄭仁弘)이 회재(晦齋) 이언적(李彦迪)을 헐뜯고 무고한 것에 대해 분변하여 아뢰었다. ○3월에 경수연을 열었다. ○5월에 졸재 신식은 체직되어 호군(護軍)에 붙여졌고, 얼마 후도승지에 임명되었다. 7월에 예조참판에 옮겨졌다. 서천부원군(西川府院君) 정곤수(鄭崑壽)에 대한 만장(挽章)을 지었다. ○하은 신용(신설)은 홍가신(洪可臣)의 딸(20세)에게 다시 장가들었다. 8월에 지제교로서, 류성룡을 호성공신(扈聖功臣) 2등에 책록하는 〈호성녹훈교서(扈聖錄勳敎書)〉를 작성했다. ○8월에 부친 신중엄이 동지중추부사에서 작과(作窠)로 교체되어 충의위 상호군(忠義衛上護軍)에 붙여졌다. 9월에 바로 동지중추부사에 제수되었다. 10월에 경수연을 열었다. ○12월 27일에 부친 신중엄이 황화방(皇華坊) 댁에서 돌아가시니, 향년 83세였다.

1605년(선조 38, 을사) 졸재 55세, 하은 46세

1월 5일(정해) 예조좌랑 유혁(柳淢)을 보내 제사를 내렸다. 3월 경인에 청주 묵정리에 장례 지냈다. 신식과 신용(신설)은 여묘살이 했다. 이곳을 '제청동(祭廳洞)'이라 일컬었다. 이 달 신식이 정3품으로 승자(陞資)되자, 부친 신중엄은 가의대부 이조참판에 추증되었

다. 6월에 신용(신설)이 선무원종공신(宣武原從功臣)에 참여된 것으로 신중엄이 자헌대부 이조판서로 증직되었다. 7월에는 또 숭정대부 의정부 좌찬성 겸 판의금 부사로 증직되고, 부인 또한 정경부인에 추봉되었다. ○가을에 간성군수(杆城郡守) 최립(崔岦)이 신중엄의 묘갈문을 지었다.

1606년(선조 39, 병오) 졸재 56세, 하은 47세

하은 신용(신설)의 둘째 아들 득유(得游)가 사마시에 합격하였다.

1607년(선조 40, 정미) 졸재 57세, 하은 48세

2월에 담제(禫祭)를 지냈다. 관찰사가 형제의 효행을 임금에게 아뢰었는데, 정려(旌閭)의 표창이 졸재 신식에게 내려졌다. 졸재가 홍이상(洪履祥)과 의논하여 제례(祭禮)를 정했다. 상을 마치자 병조 및 이조·예조의 참의에 임명되었다. ○9월, 신용(신설)이 홍문관에 있을 때 신의경(申義慶)의 《상례통재(喪禮通載)》의 결점을 보충하고 바로잡아 두 권의 책으로 완성하였다. ○졸재 신식이 형조참판에 임명되었다. 류성룡에 대한 만사와 허잠(許潛)에 대한 만사를 지었다. 처음으로 가승(家乘)을 수집(修輯)하였다.

1608년(선조 41, 무신) 졸재 58세, 하은 49세

선조대왕이 승하했다. 1월에 졸재 신식이 본직으로 빈전도감 제조(殯殿都監提調)를 겸하였다. 여름에 대사헌에 임명되었다. 추관(推官)으로서 임해군(臨海君)의 옥사(獄事)를 국문할 때 억울함이 없게 해야 한다는 의론을 힘써 주장하였다. 산릉(山陵)의 역사를 마친 뒤 상계(賞階)의 명을 거두었다. 광해군이 낳아 준 모친을 추숭(追崇)하려는 의도를 끊으려고 했으므로 광해군이 못마땅하게 여겼다. ○4월에 하은 신용(신설)이 다시 우승지에 임명되었다. 4월 24일(경진) 좌승지로서, 정인홍(鄭仁弘)·정구(鄭逑) 등에 대한 돈유(敦諭)의 체제에 관한 계(啓)를 했다. ○5월 24일 하은 신용(신설)이 정경세의 구제를 아뢰었다. 그때 정경세가 시사(時事)에 대해 극언하였는데, 율령에 따라 국문하려 했기 때문이다. 맏아들 득패(得沛)가 세자익위사 부수(副率 정7품)에 임명되었다가 사헌부 감찰로 승진하였다. 10월 26일 넷째 아들 득홍(得洪)이 태어났다.

○광해군 즉위 후 8월에 하은 신용(신설)이 동지사(冬至使)로 연경에 가면서, 경상도 사량포(蛇梁浦)에 표류한 복건인 대조용(戴朝用), 절강인 설만춘(薛萬春) 등 41명(혹은 47명)을 연경으로 데리고 갔다. 부사는 윤양(尹暘), 서장관은 최현(崔晛)이었다. 《연경별장(燕京別章)》이 있다. 이때 광녕 진무사로 있던 이성량이 중국 조정에서 광해군의 책봉

을 인준하지 않고 있다는 사실을 알고 도어사(都御史) 조집(趙楫)과 함께 "조선의 영토를 탈취하여 중국의 군현으로 삼아야 한다."라고 주청한 일이 있었는데, 신용(신설)이 북경에서 이 소식을 듣고 조정에 알렸다. ㅇ한준겸(韓浚謙)이 정부인 노씨의 묘지(墓誌)를 지었다. ㅇ가을에 졸재 신식이 충청도관찰사가 되었다. 《호서별장(湖西別章)》이 있다. 10월에 구고(舊故)인 동래부사 송상현의 분묘에 제사지냈다. 도내의 향교에 사재(四齋)를 건립하였다. 전주(傳註)를 갖추어 《용학혹문(庸學或問)》을 간행하였다.

1609년(광해군 원년, 기유) 졸재 59세, 하은 50세

2월에 하은 신용(신설)이 명나라 연경으로부터 돌아왔다. 증조부 승지공[신광윤]의 묘갈을 짓고 썼으며, 8월에 신식이 호서관찰사로 있으면서 비를 세웠다. 부친의 묘갈문을 완성했다. 52년 뒤에 세웠다. 9월에 형조참의로서 광창부원군(廣昌府院君) 이이첨(李爾瞻)·밀창부원군(密昌府院君) 박승종(朴承宗)·문창부원군(文昌府院君) 유희분(柳希奮) 등 삼창(三昌)을 배척하니, 광해군의 노여움을 사서 강원도 평해군(平海郡)에 보임되었다. 10월 하순 전별연 때 이호민, 홍경신, 이수광, 이정귀, 홍가신, 이지완(李志完), 이선복(李善復), 유천(酉川), 응천(凝川) 등이 전별시를 지었다. 《평해별장(平海別章)》이 있다. 신용(신설)의 맏아들 득패(得沛)가 개성도사(開城都事)에 임명되었다. ㅇ8월에 졸재 신식이 증조인 승지공의 묘갈(墓碣)을 세웠다. 하은 신용(신설)이 비문을 짓고 글씨도 썼다. 9월에 졸재 신죽이 조부인 참판공의 묘갈을 지었다. 하은 신용(신설)이 글씨를 썼다. 이 달에 세웠다. 부친 묘갈문이 이루어졌다. 우의정 심희수(沈喜壽)가 짓고 이산뢰(李山賚)가 썼다. 52년 뒤인 을미년에 세웠다. 9월에 박훈(朴薰, 1484~1540)[15]의 분묘에 성환찰방 정운붕(鄭雲鵬)을 보내 제사를 지냈다.

1610년(광해군 2, 경술) 졸재 60세, 하은 51세

졸재 신식이 봄에 동지중추부사로서 사국 당상(史局堂上)을 겸하여 선왕 실록 수찬에 참여하였다. 가을에 강원도관찰사로 나갔다. 춘천(春川)에 이르러 춘천부사 유희담(柳希聃)과 함께 문암(文巖)에 퇴계서원 건립하는 일을 상의했다. ㅇ윤3월에 신식의 둘째 아

15) 박훈(朴薰)의 본관은 밀양(密陽), 자는 형지(馨之), 호는 강수(江叟)이다. 조부는 대사간 박미(朴楣)이고, 부친은 홍문관교리 박증영(朴增榮)이다. 1519년(중종 14)에 현량과에 병과로 급제하고 사헌부장령·사간원사간 등을 거쳐 동부승지에까지 올라 '국기(國器)'라는 명성을 들었다. 그러나 기묘사화 때 조광조(趙光祖) 등과 함께 화를 입어 성주에 유배되었고, 풀려난 후 향리인 청주에 은거하였다. 어머니 상중에 병을 얻어 일생을 마쳤다. 청주의 신항서원(莘巷書院)에 제향되었으며, 시호는 문도(文度)이다.

들 득연(得淵)이 식년 문과에 합격하였다. 신식은 이상신(李尙信, 1564~1610)에 대한 만사를 지었다. ○10월에 하은 신용(신설)이 감사 홍서봉(洪瑞鳳)의 계청으로 파직되었다. 둘째 아들 득유(得游)가 문과에 급제하여 승문원에 들어갔다.

1611년(광해군 3, 신해) 실재 61세, 하은 52세

정월에 신식은 참판 목장흠(睦長欽)의 서찰을 받고 《기묘록(己卯錄)》의 서발(序跋)을 지어주었다. 목장흠은 이를 간행했다. ○5월에 하은 신용(신설)이 《의례고람(儀禮考覽)》 6권을 완성하였다.[16] 둘째 아들 득유(得游)가 사실에 의거하여 승정원 주서에 추천되었다. 겨울에 신용(신설)이 공주목사에 임명되었으나 부임하지 않아, 유역(柳湙)의 탄핵을 받았다. ○겨울에 졸재 신식이 체직되어 돌아와 동지중추부사에 임명되었다.

1612년(광해군 4, 임자) 졸재 62세, 하은 53세

겨울에 하은 신용(신설)이 순천부사(順天府使)에 임명되었으나 부임하지 않아, 조희일(趙希逸)의 탄핵을 받았다. ○여름에 졸재 신식은 외직으로 춘천부사(春川府使)에 보임되었다. 8월에 《여씨향약(呂氏鄕約)》 뒤에 글씨를 썼다. 9월에 익사종훈(翼社從勳 국구(國舅) 김제남(金悌男)을 역옥으로 다스린 공훈)[17]으로 자헌대부(資憲大夫) 품계로 승진되었다.

1613년(광해군 5, 계축) 졸재 63세, 하은 54세

영창대군의 옥사 때에 신용(신설)이 이이첨(李爾瞻)·정조(鄭造)·윤인(尹訒)을 참벌할 것을 상소하려 했다. 문충공 오리(梧里) 이원익(李元翼)이 극력 구원했다. 가을에 김제군수(金堤郡守)에 임명되었다. ○졸재 신식이 고을 사람 안숭양(安崇讓), 이주(李胄) 등과 함께 문암(文巖)에 서원 터를 잡고서 주자정식(朱子定式)에 따라 제도를 정했다.

1614년(광해군 6, 갑인) 졸재 64세, 하은 55세

8월 5일에 하은의 맏아들 도사공(都事公)이 서울 집에서 졸하였다. 향년 35세였다.

1615년(광해군 7, 을묘) 졸재 65세, 하은 56세

졸재 신식이 체직되어 동지중추부사에 체부(遞付)되었다. 계축년 이후로 시국이 크게 변하여 비록 서추(西樞)[18]에서 벼슬살았지만 병을 이유로 나가지 않았다. 11월에 제문

---

16) 《하은집》을 보면, 1611년 5월에 작성한 〈儀禮考覽跋〉에서, 부친 상중에 있을 때 《의례경전통해속》을 빌리고 상례를 상고하여 주소를 산절 보완하여 《주문공가례》의 차례와 조목에 따라 정리했다고 밝혔다.

17) 익사공훈(翼社從勳) : 광해군 조정에서 임해군(臨海君)의 옥사에 관한 공으로 내린 공훈(功勳)이다.

18) 서추(西樞) : 중추부(中樞府)의 별칭이다.

을 지어 홍이상 영전에 제사 지냈고 또 만사(挽詞)를 지었다.

1616년(광해군 8, 병진) 졸재 66세, 하은 57세

졸재 신식이 〈문암서원기(文巖書院記)〉를 지었다. 홍이상 부인(夫人) 안동김씨(安東金氏)에 대한 만사를 지었다.

1617년(광해군 9, 정사) 하은 58세

광해군이 인목대비를 폐위했다. 졸재 신식은 폐모론의 정청(庭請)에 참여하지 않고 서강(西江)의 우사(寓舍)에서 대죄(待罪)하였다. 당시 부사직을 맡고 있던 장남 득자(得滋), 당시 형조정랑을 맡고 있던 중남 득연(得淵) 또한 각각 헌의(獻議)를 하였다. ㅇ하은 신용(신설)이 부호군(副護軍)으로서 항소(抗疏)했다가 전리(田里)로 방축되었다. 하은의 다섯 째 아들 득명(得溟)이 태어났다.

1618년(광해군 10, 무오) 졸재 67세, 하은 59세

1월에 졸재 신식의 손자 교관(教官) 행(涬)이 태어났다. 윤4월 11일에 사은사(謝恩使)에 차임되었다. 정청에 불참한 징벌의 의미가 있었다. 부사(副使)는 박정현(朴鼎賢, 1561~1637), 서장관(書狀官)은 윤지경(尹知敬, 1584~1634)이었다. 둘째 아들 득연(得淵)을 차출하여 질정관으로 삼을 것을 명하였으나 논핵을 받고 체임되었다. 5월에 사행(使行)이 출발하였다. 부사, 서장관과 함께 창화(唱和)하였으니, 《서유창수록(西遊唱酬錄)》 1권이 있다. 7월에 북경에 도착하였고, 겨울에 중국 조정을 하직하였다. ㅇ하은 신용(신설)은 가을에 가족을 데리고 청주 묵정리로 돌아왔다. 군직(軍職)에 부쳐졌으나 나아가지 않았다.

1619년(광해군 11, 기미) 졸재 69세, 하은 60세

졸재 신식이 봄에 복명을 하였고, 다시 동지중추부사에 임명되었다. 장군 김응하(金應河)에 대한 만사를 지었고, 5월에 제문을 지어 대원군(帶原君) 윤효전(尹孝全, 1563~1619)의 영전에 제사하였다.

1620년(광해군 12, 경신) 졸재 70세, 하은 61세

졸재 신식이 부호군으로 기로사(耆老社)에 들어갔다. 10월에 김장생(金長生)이 편지로 의심나는 예문(禮文)을 물었다. 정구(鄭逑)에 대한 만사를 지었고, 제문을 지어 제사 지냈다. 정구가 지어준 〈졸재기(拙齋記)〉의 사실과 다른 부분을 발문에서 분변하였다.

1621년(광해군 13, 신유) 졸재 71세, 하은 62세

졸재 신식이 사직(司直 오위(五衛)의 군직, 정5품)으로 있다가 다시 동지중추부사에 부직(付

職)되었다. 상소하여 치사(致仕)를 청하였는데 소인들이 저지하였다. 3월에 중강 개시(中江開市)의 일에 대해 헌의하였다. 4월에 후금의 문서를 받을지 않을지에 대한 일로 헌의하였다. 가을에 조정의 여러 공들과 기영회(耆英會) 모임을 가졌다. 11월에 상공 한효윤(韓孝胤, 1536~1580)을 위해 만시를 지었다. 유몽인이 신식의 자오와(自娛窩)에 기문을 써 주었다.

1622년(광해군 14, 임술) 졸재 72세, 하은 63세

10월에 졸재 신식이 연봉(蓮峰) 이기설(李基卨, 1556~1622)을 위한 만시를 지었다.

1623년(인조 원년, 계해) 졸재 73세, 별세. 하은 64세

3월 인조반정 때 졸재 신식은 지돈녕부사(知敦寧府事)에 임명되었다. 익사공훈(翼社功勳)이 광해군 때의 것이라 하여 혁파되자, 상소하여 자헌대부의 체직을 빌었는데, 대사간에 임명되었다. ○연평군(延平君) 이귀(李貴)와 승평군(昇平君) 김류(金瑬)가 신용(신설)을 천거하여 임용하려고 하였는데, 훈신(勳臣) 중 한두 사람이 저지하였다. ○신식은 《의례고증(疑禮考證)》 13권을 편찬하였고, 《가례언해(家禮諺解)》를 편찬하였다. 5월에는 《통감강목(通鑑綱目)》의 발문을 지었다. 8월 18일에 황화방(皇華坊) 서울 집에서 73세로 별세하였다. 그 뒤에 특별히 이조판서에 증직했다. 겨울에 청주의 치소에서 동쪽으로 10리 떨어진 상당산성(上黨山城) 동문(東門) 밖 비봉산(飛鳳山)에 장사지냈다.

1624년(인조 2, 갑자년) 하은 65세

하은 신용(신설)은 이괄(李适)의 난에 어가(御駕)가 공산(公山)으로 피란하였다는 소식을 듣고, 셋째 아들 득치(得治)와 함께 행재소로 갔다. 도체찰사 이원익(李元翼)의 진영에 있으면서 군사 계책에 협력했다. 난리가 평정된 뒤에 이원익이 인조에게 기용을 청했으나, 상소하여 고사(固辭)하고 귀향하였다. 진무원종훈(振武原從勳) 제2등에 책록되었다.

1625년(인조 3, 을축) 하은 66세

5월에 하은 신용(신설)이 《오복통고(五服通考)》 상·하를 완성하고 〈오복통고발(五服通考跋)〉을 지었다.[19]

1627년(인조 5, 정묘) 하은 68세

하은 신용(신설)의 처음 이름은 설(渫)이었는데, 1624(인조 2) 이괄(李适)의 난 때 역적

19) 申渫(朝鮮) 編著, 《五服通考》, 木板本 肅宗 6(1680) 9卷2册:四周雙邊, 半郭24.1 × 17.4cm, 10行22字, 上下二葉花紋魚尾;32.2 × 21cm. 한국학중앙연구원 소장본에는 〈宜寧南氏〉 印이 있다.

중에 같은 이름을 가진 자가 있었으므로 상소하여 이름을 고쳤다. 2월 정묘호란이 일어나자 현·도(縣道)를 통해 상소하여 시사(時事)에 대해 극론하였다. 세자가 분조(分朝)하여 남쪽으로 순행할 때, 오랑캐를 막고 백성을 편안하게 하는 내용으로 글을 올렸다. 세자가 은총의 비답을 내려 격려하고는 소대(召對)했다. ㅇ졸재 신식의 아들 득연(得淵)이 충주목사를 거쳐 이조참의에 올랐다가 강원도관찰사가 되었다.

1630년(인조 8, 경오) 하은 71세

하은 신용(신설)의 넷째 아들 득홍(得洪)이 생원시에 합격했다. 이득윤(李得胤, 1553~1630)의 만시(〈挽李西溪得胤〉)를 지었다.

1631년(인조 9, 신미) 하은 72세

72세의 하은 신용(신설)이 이 해 여름 서울 집으로 돌아왔다. 10월 19일에 한질(寒疾)에 걸려 서울 집에서 72세로 타계했다. 12월 4일 풍덕(豊德) 동쪽 율리(栗里)에 장사지냈다. 전부인 이씨(李氏)의 산소와 같이 하였다.

1632년(인조 10, 임신)

정월 5일, 인조가 예조좌랑 김수익(金壽翼)을 보내어 하은 신용(신설)을 치제하였다. 신용의 종손 신행(申涬)이 하은 신용(신설)의 행장(1)을 작성했다. 뒷날 신필청이 신용(신설) 타계 후 58년이 지나 하은 신용(신설)의 행장(2)을 작성하게 된다.

1635년(인조 13, 을해)

졸재 신식에게 효행으로 정려(旌閭)가 내려지고 조세와 부역을 면제시켜 주었다.

1647년(인조 25, 정해)

졸재 신식의 차남 현포공(玄圃公)이 63세로 거제(巨濟)에서 작고했다.

1648년(인조 26, 무자)

하은 신용(신설)이 일찍이 선무원종공(宣武原從功)에 참여한 것으로 자헌대부(資憲大夫) 이조판서 겸 지경연 의금부사 춘추관 성균관사 홍문관대제학 예문관대제학 세자좌빈객 오위도총관(吏曹判書兼知經筵義禁府春秋館成均館事弘文館大提學藝文館大提學世子左賓客五衛都摠管)에 추증되었다.

1670년(현종 11, 경술)

하은 신용(신설) 타계 후 선생 40년되는 이 해 5월 21일에 후배 정부인 홍씨(洪氏)가 청주 향사(鄉舍)에서 별세하였다. 8월에 풍덕(豊德)에 장사지냈다.

1688년(숙종 14, 무진)

하은 신용(신설) 타계 후 58년, 묘도에 비석을 세웠다. 신필청이 신용(신설)의 행장(2)과 신용(신설)의 묘갈명을 작성했다. 이후 이서우(李瑞雨, 1633~?)가 신용(신설) 타계후 70년에 신필청의 부탁으로 〈증이조판서행황해도관찰사신공묘갈명병서〉를 지었다.

1692년(숙종 18, 임신)

3월 15일(갑자), 졸재 신식의 시장(諡狀)을 올렸으나 상달하지 못했다.

1694년(숙종 20, 갑술)

청주 낭성에 쌍천서원(雙泉書院)이 건립되었다.

1695년(숙종 21, 을해)

졸재 신식이 쌍천서원(雙泉書院)에 입향되었다.

1719년(숙종 45, 기해)

신용(신설) 타계 후 89년, 충청도와 경상도의 선비들이 주창하여, 1702년(숙종 28) 청주 봉계(鳳溪) 건립의 봉계서원(鳳溪書院)에 신용과 손자 종산(鍾山) 신집(申潗)을 배향했다. 봉계서원은 동강(東岡) 김우옹(金宇顒, 1540~1603)을 주향으로 하고, 하은 신용, 종산 신집, 권상(權常, 1508~1589) 등 4위를 제향하였다. 1868년(고종 5) 서원철폐령으로 훼철되었다.

1814년(순종 14, 갑술)

2월 24일, 신식을 제향하는 쌍천서원에 정관재 추배를 위한 통문(通文)이 발송되었다. 2월 25일, 김우옹·신용·신집을 제향하는 봉계서원(청주시 상당구 월오동)에 정관제를 추배하기 위한 〈봉계서원회통문(鳳溪書院回通文)〉이 발송되었다. 5월 1일 청안향교에 정관재를 추배하기 위한 〈청안향교통문(淸安鄕校通文)〉이 발송되었다. ㅇ이후 허전(許傳, 1797~1886)이 〈증이조판서하은신공시장(贈吏曹判書霞隱申公諡狀)〉을 짓고, 유후조(柳厚祚, 1798~1876)가 또다른 〈시장(諡狀)〉을 지었다. 하지만 시호는 내리지 않았다.

4. 《영원잡영》 원편의 문체

앞서 보았듯이 《영원잡영》은 신저·신식·신용(신설)의 시문과 함께 관련 문자들을 집록한 것이다. 석인본의 원편을 보면, 신저·신식·신용(신설)이 저술한 시문은 상대적으로 적다. 또한 문체 분류가 균형이 잡혀 있지 않다.

《정관재선생편(靜觀齋先生編)》

시 422제(오언절구 150제, 오언사운115제, 육언절구 3제, 칠언절구 93제, 칠언사운 59제, 잡시 2제), 제문 1편(〈祭成大谷先生文〉)

《졸재선생편(拙齋先生編)》

시(오언절구 7제, 오언사운 5제, 칠언절구 9제), 칠언사운 4제), 기(記) 1편[〈문암서원기〉], 제문 1편(〈祭八溪君鄭公文〉), 전(傳) 1편[〈爲李察訪(著慶)立傳〉], 차(箚) 2편[옥당차자 1, 옥당차자 2], 교(敎) 1편[〈答政院敎〉]

《하은선생편(霞隱先生編)》

〈하은연보〉, 시(오언절구 55제, 오언율시 24제, 칠언절구 30제, 칠언율시 7제, 배율 1제, 집구 1수, 만시 1수), 부 2편, 발(跋) 3편, 서(書) 1편, 계(啓) 32건, 차(箚) 2건, 소(疏) 1건, 임진사적기(壬辰事蹟記) 1건, 제문 4편, 기우문(祈雨文) 1편

신저는 조몰(早沒)했지만 그래도 《정관재선생편》에 시가 422제 남아 있으나, 신식과 신용(신설)은 환력과 비교하여 각각의 문집에 남은 시가 매우 적다. 더구나 세 사람의 시는 오언절구, 오언율시, 육언절구, 칠언절구, 칠언율시에 몰려 있고, 잡시(장단구)는 극히 소수이다. 선조 연간에는 공령시(정격시)로 장편고시를 부과했고 창작활동에서도 고시가 율시 및 배율과 함께 중시되었다. 그런데 아쉽게 세 사람의 문집에 남은 시는 양식이 다양하지 않다. 다만, 세 사람 모두 연작시가 여럿 있고, 《하은선생편》에는 문사(文思)가 탁월한 연작시가 특히 많아서 그들의 시세계를 상상할 수 있게 한다.

신저(申渚)는 과거에 급제하지 못했으나, 신식(申湜)과 신용(申涌 신설(申渫))은 과거를 거쳐 벼슬길에 올랐다. 즉, 신식은 충의교위(忠毅校尉)로 있다가 26세 되던 1576년 병자 별시문과에 급제했다.

[문과] 선조(宣祖) 9년(1576) 병자(丙子) 별시(別試) 병과(丙科) 5위(08/19)

표(表) : 의당사문박사한유진원화성덕시(擬唐四門博士韓愈進元和聖德詩)

신용(신설)은 28세 되던 1588년 무자 식년시의 생원시에 합격하고, 31세 되던 1591년 신묘 식년문과에 급제했다.

[생원] 선조(宣祖) 21년(1588) 무자(戊子) 식년시(式年試) [생원] 3등(三等) 38위(68/100)

[문과] 선조(宣祖) 24년(1591) 신묘(辛卯) 식년시(式年試) 병과(丙科) 18위(28/34)

신식의 경우는 별시에서 작성한 표(表): 의당사문박사한유진원화성덕시(擬唐四門博士韓愈進元和聖德詩)도 남아 있지 않다. 신용(신설)이 16세 때 향시에서 지은 〈졸자일부(拙者逸賦)〉와 문신으로서 응제한 〈소성약천성부(小成若天性賦)〉[20]를 보면 문장의 구조가 뛰어나다.

북송(北宋)의 유학자 염계(濂溪) 주돈이(周敦頤)는 다른 사람으로부터 졸하다는 말을 듣고는 기뻐하면서 〈졸부(拙賦)〉를 지었는데, '졸자일(拙者逸)'은 주돈이의 그 〈졸부〉에서 취한 것이다. 이 글은 《성리대전(性理大全)》 권70에 들어 있다. 그 글에서 주돈이는 "교묘한 자는 말을 잘하고 졸렬한 자는 입을 다물며, 교묘한 자는 수고롭고 졸렬한 자는 편안하며, 교묘한 자는 남을 해치고 졸렬한 자는 덕을 베풀며, 교묘한 자는 흉하게 되고 졸렬한 자는 길하게 된다. 아아! 천하 사람이 다 졸렬하면 형법과 정령이 투명해져서, 윗사람은 편안하고 아랫사람은 순종하여, 풍기가 맑아지고 악폐가 단절되리라.[巧者言, 拙者黙, 巧者勞, 拙者逸, 巧者賊, 拙者德, 巧者凶, 拙者吉. 嗚呼! 天下拙, 刑政徹, 上安下順, 風淸弊絕.]"라고 했다. 당시 신용(신설)은 다음과 같이 44구 22운, 수의환운(隨意換韻)의 부를 지었다. 번역문은 본서의 해당 부분을 참고하기 바란다. 압운만을 살피면 다음과 같다.

何時俗之工巧兮! 競乘時而騁智.

旣自以心爲形役兮, 競勤苦而無俾. : 四寘去聲(智)와 四紙上聲(俾)의 통압(通押)

聞拙者之有逸兮, 感濂溪之格說.

念旣絕於物欲兮, 心坦蕩而自適. : 九屑入聲(說)과 十一陌入聲(適)의 통압

原守己之有要兮, 在澹然而無爲.

苟役役於營求兮, 身自勞而自危. : 四支平聲(爲·危)

20) 문위(文緯, 1554-1631)의 〈少成若天性賦〉(《茅谿集》 권1)도 같은 시기에 지어졌을 것이다.

肆君子之拔俗兮, 獨葆光而養拙.

心無華而悃愊兮, 口不言而欲訥. : 九屑入聲(拙)과 六月入聲(訥)의 통압

循天理而不悖兮, 與萬物而無競.

絶外慕而不求兮, 恒居易而俟命. : 二十四敬去聲(競·命)

任天眞之浩浩兮, 去智慮之規規.

身無辱於安分兮, 心自閒於知機. : 四支平聲(規)과 五微平聲(機)의 통압

旣蕩蕩而無憂兮, 夫何往而不自得?

得斯守拙之爲貴兮, 不求安而自逸. : 十三職入聲(得)과 四質入聲(逸)의 통압

嗟世人之貿貿兮, 謾智巧之是逞.

志常馳於營爲兮, 紛行險而僥倖. : 二十三梗上聲(逞·倖)

畢竟智窮而力殫兮, 徒戚戚兮奚益?

是所爲巧者之反拙兮, 果孰得而孰失?

曰余藏六於江湖兮, 羞與世而抹摋. : 十一陌入聲(益)과 四質入聲(失)과 七曷入聲(摋)의 통압

甘處約而守靜兮, 循天然而樂天.

保吾拙而無營兮, 聊頤神而永年. : 一先平聲(天·年)

演周子之遺訓兮, 作短箴而自飭. : 十三職入聲(飭)-낙운(落韻)

이 부는 내용상으로도 중요하지만 형식상으로도 매우 중요하다. 조선후기의 과부가 무운(無韻)의 허자(虛字) 다용의 형식을 취하는 것과는 다르다. 선조 연간의 과부(科賦)가 이렇게 수의환운의 44구를 공식적으로 부과했는지는 앞으로 고찰해야 할 과제이다.

신식과 신용은 이른 나이에 과거에 급제한 것은 아니지만, 임진왜란 직후에 지제교를 겸대하여 국왕의 교서나 외교 문서를 많이 작성했을 것이다. 앞서 합보에서 보았듯이, 1594년(선조 27, 갑오) 12월에 졸재 신식은 홍문관 교리 지제교(知製敎)이 되었다. 1595년(선조 28, 을미) 3월에 신식이 다시 사간(司諫)에 임명되고, 교리로서 시강원 문학(侍講院文學)을 겸하였다. 7월에 신식은 장악원 정(掌樂院正)과 지제교에 임명되었다. 1596년(선조 29, 병신) 3월 18일에 신용(신설)은 봉훈랑(奉訓郞)으로서 사간원 정언에 임명되었으며, 8월에는 홍문관 부수찬 지제교 겸 경연 검토관(弘文館副修撰知製敎兼經筵檢討官)이 되었다. 1597년(선조 30,

정유) 여름에 졸재 신식이 지제교로 있다가 대사간, 호군(護軍), 부제학, 좌승지, 부제학에 제수되었다. 1598년(선조 31, 무술) 1월에 졸재 신식이 지제교로서 호남선유사(湖南宣諭使)가 되었다.

신식과 신용(신설)은 관각문자(館閣文字)를 많이 작성했을 듯하지만, 현전하는 시문은 관리로서의 계차(啓箚) 가운데 일부가 전한다. 더구나 이들은 지제교로서 국가사업을 분식하는 글들을 변문으로 많이 작성했을 터인데, 현전하는 글이 거의 없다. 유일하게 신용(신설)이 1604년 8월에 지제교로서 작성한 변문의 〈호성녹훈교서(扈聖錄勳敎書)〉가 《서애선생연보》에 들어 있어, 금번의 《역주 영원잡영》의 《하은선생집》에 수록되었다. 번역은 본서의 해당 부분에서 참고하기로 하고, 형식만을 보면 다음과 같다.

王若曰

忘身徇國, 克著弘濟之功；報德酬勞, 宜擧崇奬之典.

爰稽雲臺故事, 庸載鐵券新盟.

惟卿! 金玉之精, 冰蘗其操.

才稱王佐, 早許稷卨之身；學爲儒宗, 夙負山斗之望.

乃攸服則孝悌忠信, 衆所推者道德文章.

自蜚英於筍班, 蔚有聲華之藉甚；曁篤棐於棘府, 更見功業之裒如.

人皆謂漢代仲舒, 予則曰宋朝君實.

頃遭島夷之猖獗, 遽罹國步之播遷.

留鎭都城, 雖闕宗澤之守；周旋詞令, 必待趙衰之文.

孰從我而同歸, 聊與子而偕作；瞻四方而靡騁, 慨百僚之如遺.

一馬渡江, 予未堪乎多難：五蛇從野, 卿獨奮其孤忠.

灑涕淚而登舟, 溫嶠之義氣感發：負羈紲以奔命, 狐偃之劬勞備嘗.

乃心益勵於始終, 此誠寧間於進退.

老富指劃十三策, 誓雪君父之羞；小范胷藏百萬兵, 身兼將相之責.

迺睠韓忠獻之總衆, 俾專蕭相國之轉漕.

漢將之威武丕揚, 寔賴餽餉之不絕；周原之冠盖相屬, 亦由儐接之得宜.

矧當國事之搶攘, 自任戎務之塡委?

陶侃之裁決明敏, 應之如流；陸贄之奏對懇勤, 知無不告.

玆協天兵而克勦, 以致王業之重恢.

宗社之獲返舊都, 伊誰之力?；國家之得保今日, 惟乃之休.

旣共患於艱危, 敢相背於安樂?

鞠躬效一節, 諸葛之忠貞式彰；投璧誓羣臣, 晉文之歸賞當急.

肆策勳爲扈聖功臣二等, 圖形垂後, 超二階爵.

其父母妻子, 亦超二階. 無子則甥姪女壻超一階, 嫡長世襲, 不失其祿, 宥及永世.

仍賜伴倘六人, 奴婢九口, 丘史四名, 田八十結, 銀子七兩, 表裏一段, 內廐馬一匹, 至可領也.

於戲! 卿固有興周之績, 予何忘在莒之心?

地之察天之明, 敢要質於神鬼；山若礪河若帶, 期勿替於子孫.

故玆敎示, 想宜知悉.

이 변문은 주제가 장엄할 뿐만 아니라 전고의 사용이 정당하고 어휘 사용 또한 매우 적절하다. 그리고 각 구의 구말 평측을 보면, 평측교호법과 염법을 충실하게 지켰음을 알 수 있다.

國(十三職入聲), 功(一東平聲)；勞(四豪平聲), 典(十六銑上聲).

事(四寘去聲), 盟(八庚平聲).

精(八庚平聲), 操(二十號去聲).

佐(二十一个去聲), 身(十一眞平聲)；宗(二冬平聲), 望(二十三漾去聲).

信(十二震去聲), 章(七陽平聲).

班(十五刪平聲), 甚(二十六寢上聲)；府(七麌上聲), 如(六魚平聲).

舒(六魚平聲), 實(四質入聲).

蹶(六月入聲), 遷(一先平聲).

城(八庚平聲), 守(二十五有上聲)；令(二十四敬去聲), 文(十二文平聲).

歸(五微平聲), 作(十藥入聲)；騁(二十三梗上聲), 遺(四支平聲).

江(三江平聲), 難(十五翰去聲)：野(二十一馬上聲), 忠(一東平聲).

舟(十一尤平聲), 發(六月入聲)：命(二十四敬去聲), 嘗(七陽平聲).

終(一東平聲), 退(十一隊去聲).

策(十一陌入聲), 羞(十一尤平聲) ; 兵(八庚平聲), 責(十一陌入聲).

衆(一送去聲), 漕(二十號去聲).

揚(七陽平聲), 絕(九屑入聲) ; 屬(二沃入聲), 宜(四支平聲).

攘(二十二養上聲), 委(四紙上聲).

敏(十一軫上聲), 流(十一尤平聲) ; 勤(十二文平聲), 告(二十號去聲).

勦(十七篠上聲), 恢(十灰平聲).

都(七虞平聲), 力(十三職入聲) ; 日(四質入聲), 休(十一尤平聲).

危(四支平聲), 樂(十藥入聲)

節(九屑入聲), 彰(七陽平聲) ; 臣(十一眞平聲), 急(十四緝入聲).

後(二十五有上聲), 爵(十藥入聲). : 산구(散句)

階(九佳平聲), 世(八霽去聲). : 산구(散句)

무운(無韻) 산구(散句)

績(十二錫入聲), 心(十二侵平聲).

明(八庚平聲), 鬼(四紙上聲). ; 帶(九泰去聲), 孫(十三元平聲).

示(四寘去聲), 悉(四質入聲).

한편 신식의 산문 가운데 주목할 글로는 그의 《졸재선생집》에 실린 유일한 전(傳)인 〈찰방 이시경을 위해 지은 전[爲李察訪蓍慶立傳]〉이다. 이 글은 서사가 충분하다고는 할 수 없다. 즉 다음과 같은 다소 단편적인 서술뿐이다.

> 계사년 병화(兵禍)는 어쩌면 이리도 참혹했던가. 그 당당했던 대절(大節)은 눈서리처럼 늠름하였으니, 듣는 이들이 어느새 머리털이 곤두서고 눈을 부릅뜨며 이어 눈물을 흘렸으니, 우리나라에서 절의를 배양한 효력이 과연 이와 같았도다. 더욱 비통스러운 경우가 이시경(李蓍慶)이다. 그는 약관의 나이에 문장과 행실로 세상에 드러났으니, 모두들 '노저(鷺渚) 상공(相公)[21]에게 어진 아들이 있다'고 하였다. 정유년 난리에

21) **노저(鷺渚) 상공(相公)** : 이양원(李陽元, 1526~1592)이다. 본관은 전주(全州), 자는 백춘(伯春), 호는 노저(鷺渚). 정종의 아들인 선성군(宣城君) 이무생(李茂生)의 현손이며, 아버지는 이원부령(利原副令) 이

일개의 마관(馬官)[22]으로서 수만의 왜구에 대항하다가 말이 탄환에 맞아 쓰러지자 칼을 빼들고 왜적을 치면서 노복에게 자식을 부탁하고는 적의 시퍼런 칼날을 무릅쓰고 싸우다 전사하였으니, 얼마나 장한 일인가.

하지만 낮은 관직의 인물을 위해 그의 숨은 공적을 현창하려는 입언가(立言家)의 성실한 자세가 잘 드러나 있다.

5. 신식의 유학 진흥과 신용(신설)의 거의(擧義) 수훈

(1) 1604년(선조 37, 갑진) 2월에 졸재 신식이 홍문관 부제학에 제수되고는, 동료들을 이끌고 차자(箚子)를 올려 정인홍(鄭仁弘)이 회재(晦齋) 이언적(李彦迪)을 헐뜯고 무고한 것에 대해 분변하여 아뢰었다. 당시에 관학 유생(館學儒生)들이 오현신(五賢臣)을 문묘(文廟)에 종사(從祀)하기를 청하자, 정인홍이 회재(晦齋)를 무함하고 비난하며 차자를 올려 배척하니, 이로 인해 누차 온당치 않은 분부가 내려졌다. 선생이 옥당(玉堂)에 있으면서[23] 전후의 차자에서, 회재의 평생 해온 일들과 열성(列聖)으로부터 받았던 지우(知遇)를 갖추어 진달하면서 수백 자의 글을 올리니, 끝내 우악(優渥)한 비답을 내려, "이언적의 어짊을 내가 어찌 모르겠는가. 그 종사하는 일에 대해서는 후일 조정에서 마땅히 의논하여 처리할 것이다."라고 하는 데에 이르렀으니, 그 뒤에 종사가 이루어졌다.

앞서 1570년(선조 3) 5월에 이후백(李後白)은 승정원 도승지가 되어, 〈국조유선록서(國朝

학정(李鶴汀)이다. 이황(李滉)의 문인이다. 명종 10년 알성 문과에 병과로 급제, 검열·저작을 거쳐 호조참의가 되었다. 이 해에 종계변무사(宗系辨誣使)의 서장관으로 명나라의 《태조실록》과 《대명회전》에 태조 이성계의 아버지가 고려의 이인임(李仁任)으로 잘못 기재된 것을 이자춘(李子春)으로 바로잡고 돌아와 그 공으로 광국공신 3등에 책록되고 한산부원군에 봉해졌으며, 우의정에 올랐다. 임진왜란이 일어나자 유도대장(留都大將)으로 수도의 수비를 맡았으나 한강 방어의 실패로 양주(楊州)로 철수, 분군(分軍)의 부원수 신각(申恪)과 함경도병마절도사 이혼(李渾)의 군사와 합세해 해유령(蟹踰嶺)에 주둔, 일본군과 싸워 승리한 뒤 영의정에 올랐다. 이때 의주에 피난해 있던 선조가 요동으로 건너가 내부(內附)한다는 소식을 전해 듣고, 탄식하며 8일간 단식하다가 피를 토하고 죽었다 한다. 시호는 문헌(文憲)이다.

22) 마관(馬官) : 찰방(察訪)을 말한다.

23) 옥당(玉堂)에 있으면서 : 선생이 홍문관(弘文館)의 부제학(副提學)에 재임하고 있을 때를 말한다.

儒先錄序〉〉를 지어 올렸다. 《국조유선록》은 선조의 명으로 1570년 간행된 서적으로, 유희춘(柳希春, 1513~1577) 등이 김굉필(金宏弼, 1454~1504)의 《경현록(景賢錄)》, 이언적(李彦迪, 1491~1553)의 유사(遺事)를 초록(抄錄)하고 정여창(丁汝昌, 1450~1504), 조광조(趙光祖, 1482~1519) 등의 저작을 모아 엮은 것이다. 대개 이 작업은 1568년 경부터 시작된 듯하며, 양응정(梁應鼎)도 그 편수 작업에 참여했다. 하지만 정인홍은 이언억위 위상을 인정하지 않고, 그가 《대학》의 설에서 주희의 《대학장구》를 수정한 것을 문제 삼아 그를 이단이라고 무함했다.

조선의 유학자들은 주희의 《사서장구집주》를 존중하면서도 《대학장구》에 대해서는 이설을 제출했다. 특히 이언적은 《대학장구보유》에서 《대학장구》의 경문 2개 절('知止而后有定…慮而后能得', '物有本末~則近道矣')을 격물치지 전문으로 간주하여 전 제5장 '차위지본(此謂知本)', '차위지지지야(此謂知之至也)'와 함께 전 제4장으로 재구성하고, 《대학장구》 전 제4장 '청송(聽訟)' 절을 경문의 맺음말로 간주하여 경문 맨 뒤로 옮겼다. 이로써 《대학장구보유》에서 《대학》을 경 1장과 전 9장으로 재편했다. 그리고 이언적은 주희가 명덕·신민을 물(物)의 본말로 삼고 지지(知止)·능득(能得)을 사(事)의 종시(終始)로 삼은 것에 만족하지 않고, 《대학》에서 명시되지 않았지만 인(仁)을 치국·평천하의 근본으로 보아야 한다고 주장했다. 이언적은 '격치' 장은 망실되지 않았다고 주장하고 '지지(知止)'·'물유(物有)'의 2절로 전(傳)을 만들었다. 왕백(王柏)·채청(蔡淸) 그리고 권근(權近)이 이미 그러한 주장을 했는데, 이언적은 그들과 암합했다. 《대학장구》에서 주희는 "이정(二程)이 정한 바에 따라서 별도로 서차(序次)한다"고 했는데, 이정은 '격치'가 '성의'보다 앞에 와야 한다고 했지 격치장이 망실되었다고는 말하지 않았다. 이황은 경문의 두 절을 전으로 옮기게 되면 삼강령의 공부-공효-결어, 팔조목의 공부-공효-결어 구조가 훼손된다고 보아 반대했다.[24] 이담(李湛)에게 보낸 서찰에서 이황은 학자들이 '지지(知止)'·'지소선후(知所先後)'·'지본(知本)' 등의 말만 보고 격물치지의 전으로 삼으려 하지만 그 구절에는 본시 격물치지의 뜻이 없다고 지적했다.[25] 류성룡도 격치장을 따로 두지 않아도 뜻이 자족한다고 했다. 이익은 《대학장구》의 체제를 존중하면서 '치지'와 '격물'의 관계에 더욱 주목했다. 즉 경문에서 제1절에서 '지어지선(止於至善)'이라 하고 제2절에서 곧바로 이어 '지지(知止)'라고 했으므로 '지(止)'가 명덕·신민의 그쳐야 할

---

24) 황보승, 〈회재 이언적의 『대학장구』 편차 개정과 16-17세기 조선 학계의 찬반론 고찰〉, 《유교사상문화연구》 75, 한국유교학회, 2019.4, pp.37~66.

25) 李滉, 〈答李仲久〉, 《退溪集》 卷11.

바를 뜻한다는 것을 알 수 있으며, '치지'의 뜻은 여기서 벗어나지 않는다고 보았다. 그리고 경문 제3절에서 '물유본말(物有本末)' 및 '지소선후(知所先後)'라고 했으므로 만물만사의 선후를 구명하는 것이 '격물'의 뜻이라고 보았다. 분수(分殊)의 만물만사 탐구를 중시하는 사유양식이 잘 드러난다. 이익은 주희가 첨가한 보망장은 치지와 격물에 대한 주각(註脚)이기에 충분하다고 판정했다. 삼강의 '명명덕(明明德)'에서 위의 '명(明)'은 허(虛)[동사]이고 아래의 명덕은 실(實)[명사-개념]로, 《대학》의 전문은 그 실 개념을 부연하여 조목을 삼았는데, 명덕이 3조, 신민이 2조이고, 거기에 '명지(明之)'의 공효를 두 번 거론했다. 이에 비해 '차위지본(此謂知本)'이라든가 '지지지(知之至)'라는 것은 윗 글을 매듭짓는 말에 불과하고 격치의 내용을 밝혀주지 않는다. 게다가 이언적의 주장처럼 전을 만들면 '극명덕(克明德)'과 '극명준덕(克明峻德)'이 중언부언이 된다고 하여 반대했다.[26)]

숙종 연간의 학자들은 이패림(李沛霖) 찬, 이정(李禎) 교정의 근비당본(近譬堂本)《사서주자이동조변(四書朱子異同條辨)》은 지식인들이 활용했다. 영조의 세손 시절 사부였던 이현익(李顯益, 1678~1717)은 〈논대학명덕정심이장변설(論大學明德正心二章辨說)〉에서 주희의 조만설과 주자 학맥 내부의 여러 설들을 모아 변정하려 했던 채청(蔡淸)과 이패림의 성과를 검토하면서 자설을 수립하고자 노력했다. 이현익은《논어혹문》과《논어집주》가 부합하지 않을 때는《논어혹문》은 고치지 못한 곳이 많으므로《논어집주》를 따라야 한다고 보았고, 대전본 소주의 쌍봉요씨(雙峯饒氏)[요로(饒魯)]·운봉호씨(雲峯胡氏)[호병문(胡炳文)]·잠실진씨(潛室陳氏)[진식(陳植)]의 설을 비판했다.[27)] 또 영남 남인 권구(權榘, 1672~1749)도 〈대학취정록병도(大學就正錄并圖)〉에서 국내의 이언적(李彦迪)과 중국의 동괴(董槐)·송렴(宋濂)·왕백(王柏)·방효유(方孝孺)·채청의 설을 검토하고 이황을 종주로 하는 설을 수립하고자 했다.

한편 정약용(丁若鏞)은 이익(李瀷)의 학문 연원에 대해 '사숙어회퇴(私淑於晦退)'라고 하여 이익이 이황만 아니라 이언적도 사숙했다고 명시했다.[28)] 이익은 이언적의《구인록(求仁

26) 類選7상經史篇3·經書門3·大學01〈補亡章〉. 이황은 李湛에게 보낸 서찰에서 학자들이《대학》의 경과 전을 옮기는 일을 두고, 뛰어난 장인이 수리한 건물을 세속의 장인이 보고 자기의 공적이 없는 것을 수치로 여겨 팔을 걷어부치고 건물을 헐어내고 재보수하려는 것과 같아 무익하다고 비판한 바 있다. 이익은 그 말에 공감했다.

27) 李顯益, 〈漫錄〉,《正菴集》 권19.

28) 丁若鏞, 〈上木齋書〉,《與猶堂全書》 제1집 시문집 제19권.

錄)》에서 말한 '구인'이 정신만 어지럽게 만든다고 비판했지만[29] 정약용은 이언적-이익으로 이어지는 사유양식의 연속성에 주목했다.

(2) 신용(신설)은 신의경(申義慶)이 찬술한 《상례비요(喪禮備要)》를 대대적으로 보완하여 조선 예학의 발전에 기초를 놓았다. 《상례비요》 1책은 신의경이 찬술하고 김장생(金長生, 1548~1631)이 수윤(修潤)했는데, 1765년(영조 41, 을유) 맹하에 충청도 연산(連山) 돈암서원(遯巖書院)에서 중간된 판본이 널리 알려져 있다. 1620년(경신) 6월 김장생의 서문, 1621년(신유) 겨울 상순 신흠(申欽)의 서가 있다. 앞서 김집(金集)은 신의경이 편찬한 《상례비요》와 《가례집람(家禮輯覽)》에 대해 부친 김장생이 주석을 덧붙이고 내용을 증보·산정한 책이 집안에 보관되어 있다는 기록을 남겼다. 박세채(朴世采)는 자신이 직접 본 《상례통재》가 《상례비요》의 초본과 일치하고 《가례집람》과 부합하는 부분이 많다고 논평했다. 그런데 앞서 신용(신설)은 현전하는 《상례통재(喪禮通載)》의 발문에서 그것이 신의경이 지은 것일 가능성을 제기하고, 두주(頭註)에서 신의경과 예에 관한 토론을 내용을 밝혀두었다. 17세기 예서(禮書) 및 문집에는 변례(變禮) 및 고증(考證)의 문제와 관련하여 신의경의 주장을 인용한 사례들이 발견되는데, 그것들은 예외 없이 현전 《상례통재》에 실려 있다. 이후 《상례비요》는 의식(儀式)의 분류와 의식 도구는 물론, 고례(古禮)와 주희의 정론(定論) 그리고 시의(時宜)에 의한 《가례》 보완 등의 여러 측면에서 《상례통재》의 작업을 계승했다. 《상례통재》가 15세기 후반 《국조오례의》를 통해 국가 공인의 행례 매뉴얼이 마련된 이후 16세기 후반 《상례비요》로 총결되기에 이른다.[30] 이러한 예학의 발전에 신용(신설)이 기여한 바가 적지 않을 것이다.

한편 졸재 신식도 예제를 깊이 연찬했다. 이익은 1718년(숙종 44, 무술) 정여일의 《가례》 문목에 답하는 서찰에서 주독(主櫝) 제도와 관련하여 졸재 신식의 설에 동조했다.[31]

> 주독(主櫝)의 제도는 김사계(金沙溪 김장생)의 《의례문해》에서 논한 것이 이치에 맞습니다. 그러나 반혼(返魂)의 조문에서 "신주를 받들고 수레에 오르며, 집에 도착하여 자리로 나아가 독(櫝)을 씌운다고 하였는데, 수레는 길 가운데 있는 것이니 갑(匣)을

29) 僿說23經史06-01〈求仁〉;類選2상人事1·論學門·心性13〈求仁〉.

30) 장동우, 〈喪禮通載의 禮學史적 位相〉, 《태동고전연구》 32, 한림대학교 태동고전연구소, 2014, pp.173~202.

31) 李瀷, 〈答鄭汝逸家禮問目〉(戊戌), 《성호전집》 권10 書.

씌우지 않을 이치가 없다."라고 하였습니다. 따라서 아마도 내독(內櫝)과 외독(外櫝)이 있는 듯하며, 반혼 조문에서 말하는 독이라는 것은 곧 두 개의 창이 있는 외독[兩窓外櫝]입니다. 그러나 작주(作主)의 조문에서 논한 바가 또한 매우 분명하고, 《가례》에는 모두 두 개의 창에 대한 이야기가 없습니다. 그러니 또 어찌 감히 억측으로 억지로 말할 수가 있겠습니까. 지금 사람들이 혹 〈가례도(家禮圖)〉를 따라서 양창독(兩窓櫝)을 만드는 경우에 또한 도식 가운데 있는 좌식(坐式)에 의거하여 따로 한 신주가 들어가는 내갑(內匣)을 만들어 하나의 독(櫝)에 모두 안치하니 신주를 내어 예를 치를 때 매우 편안합니다. 비록 《가례》의 본의는 아니라고 하지만 이미 〈가례도〉 가운데 있으니 또한 새롭게 만든 제도는 아닙니다. 근세에 졸재(拙齋) 신식(申湜)의 말이 대강 위와 같습니다, 송이암(宋頤庵, 1517~1584 송인(宋寅))은 따로 좌식을 만들어서 다만 신주를 내올 때 사용한다고 하여 《가례》의 조문을 견강부회하였으므로 사계(김장생)가 그르다고 한 것이 맞습니다.

(3) 한편, 신식은 춘천도호부에 문암서원(文巖書院)을 건립하여 지방의 학문 진작에 힘썼다.

춘천도호부에는 문암서원 이외에 곡운서원(谷雲書院)의 두 서원이 있었다. 곡운서원은 곡운 김수증(金壽增)을 모신 서원으로 지금의 강원도 화천에 있는데, 보통 곡운사(谷雲祠)라 불렸다.[32] 이에 비해 문암서원은 1612년(광해군 4) 지방유림이 춘천은 퇴계 선생의 외관(外貫)이므로 서원을 세워 강학하게 해달라고 청하자, 1613년(광해군 5, 계축) 강원도관찰사로 있던 신식(申湜)이 춘천부사 유희담(柳希聃)과 상의하여 퇴계의 위패를 모시게 허락했다. 신식이 고을 사람 안숭양(安崇讓), 이주(李冑) 등과 함께 문암(文巖)에 터를 잡고서 경륜(經綸)하여 처리하는 것과 제도는 한결같이 주자의 정식[朱子定式]을 따랐다고도 한다.

퇴계의 부친 이식(李埴, 1463~1502)의 부인은 초취(初娶) 의성김씨(義城金氏)와 재취(再娶) 춘천박씨(春川朴氏)이다. 김씨는 2남 1녀를 낳았고, 박씨는 5남을 낳았다. 김씨에게서 난 아들은 잠(潛)·하(河)이고, 박씨에게서 난 아들은 서린(瑞麟)·의(漪)·해(瀣)·징(澄) 그리고 퇴계이다.[33]

김장생은 철원군수(鐵原郡守)로 있을 때, 감사(監司) 신식(申湜)의 말에 따라 춘천(春川)

32) 심경호, 《다산과 춘천》, 강원대학교 출판부, 1995.

33) 《退溪集》 卷46 〈先妣贈貞夫人朴氏墓碣識〉.

에 퇴계(退溪)를 위하여 서원을 세울 적에 《이아(爾雅)》의 석궁도(釋宮圖)를 모방하여 강당을 지으려고 하였으나 그 제도를 알 수 없다고 가르쳐 달라 하기에 내가 그 제도를 알려 주어 바로 짓도록 하였다고 술회했다. 김장생은 퇴계는 춘천 사람이 아니며, 또한 한번도 그곳을 지나간 적이 없었다고 하고, 그래도 퇴계를 추모하는 뜻에서 서원을 세울 수 있다고 보았다.[34)]

문암서원은 신식의 당시에 남북 5칸, 동서 5칸의 건물을 짓기 시작해서, 후임 부사인 윤의립(尹義立 毅立)에 의해 완공되었다. 신식은 〈문암서원기(文岩書院記)〉를 지었다. 또한 이현일(李玄逸, 1627~1704)의 《갈암집(葛庵集)》 별집 제6권에 신식의 시장(諡狀)이 있고, 그 시장 가운데 문암서원 건립 관련 사실이 언급되어 있다.

> 신해년(1611) 봄에 체차되어 동지중추부사에 부직되었고, 여름에 외직으로 나가 춘천 부사가 되고, 일찍이 익사훈(翼社勳)에 참여하였기 때문에 자헌대부로 승자(陞資)되었다. 춘천에 있는 3년 동안 백성들의 폐막을 일소(一掃)하고 사풍(士風)을 진작시키니, 온 경내가 크게 다스려졌다. 고을 사람들이 문암서원을 세워 문순공(文純公 이황)을 제향하자고 청하였는데, 이는 춘천이 문순공 외가의 관향이기 때문이다. 공이 문순공에게 일찍이 직접 배워서 경앙(景仰)하고 존모하여 죽을 때까지 잊지 못할 분이었기 때문에 기꺼이 그 청을 따라서 마음을 다해 안배하고 힘을 다해 주선해서 당(堂), 행랑, 섬돌, 문, 담장, 재실(齋室), 부엌이 모두 법도에 맞았다. 그러고 나서 스스로 전말을 써서 벽에 걸었으니, 현인을 존모하고 옛 도를 좋아하는 독실함이 대개 이와 같았다.[35)]

---

34) 김장생(金長生), 〈송명보(宋明甫)[준길(浚吉)]에게 답함〉, 《사계전서》 권3 서(書). "나주(羅州)와 아산(牙山) 두 고을에 오현(五賢)을 위해서 서원을 세웠지만 오현은 원래 그 지방 사람이 아니며, 성주(星州) 또한 정자(程子)와 주자(朱子)를 배향한 서원을 세웠지만 그에 대해 말한 사람들이 없었다. 유달리 율곡에게만 말들을 하니, 사람들의 말이 어떻게 이처럼 편파적인가. 헐뜯는 자들에게 동요된 것에 지나지 않으니, 가소로운 일이네."

35) 李玄逸, 〈가선대부(嘉善大夫) 사헌부대사헌 겸 동지춘추관사(司憲府大司憲兼同知春秋館事) 증(贈) 자헌대부(資憲大夫) 이조판서 겸 지경연의금부춘추관성균관사 홍문관대제학 예문관대제학 오위도총부도총관(吏曹判書兼知經筵義禁府春秋館成均館事弘文館大提學藝文館大提學五衛都摠府都摠管) 졸재(拙齋) 선생 신공(申公)의 시장〉. "辛亥春, 遞付同樞. 夏, 出宰春川, 以嘗參翼社勳, 陞資憲階. 在春三年, 掃除民瘼, 振作士風, 一境大治. 邑人請建文巖書院, 祀文純公. 蓋春是文純外家貫鄉也. 公於文純, 蓋嘗及門請業, 景仰尊慕, 沒世不忘, 故樂而從之. 悉心區畫, 極力經紀, 堂廡階戺, 門墻齋庖, 皆中矩度. 既又自序顚末, 揭之壁上. 其尊賢好古之篤, 蓋如此."

1613년(광해군 5, 계축) 신식의 청으로 정경세가 문암서원의 상량문을 지었다.[36] 육위송(六偉頌) 이전의 부분만을 보면 다음과 같다.

> 하늘이 사문(斯文)을 없어지지 않게 하여, 끊어졌던 정학(正學)이 밝은 시대에 이어졌으며, 백성들이 이 떳떳한 덕을 좋아하매, 대현(大賢)을 명당(明堂)에 경건히 모셨도다.
>
> 이에 한때의 사람들이 보고 들음이 새롭게 되었고, 만대토록 영원할 추향(趨向)이 정해지게 되었도다.
>
> 아, 우리 동방의 부자(夫子)로는 오직 퇴계(退溪) 선생 한 분이시도다.
>
> 포은(圃隱)부터 회재(晦齋)까지 여러 학자들의 조리(條理)를 집성하였으며, 민락(閩洛)부터 수사(洙泗)까지 천성(千聖)의 연원(淵源)을 거슬러 올라가셨도다.
>
> 박문약례(博文約禮)의 공부와 계왕개래(繼往開來)의 사업은, 동서남북 할 것 없이 모두들 복종하지 않기를 생각하는 사람이 없었으며,
>
> 기린이나 봉황을 모두 가리키면서 상서로 삼듯이 했다.
>
> 무릇 지나가기만 해도 교화가 된 지방은 모두가 종사(宗祀)하는 전례를 올리는 것이 걸맞도다.
>
> 하물며 이 수춘(壽春 춘천의 옛 이름) 큰 부(府)는 평소에 문헌(文獻)의 명향(名鄕)으로 칭해지고 있지 않은가!
>
> 산과 냇물이 신령스러움을 길러 건안(建安)이 축모(祝母)의 관향(貫鄕)이 되었고,[37] 바위와 골짜기가 향기를 띠매 형악(衡嶽)에 회옹(晦翁)의 제(題)한 것이 남아 있다.
>
> 이미 덕이 있는 분을 흠모하는 유림(儒林)이 있으니, 도를 높이는 성대한 거조가 없어서야 되겠는가?
>
> 시기는 반드시 때를 기다려야 하는 법이고, 예는 본디 절로 행해지는 것이 아니로다.
>
> 삼가 생각건대, 부백(府伯) 명공(明公)은 시례(詩禮)의 학문으로 자신을 닦았고, 박아(博雅)한 성품으로 옛것을 좋아하였도다.
>
> 옥순(玉筍)의 반열에서 양대 조정에서 착한 말을 진달한 충성스러운 신하였으며, 송

---

36) 《동춘당집》 별집 제7권 연보(年譜) 〈우복(愚伏) 정 선생(鄭先生) 연보〉.

37) 주희(朱熹) 어머니의 성(姓)이 건안(建安)을 관향으로 삼는 축씨(祝氏)이다. 여기서는 퇴계의 어머니인 춘천박씨(春川朴氏)를 축씨에 비유했다.

계(松桂) 숲 속의 외직으로 나가 독서를 한 신선 같은 수령이 되었다.

정사는 이미 백성들의 폐단을 없애 주는 데 부지런하였으며, 염려는 우선 먼저 교화의 근원을 도타이 할 것을 생각하였다.

드디어 학문을 흥기시킬 계책을 세우고, 아울러 선현의 영혼을 편히 모실 전례(典禮)를 의논했다.

풍성(風聲)이 격동시키자, 경전을 놓고 일하는 선비들이 달려왔고, 귀신이 능력을 주어, 하늘이 아끼고 땅이 감춰 두었던 신령스러운 지역을 드러냈다.

삼대의 법궁(法宮)의 제도를 상고하여, 양하(兩下)의 하옥(廈屋)[38]의 규모를 적용했다.

기둥, 지붕, 문, 시렁, 서까래, 처마, 추녀 등은, 바깥에서 보면 의표(儀表)가 반듯하고, 실(室), 당(堂), 방(房), 서(序), 호(戶), 유(牖), 계(階), 숙(塾) 등은 안으로 들어가 보면 규모가 삼엄하다.

오르내리고 술을 따르고 제수를 올림이, 아주 반듯해서 마음이 상쾌하고, 학문을 닦고 여유롭게 공부함이, 물가의 언덕에서 산뜻하다.

그 누가 잡목이 우거져 있던 곳이, 울연히 현송(絃誦)하는 곳으로 변할 줄 알았으리오?

천 겹 둘러나간 푸른 벽은, 신이 깎아 놓은 무이(武夷)의 산언덕이고, 세 면을 에워싼 맑은 물은, 하늘이 지어 놓은 반궁(泮宮)의 형세로다.

중고(中古)의 문물을 닦아 밝히고, 제일강산을 꾸며 아로새겼다.

많은 사람들이 공경스레 바라보기에 마땅하니, 한 시대의 기이한 일이라고 자랑할 만하다.

이에 육위(六偉) 노래를 진술하여, 대들보 올리는 것을 돕는다.

天未喪斯文, 正學繼絶於昭代；民之好是德, 大賢揭虔於明宮.

新一時之瞻聆, 定萬世之趨向.

猗歟東土夫子, 寔惟退溪先生.

---

38) 양하(兩下)의 하옥(廈屋) : 맞배지붕 양식으로 된 커다란 집으로, 용마루를 중심으로 하여 양쪽으로 처마가 늘어지게 지은 집이다. 하(夏)나라에서는 세실(世室)이라 하고, 은(殷)나라에서는 중옥(重屋)이라고 하고, 주(周)나라에서는 명당(明堂)이라고 하였다.

自圃隱至晦齋, 集成諸子之條理；由閩洛達洙泗, 遡洄千聖之淵源.

博文約禮之功程, 繼往開來之事業.

自東西南北而無思不服, 如麒麟鳳凰之皆指爲祥.

凡在過化之邦, 擧稱宗祀之典.

矧伊壽春大府, 素稱文獻名鄕.

山川毓靈, 建安爲祝母之貫；巖洞帶馥, 衡岳留晦翁之題.

旣有慕德之儒林, 可無尊道之盛擧?

時必有待, 禮不自行.

伏惟府伯明公詩禮治躬, 博雅好古.

玉筍班裏, 兩朝陳善藎臣；松桂林中, 一麾讀書仙宰.

政已勤於民隱, 念先敦於化源.

遂建興學之謨, 竝議妥靈之禮.

風聲所動, 奔釋經敎事之靑衿；神鬼與能, 發天慳地祕之靈境.

徵三代法宮之制, 用兩下廈屋之規.

棟宇楣庋楹翼廉阿, 觀於外而儀表整飭；室堂房序戶牖階塾, 入其中而摸範森嚴.

登降祼薦之攸宜, 噲噲其正；藏修息游之有所, 秩秩斯干.

誰知榛莽之場, 蔚爲絃誦之地?

千回翠壁, 神刓武夷之岡巒；三面晴虹, 天作泮宮之形勢.

修明中古文物, 賁飾第一江山.

宜萬目之聳觀, 詑一代之奇事.

聊陳偉唱, 助擧修梁.

1573년(선조 6) 이황의 사후 4년이 되는 해에 안동 유림들은 안동부 동쪽 2, 30리에 있는 노산촌(盧山村) 오로봉(五老峯) 서쪽 백련사(白蓮寺) 옛터[안동군 월곡면 도곡동]에 서원을 건립하기 시작했다. 이듬해 1575년(선조 8) 서원을 준공하고 김언기(金彦璣, 1520~1588)를 동주(洞主)로 삼았다.[39] 1576년(선조 9) 2월에는 '증 영의정 문순공 퇴도 이선생(贈領議政文純

39) 1973년 안동댐이 건설되기 이전까지는 이곳이 안동군 월곡면 도곡동이었다.

公退陶李先生)' 위판을 봉안했다. 도산서원에 이황의 위판이 봉안된 날과 같은 날이었다. 이때 서원의 이름을 여강서원이라 했다. 류성룡(柳成龍)은 봉안문을 작성하고, 조목(趙穆, 1524~1606)은 상향 축문을 작성했다. 건물의 명칭은 구봉령(具鳳齡, 1526~1586)이 붙였고, 제액(題額)의 글씨는 홍사제(洪思濟, 1539~?)가 썼다. 홍사제는 권벌(權橃, 1478~1548)의 외손이다. 남치리(南致利, 1534~1580)와 권우(權宇, 1552~1590)는 원규(院規)를 마련했다. 그런데 1574년 봄, 이황 문하의 산림처사 권호문(權好文, 1532~1587)이 명륜당(明倫堂) 상량문을 찬술했다.[40] 권호문의 명륜당 상량문은 오로지 '퇴도(退陶) 선생'만을 민락(閩洛 程朱)의 후각(後覺)으로 규정하고, "도를 믿고 실천하여 사업이 북두성처럼 높고, 정미한 의리는 신묘함에 들어 이학(理學)이 동방의 조종이다."라고 칭송했다. 그리고 이황이 백록동서원 학규를 도입한 사실을 거론하여 여강서원도 영재를 얻어 경륜(經綸)으로 교육해야 하며 제생(諸生)들에게 훈고(訓誥)를 일삼게 해서는 안 된다고 다짐했다. 그리고 학교(學校)와 현송(絃誦)이 긴밀한 연계에 있다고 강조했다. 현송은 목민관의 교화를 의미한다. 이 명륜당 상량문의 마지막 변우(騈偶)에 권호문의 학문관과 여강서원 산장에 대한 기대가 잘 나타나 있다. 즉, "자제들에게 언어문자만 익히는 공부를 금지하여, 악록의 인재 양성에 부끄러움이 없게 하라."라고 했는데, 악록은 악록서원으로, 장식(張栻)과 주희(朱熹) 등이 수학했던 곳이다. 즉, 권호문은 여강서원에서는 장구지학(章句之學)을 배격하여 장식과 주희를 배출한 악록서원과 위상이 같아지길 바랐다. 그리고 장식의 《남헌집(南軒集)》 권10에 실려 있는 〈악록서원 중수기(岳麓書院重修記)〉(〈嶽麓書院記〉 혹은 〈潭州重修嶽麓書院記〉)에서, 서원의 제생들은 반드시 '구인(求仁)'을 배워야 하며, 생활 속에서 '묵지이존지(默識而存之) 확충이달지(擴充而達之)'하게 해야 한다고 주장한 점에 주목했다.[41] 장식은 서원이 결코 제생들이 무리지어 거

---

40) 권호문은 본관은 안동, 자는 장중(章仲), 호는 송암(松巖), 재호는 관아재(觀我齋)이다. 권벌이 그의 재종숙이며, 이황의 백형 이잠(李潛)의 외손자이다. 1561년 진사시에 합격한 뒤 연이어 부모를 여의자 관계 진출을 단념했다. 청성산(靑城山) 아래에 무민재(無悶齋)와 연어헌(鳶魚軒)을 짓고 은거했으며, 1573년에는 청성정사(靑城精舍)를 완공했다. 후사가 없어서 친형 권선문(權善文)의 둘째 아들 권행가(權行可)로 대를 이었다. 사후에 안동의 송암서원(松巖書院)에 제향되었다.

41) 1165년(남송 효종 乾道 원년) 호남안무사(湖南安撫使) 유공(劉珙)이 악록서원을 중수하여 이듬해 완성되자 유공은 장식에게 기문을 청했다. 악록서원은 본래 송나라 태조 개보(開寶) 연간에 주동(朱洞)이 창건하고, 진종 때 담주지사(潭州知事) 이윤칙(李允則)이 부흥했다. 즉, 1015년(大中祥符 8년) 진종이 산장 주식(周式)을 소견하고 서적을 반포하고 사액(賜額)했다. 하지만 남송 초에 서원이 쇠퇴해 있다가, 유공에 의해 중수되었다.

처하며 일담(佚談)을 하게 하는 곳도 아니고 결과(決科)하여 이록(利祿)을 챙기게 하는 곳도 아니며 제생들로 하여금 언어문사의 공교로움을 익히게 하는 곳도 아니라고 했다. 장식은 서원의 이념은 인재를 성취하여 도(道)를 전하고 사민(斯民)을 구제하게 하려는 데 있다고 천명했다. 이 서원 교육론은 호상후학(湖湘後學)에게 깊은 영향을 끼쳤다. 이황도 〈이산서원기(伊山書院記)〉에서 장식의 〈악록서원중수기〉를 인용하여 장식이 "인(仁)으로서 도를 전하고 민생을 구하려고 했다."라고 특별히 언급했다.[42] 또한 권호문은 "예전 학교에서 과거(科擧)를 일삼던 폐단을 없애어, 석고(石鼓)의 장수(藏修)에 그칠 정도만이 아니게 하소서."라고 축원했다. 석고는 당나라 이관(李寬)이 형주(衡州) 석고산(石鼓山)에 지은 서원인데, 남송 때인 1187년에 송약수(宋若水)가 확장하자 주희가 〈형주석고산기(衡州石鼓山記)〉를 지어, 학자들이 하학(下學)과 위기지학(爲己之學)에 매진할 것을 권면했다.[43]

《서원등록》 숙종 3년(1677) 4월 23일자에 생원 이세(李稅) 등의 상소에 따라 〈이정형(李廷馨)의 서원에 사액하고 추향하는 건〉이 실려 있다. 좌승지 김우석(金禹錫)이 담당하였는데, 회계(回啓)한 대로 시행하라고 계하(啓下)하였다. 이세 등의 청원소는 이정형의 《지퇴당집》 부록에 실려 있다.[44]

인조 26년(1648)에 사액(賜額)을 받았으며, 숙종 3년(1677)에 지퇴당 이정형(李廷馨)과 조경(趙絅)을 추가 배향하였다. 대원군의 서원철폐령으로 1871년에 훼철되었다.[45]

이정형은 경주이씨로, 1568년(선조 원년) 문과에 갑과로 급제한 명인이다. 임진왜란 때 송경(개성) 유수(留守)로서 성거산 전투에서 승리하는 공로를 세웠고, 개성이 함락되자 형 이

---

42) 《退溪全書》 권42, 〈伊山書院記〉.

43) 《朱子大全》 卷79, 〈衡州石鼓書院記〉. "抑今郡縣之學官置博士弟子員, 皆未嘗考其德行道藝之素, 其所受授, 又皆世俗之書, 進取之業. 使人見利而不見義, 士之有志於爲己者, 蓋羞言之. 是以, 常欲別求燕閒淸曠之地, 以共講其所聞, 而不可得. 此二公所以慨然發憤於斯役而不敢憚其煩. 蓋非獨不忍其舊迹之蕪廢而已也. 故特爲之記其本末, 以告來者, 使知二公之志所以然者, 而毋以今日學校科擧之意亂焉. 又以風曉在位, 使知今日學校科擧之敎, 其害將有不可勝言者, 不可以是爲適然而莫之救也. 若諸生之所以學而非若今人之所謂, 則昔者吾友張子敬夫所以記夫嶽麓者語之詳矣. 顧於下學之功有所未究, 是以誦其言者, 不知所以從事之方, 而無以蹈其實. 然今亦何以他求爲哉? 亦曰: 養其全於未發之前, 察其幾於將發之際, 善則擴而充之, 惡則克而去之. 其如此而已矣. 又何俟於予言哉?"

44) 《知退堂集》 卷15 [附錄] 行狀[李熽].

45) 문암서원은 춘천시 신북읍 용산리의 춘천수력발전소 운동장 부근에 있다가 길 언덕 위로 옮겨졌다고 한다. 1994년 무렵 부근에 서원초등학교가 있어서 서원이 예전에 있었음을 상상할 수 있다. 한편 경상도(慶尙道) 봉화현(奉化縣)에 이황(李滉)과 조목(趙穆)을 모시는 문암서원(文巖書院)이 별도로 있다. 이 서원은 광해주(光海主) 병진년(丙辰年)에 건립하고 숙종(肅宗) 갑술년에 사액(賜額)했다고 한다.

정암(李廷馣)과 함께 황해도에서 의병을 일으켰다. 선무일등훈관(宣武一等勳官)으로 기록되어 이조참판, 세자빈객까지 이르렀다. 왜란이 평정된 뒤, 북인(北人)이 이원익(李元翼)과 이항복(李恒福)을 몰아내자, 양주(楊州) 송산촌(松山村)에 은둔하여 지퇴(知退)라고 자호했다. 1606년(선조 39) 삼척부사로 나가 임지에서 생을 마쳤다. 임진왜란 직전에 강원도관찰사를 역임한 일이 있고, 정유재란(1597) 무렵 모친상을 당하자 유해를 춘천에 모시고 일시 천전리(샘밭)에 거주하면서 《수춘잡기(壽春雜記)》를 지었다. 1632년(인조 10) 그 후손들이 현재의 신북읍 천전4리에 지퇴당공영모재(知退堂公永慕齋)를 건립하고 1677년(숙종 3) 문암서원에 그를 배향하였다. 현재는 신북읍 천전4리에 그의 사당인 영모재(永慕齋)가 있는데, 이 건물은 1979년에 중축되었다.[46)]

조경(趙絅, 1586~1669)은 병자호란 때 척화(斥和)를 주장했는데, 1650년(효종 1) 청(淸)나라 사문사(查問使)의 척화신 처벌 요구로 영의정 이경석(李景奭)과 함께 의주(義州) 백마성(白馬城)에 안치되었다가 이듬해 풀려났다. 포천(抱川)의 용연서원(龍淵書院), 흥해(興海)의 곡강서원(曲江書院), 춘천의 문암서원에 제향되었다. 조경은 춘천에 직접적인 연고가 없으나 퇴계의 문인 윤근수(尹根壽)를 사사했고, 또 생전에 문암서원에 들른 일이 있었던 까닭에 배향되었을 듯하다.

1984년에 춘천시와 춘성군이 발행한 《춘주지(春州誌)》에는 기록이 없으나, 《증보문헌비고》에는 김주·이황·이정형·조경의 4인이 배향된다고 하였다. 단 규장각도서 《춘천읍지》에 보면 문암서원의 배향인명에서 김주가 빠져 있다.[47)]

정약용은 1820년(순조 20) 3월 24일에 맏형 정약현을 모시고 작은 배로 북한강을 거슬러 올라 춘천에 왔다. 정약현의 둘째 아들인 학순(學淳)이 춘천 샘밭[泉田]에 사는 경주이씨 여자와 혼례를 올리게 되자 동행한 것이다. 천전리 즉 샘밭에는 지퇴당(知退堂) 이정형(李廷馨, 1549~1607)의 후손들이 거주하였는데, 정학순의 장인 이현방(李顯邦, 1784~1808)은 그 후손이었다.[48)] 정약용은 1823년(순조 23) 4월 15일에 두 번째로 춘천 여행을 시작하고, 그 여

---

46) 이상수(李相壽), 〈천전과 이조참판 이정형공〉, 《춘주문화》 5(춘천문화원, 1990).

47) 김주는 호가 농암(籠巖)이고 본관은 선산(善山), 시호는 충정(忠貞)이다. 직함은 고려 예의판서(禮儀判書)와 명조(明朝) 예부상서(禮部尙書)이다. 정약용의 참관기를 보면 이미 김주가 배식되지 않고 있어, 《춘천읍지》의 기록이 사실과 부합함을 알 수 있다. 정약용은 이정형이 만년에 춘천에 은거하였다고 하였으나 착오인지 모른다.

48) 이정형의 5세손인 이언기(李彦基, 1681~1750)의 음택은 춘천 북중(北中) 마작산(麻作山)에 있다. 정학순

행 기록을 《산행일기(汕行日記)》로 엮었다. 일행은 4월 20일 저녁에 춘천 소양정 아래에서 곡운(谷雲)을 향해 떠나, 수운담(水雲潭), 보통점(普通店)을 지나 문암서원에 투숙하였다. 4월 21일, 문암서원을 출발하여 4월 22일 곡운서원을 돌아보고 사외창에 투숙하였다. 4월 23일 사외창을 떠나 서어촌을 거쳐 문암서원에서 점심을 하였다. 거기서 배를 타고 수운담에 이른 뒤, 말을 타고 소양정 아래에 이르렀다. 정약용이 1823년 4월 20일 문암서원에 이르렀을 때 문암서원은 재실이 둘밖에 안 되었다. 정약용의 참관기는 다음과 같다.

> 이퇴계 선생이 주벽(主壁 주장되는 위패)이다. 선생의 외가가 춘천에 있었으므로 선생이 젊었을 때 노니시던 자취가 있기 때문이다. 좌측에 배향한 분은 지퇴당(知退堂) 이공[휘는 정형]이다. 공이 만년에 벼슬에서 물러나 춘천에 은거했기 때문이다. 우측에 배향한 분은 용주(龍洲) 조공[휘는 絅]이다. 조공은 이름난 고관으로서 문화면의 유적이 있었다. 그래서 배향되었다.

훗날 정경세의 후손 정상리(鄭象履, 1774~1848)가 이언순(李彦淳, 1774~1845)[49]에게 보낸 서찰에서 조상 정경세의 〈문암서원 상량문〉 찬술을 추억하고, 문암서원의 활성화를 요청했다.[50] 《강원감영계록(江原監營啓錄)》에 1831년(순조 31) 12월 12일 춘천부사 이언순의 첩정(牒呈)을 접수한 기록이 있다. 이언순이 1831년에 춘천부사로 있었음을 알 수 있다.

(4) 신용(신설)은 임진왜란 때 '청동충의군(淸東忠義軍)'을 조직하여 구국활동에 공을 세웠다. 1595년(선조 28년, 을미) 4월 16일 임진년의 공로를 녹훈(錄勳)할 때, 이순신(李舜臣) 등은 효충장의적의협력선무공신(效忠仗義迪毅協力宣武功臣)의 훈호(勳號)에 책록되고, 하은 신

의 장인 이현방은 이언기의 4대손이었다. 이현방의 자는 공회(公恢)로 벼슬은 하지 않았다. 배필은 문화 유씨 유명관(柳明寬)의 따님이었다. 유명관은 현감을 지냈는데, 아들이 없어 유관주(柳觀周)를 계자(系子)로 들였다.

49) 이언순(李彦淳)의 본관은 진성(眞城), 자는 경관(景寬), 호는 농와이다. 1804년 문과에 급제하여 충청도 관찰사·공조참의·동부승지·대사간·이조참판 등을 역임하였다.

50) 《制庵先生文集》 卷4 〈與下溪李參判公(彦淳)書〉. "象履屛處窮峽, 飮啄粗遣, 而當此晩暮之境, 益切寡陋之歎. 今於修慰中, 不容閒說, 而貴府淸平山, 曾有李羽客普賢院, 老先生嘗奉使歷過而詩之. 又文巖書院, 卽先生妥靈之所, 而吾先祖爲作樑頌, 道其實境. 每一展讀諸文字, 無異身履而目擊. 今令兄爲守土之官, 必有收拾遺芬而致力於明宮, 使境內人士, 尤有所不忘於後來否? 祠下一拜, 夙宵經營, 畢竟得遂."

용(신설) 또한 창의(倡義)한 공훈으로 선무원종 2등훈(宣武原從二等勳)에 녹훈되었다. 어숙권(魚叔權)의 《고사촬요(攷事撮要)》에 "호서의 청주 이하 여러 군 및 호남만이 온전하였다." 라고 하였고, 손곡(蓀谷) 이달(李達)이 선생에게 준 〈지난날을 생각하며(憶昔行)〉 시에도 의병을 일으킨 당시의 일이 적혀 있다. 자세한 내용은 본문을 참조하기 바란다.

(5) 한편, 신중엄 부자의 행적에서 언급할 중요한 사실은 정유재란 끝무렵에 황해도에 주둔하고 있던 명나라 경리(經理) 만세덕(萬世德)이 조선 조정에 군량(軍糧)을 독촉했을 때, 신중엄이 가산(家産)을 덜어 양곡을 희사한 사실이다. 즉, 1598년(선조 31년, 무술) 가을에 신용(신설)이 감군독량어사(監軍督粮御史)가 되었는데, 이때 만세덕이 황해도 주둔군의 군량을 독책(督責)하는 것을 알고, 부친 신중엄이 쌀 3백 곡(斛)을 내어 기일을 정해 큰 배에 실어 보내, 신용이 만세덕의 군진에 이르기 전에 이미 그 군량이 이르러 있었다. 이로써 군심이 안정되었으며, 선조는 신용(신설)에게 구마(廏馬)를 내려주었다. 12월에는 이조정랑으로 승진했다. 이듬해(1599년)에는 당시 곡산수령에서 체직되어 해서 곡산에 우거하던 신중엄이 통정대부에 가자(加資)되고 절충부호군이 되었다. 임진왜란과 정유재란 내내 조선과 명나라 사이에는 군량미 조달 문제로 긴장이 있었다. 앞서 1592년(선조 25) 12월 1일 명나라 신종은 제독동지(提督同知) 이여송(李如松)을 제독군무(提督軍務)로 삼아 남북의 정병(精兵) 4만여 명을 통솔하게 했다. 또한 신종은 병부시랑 송응창(宋應昌)으로 하여금 경략 군문(經略軍門)의 직을 담당하게 하고, 송응창의 청으로 병부원외랑 유황상(劉黃裳), 병부주사 원황(袁黃)을 찬획(贊畫)에 임명했으며, 호부주사 애유신(艾維新)에게는 산동의 독향(督餉)을 맡도록 했다. 1593년 정월 6일 원황은 조선에 도착한 후 나라 군사와 조선 군사가 공동으로 왜군을 공격하고, 조선은 양향(糧餉)의 결집과 운수를 맡아야 한다고 요구했다. 원황은 평양 부근 각읍의 양초(粮草) 저축을 통계하여 송응창에 알리고, 양초 운반이 원활하지 못하다고 보았으며, 조선팔도의 병마 분포도 파악해 두었다. 평양 전투를 시작하는 조선의 비변사는 이여송의 군대가 오기 전인 1592년 10월에 군량미의 일일 소비량까지 파악해 두었지만, 원황은 군중의 양식 분배와 관련하여 자신의 의견을 제시했다. 이때 가산(嘉山)의 이민(吏民)이 명나라 군사의 기강 해이를 지적하여 장고(狀告)하자, 원황은 금약(禁約)을 반포했다.[51] 임진

51) 《선조실록》 권34, 선조 26년(1593) 정월 12일(정묘) ; 심경호, 〈명나라 찬획 원황(袁黃)의 임진전쟁 당시 공문, 그리고 조선 관료와의 학술 쟁변에 대하여〉, 《동아한학연구》 16, 고려대학교 한자한문연구소,

왜란과 정유재란 때 조선은 서해안을 통해 명나라 원조의 곡식을 운수해야 했다. 처음에는 평안조도사(平安調度使)가 산동의 미두를 육로를 통해 평안도 의주(義州)나 용천(龍川) 미곶(彌串)으로 실어날랐다. 정유재란 때 지중추부사 유근(柳根, 1549~1627)은 서로 사도도체찰사(四道都體察使)를 보좌하다가 검찰전운사(檢察轉運使)가 되자 수군에게서 공용의 배를 징발하고 어상(漁商)의 배를 빌려 모두 140여 척을 마련해서 미곶의 곡식과 의주 경유의 곡식을 명군(明君)의 군진으로 운반했다, 이에 대해서는 최립(崔岦, 1539~1612)이 〈미곶해운비(彌串海運碑)〉의 비문을 작성했다.[52] 이 사례들을 보면 전쟁 기간 중 명나라 주둔군을 위한 군량미 공급이 상당히 지난한 문제였음을 알 수 있다. 정유재란 끝무렵에 신중엄이 가산을 덜어서 만세덕의 군진에 군량미를 희사한 것은 신용(신설)과 만세덕의 갈등을 미리 해소했을 뿐 아니라, 당시 조선 조정의 난제를 해결하는 공적이 있었다. 전쟁 국면에 대한 후대인의 해석은 전투의 승패 사실에 주목하게 되는데, 전투의 승패 가운데 극히 중요한 요인이 군량미의 조달이었다. 이러한 관점에서, 신중엄과 신용(신설)의 주둔군을 위한 군량미 조달 사실은 각별히 주목할 필요가 있다.

6. 용졸(用拙)의 사상

신저, 신식, 신용(신설)의 사상 태도를 관통하는 개념은 졸(拙)인 듯하다. 신저는 졸(拙)을 직접 언급하지는 않았으나, 부친의 임소를 따라 다니며 모시거나 고향의 정관재(靜觀齋)에서 생활하며 남긴 시들에는 세속의 명리를 멀리하고 자신의 어리석음을 기르려는 태도가 잘 나타나 있다. '정관'이란 말은 정호(程顥)의 〈추일우성(秋日偶成)〉 시의 "고요히 만물을 관찰하니, 모두가 절로 만족하네.[萬物靜觀皆自得.]"라는 구절에서 취한 것인다. 신저는 〈정관재에서 우연히 읊다(둘째·막내아우와 함께 읊다) 2수[靜觀齋偶唫(仲季兩弟共吟)二首]〉에서 그 자신의 정신 경계를 명료하게 드러내었다.

契濶由來經一函　　떨어져 지낸 뒤 책 한 상자 읽어온대

2022. 3, pp.11~99.

52) 심경호, 《한국의 석비문과 비지문》, 일조각, 2021, pp.472~473.

應知與世異酸醎	세상과 취향이 맞지 않음을 알았어라.
靜觀已會天人趣	고요히 관찰타 하늘과 사람의 지취 깨달아
得失從今付楚凡	득실을 이로부터 초범에다 부치었다오.[53]
羣書萬軸溢千函	만 축의 서책이 일천 상자에 넘쳐나지만
汗漫猶難卞淡醎	한만해 외려 싱겁고 짠 맛 분별키 어렵네.
領得惺惺持敬意	성성하게 지경(持敬)의 의미를 받잡으니
靜中眞味迥超凡	고요 속의 참된 맛 예사 사람을 뛰어넘네.[54]

신식은 1597년(선조 30) 명나라 급사중 서관란(徐觀瀾)이 양호(楊鎬)의 일을 조사하러 왔을 때 동궁의 수행원으로 추천되었으나, 선조는 "신식을 졸(拙)하다"고 했다. 그러자 신식은 "신하를 아는 이는 임금보다 나은 사람이 없다"라고 하고는 '졸재'라고 자호했다. 정경세가 〈졸재명〉을 지어주었다.[55] 광해군 때 신식은 다시 그 일을 상기하여 여러 사람에게 글을 받았다. 시, 기, 발(후서), 명, 설, 찬을 지었다.[56] 1609년 홍가신(洪可臣)은 1609년에 〈졸재기〉를 써 주고, 또 〈서용졸재기후(書用拙齋記後)〉에서 용은 작용의 뜻이므로 용졸은 졸을 손상하게 되므로 졸재이어야 한다고 주장했다.[57] 같은 해 정경세가 신식에게 〈졸재명〉을 지어 주고, 최립(崔岦)은 〈졸재기〉를 써 주었다. 신식은 명나라에 다녀온 뒤 1619년(광해군 11) 3월

---

53) **초범(楚凡)에다 부치었다오** : 세상사의 득실을 다 허망한 것으로 본다는 뜻이다. 《장자》 〈전자방(田子方)〉에 "초나라의 왕과 범나라의 임금이 같은 자리에 앉아 있었는데, 초나라 왕의 신하가 세 번이나 범나라가 망할 것이라고 말하였다. 그러자 범나라 임금이 말하였다. '범나라가 멸망해도 나는 없어지지 않는다. 범나라가 멸망해도 내가 없어지지 않는다면 초나라가 존재해도 그 존재를 보전할 수 없다. 그렇다면 망한 나라는 망한 적이 없고 초나라는 존재한 적이 없다고 말할 수 있다.'"라고 하였다.

54) **예사 사람을 뛰어넘네** : 원문의 '초범(超凡)'은 초범입성(超凡入聖)을 말한다. 초범입성은 범부의 처지를 벗어나 성인의 경지에 들어간다는 뜻이다. 《주자어류》 권8 〈총론위학지방(總論爲學之方)〉에 "이와 같은 도리에 대해서 제대로 투득(透得)한다면, 자연히 초범입성도 가능할 것이다.[就此理會得透 自可超凡入聖]"라는 주희의 말이 나온다.

55) 鄭經世, 《愚伏集》 別集 卷8 附錄 〈言行錄〉 '資品志趣.' "申公湜好禮篤學, 先祖愛重之. 丁酉年, 給事中徐觀瀾以查勘東征到京, 欲見東宮, 上命擇華語曉解者以從, 公時爲副學, 大臣擧之. 上曰: '湜也拙.' 公曰: '眞所謂知臣莫如君也.' 遂以拙名其齋, 先祖爲撰拙齋銘."

56) 李好閔의 시, 崔岦·洪可臣·柳夢寅의 기, 洪可臣·李睟光의 後敍, 李埈·鄭經世의 銘, 鄭逑의 說, 申欽의 贊(并小跋) 등이다. 안세현, 〈17세기 전반 누정기 창작의 일양상-신식(申湜)의 '용졸재(用拙齋)'에 붙인 기문(記文)을 중심으로-〉, 《어문논집》 58, 민족어문학회, 2008, pp.193~228.

57) 洪可臣, 〈書用拙齋記〉, 《後晩全先生文集》 卷2 記.

정구에게서 〈졸재설〉을 받았다. 정구는 "전전긍긍하고 저녁에도 두려워하며 면려해서 늘 이곳을 초월해 군주를 마주하고 있는 듯이 하는 한편, 이치는 반드시 궁구하여 반드시 지키고 의리는 반드시 바로잡아 반드시 밝게 해서, 본심의 졸렬함에서 터럭만큼이라도 어긋나지 않을까 염려한다면, 그러면 충분하리라!"라고 권고했다.[58] 그런데 앞부분의 내용이 사실과 달랐기에 그 뒤에 발문을 지어 분변하였다. 신식은 재호에서 '용졸'이란 말을 사용했다.

신용(신설)이 16세 때 향시에서 장원한 시험이 〈졸자일부(拙者逸賦)〉이었던 것을 보면 선조 연간에는 '졸'의 철학이 보편적인 주제가 되었던 듯하다. 사실 졸(拙)의 뜻은 《상서(서경)》와 《장자》에서 다르게 나타난다. 《서경(書經)》 〈주서(周書)·주관(周官)〉에서는 "덕을 행하면 마음이 편안하여 날로 아름다워지고, 거짓을 행하면 마음이 수고로워 날로 졸렬해진다.[作德, 心逸日休. 作僞, 心勞日拙.]"라고 했다. 이때의 졸은 부정적인 뜻이다. 한편 《장자》 〈소요유〉에서는 혜시(惠施)가 장자에게 자신에게 아주 큰 박이 있지만 얕고 평평하여 물그릇으로도 쓸 수 없는 등 아무 쓸모가 없어 부숴 버렸다고 말하자, 장자가 "선생은 참으로 큰 것을 쓰는 데 졸렬합니다.[夫子固拙於用大矣.]"라고 하고는, 큰 박이 있다면 그것으로 큰 술통 모양의 배를 만들어 강이나 호수를 떠다닐 생각을 하라고 했다. 여기서는 졸이 '크게 쓰임'으로 전화(轉化)한다. 졸수(拙守)나 수졸이라고 하면 졸의 미덕을 지킨다는 뜻이다. 도연명의 〈전원귀거(田園歸居)〉 시에서, "잘못해 티끌 그물 속에 빠져, 잠깐 사이에 30년이 지났네. 매인 새는 옛 숲을 사모하고, 연못의 물고기는 옛 못을 그리워하는 법. 남쪽 들판 끝에 거친 땅을 일구고, 전원으로 돌아가 졸렬함의 미덕을 지키노라.[誤落塵網中, 一去三十年. 羈鳥戀舊林, 池魚思故淵. 開荒南野際, 守拙歸田園.]"라고 했다. 북송 휘종(徽宗) 대관(大觀) 4년(1110) 정승에 임명된 장천각(張天覺)은 채경(蔡京)을 미워하여 스스로를 계교가 없어 졸렬한 사람이라고 했다. 주희의 《주자대전》 권50 〈답정정사(答程正思)〉에 보면, "혹인이 '채원장은 상공께서 지극히 정당하지만 다만 계교와 술수가 부족하다고 했습니다.'라고 하자, 장천각이 응대하여 '채경은 머리를 베고 배를 갈라야 하는 놈이다. 나에게 만약 계교와 술수가 있다면 도리어 그와 한가지가 될 것이다.'라고 했다.[或告之曰 : 蔡元長說相公極正當, 只是少些機數. 張應之

58) 鄭逑, 〈拙齋說〉, 《寒岡集》 卷9 雜著. "朱夫子之論拙曰: '天下之理, 一而已矣. 窮之欲其通於一, 守之欲其安以固. 以其一而固也, 是以近於拙. 極其言則正其誼不謀其利, 明其道不計其功, 是亦拙而已矣.' 侯旣欽上之賜, 又深服朱子之訓, 念玆在玆, 思有以盡拙之道焉. 所以戰兢惕勵, 常若對越君師, 理必窮而必守, 義必正而必明, 惟恐一毫有違於本心之拙者, 其可已乎!"

曰：蔡京, 斫頭破肚漢. 我若有機數, 却與你一般也.]"라고 언급했다. 한편, 소식(蘇軾)은 〈가난한 집에 마당을 깨끗이 청소하고[貧家淨掃地]〉 시에서 "가난한 집에서는 바닥을 깨끗이 잘 쓸고, 가난한 계집애는 머리를 곱게 잘 빗는다네. 낮은 선비가 늘그막에 도를 듣고서, 애오라지 졸(拙)로써 자신을 수양하네.[貧家淨掃地, 貧女好梳頭. 下士晩聞道, 聊以拙自修.]"라고 했다. 줄여서 문도졸수(聞道拙修)라고 한다. 《주자어류》 권120에 보면, 주희는 임중삼(林仲參)이 학문의 수용처를 묻자, "허름한 의자나 탁자가 집에 있으면 유용하게 쓰이지만 바깥으로 욕심을 내어 높은 산이나 깊은 계곡에 있게 되면 아무짝에도 쓸모없는 물건이 된다."라고 대답한 후 소식의 시를 인용했다. 주희는 임천태수(臨川太守) 조경명(趙景明)을 위해 〈졸재기(拙齋記)〉를 지어 주어, "천하의 리(理)는 하나일 따름이다. 궁구해 그 하나에 통하고자 하고, 지켜서 굳게 안주하고자 한다. 하나로서 굳건하므로 이것은 졸에 가깝다. 그 말을 궁극에까지 한다면 '의리를 바로 하되 이익을 꾀하지 않고 도리를 밝히되 공효를 계산하지 않는다[正其誼不謀其利, 明其道不計其功.]'라는 것이니, 이것도 졸일 따름이다."라고 했다.

한편 신식은 1621년(광해군 13)에 서실명을 자오와(自娛窩)라고 했다. '자오'는 궁한 자로 남들이 즐기지 않는 것을 즐기며 스스로 즐거워한다는 뜻으로, 결국은 '양졸(養拙)'과 취지가 같다. 이에 대해서는 유몽인(柳夢寅)이 그해 6월에 〈자오와기(自娛窩記)〉를 지어주었다.[59] 유몽인은 서호(西湖)에 3년째 우거하면서 한유(韓愈)가 위 중행(衛中行)에게 준 서찰(〈與衛中行書〉)에서 "황량한 곳에 곤궁하게 살다보니 초목이 무성하고 나가려 해도 나귀가 없어서 이 때문에 사람들과 왕래를 끊은 채 방 안에서 스스로 즐길 수 있었다.[窮居荒凉, 草樹茂密, 出無驢馬, 因與人絕, 一室之內, 有以自娛.]"라는 말에 공감하여, 스스로의 원고를 《자오편(自娛編)》이라 했다. 그런데 졸재 신식이 유몽인을 강가의 별장으로 방문하여 자오와(自娛窩)의 기문을 청했다. 유몽인은 도모하지 않고 뜻이 합치했다고 좋아하고, 신식의 집을 방문했다. 그리고 '자오'의 뜻을 다음과 같이 부연했다.

> 지금 졸수의 문밖은 큰 길이 뚫려 있어 벼슬살이하며 영리를 좇는 자들이 밤낮없이 소란스럽게 하는데도 졸수는 홀로 그 곤궁함을 즐기며 서적에 의지하고 있으니, 나의 뜰아래가 바로 도랑이어서 백관(百官)의 거마들이 가득하여 쌀알 같은 먹이를 다

59) 柳夢寅, 〈自娛窩記〉, 《於于集》 後集 권4 記.

투느라 떠들썩한데도 나는 홀로 그 곤궁함을 즐기며 백구(白鷗)와 더불어 세상일을 잊은 것과 진정 똑같다. 우리 두 사람은 각자 자신이 즐거워하는 바를 즐기니 서로 바라보며 자연스레 미소를 지을 것이다. 이 즐거움을 아는 자만이 이 즐거움에 대해서 함께 말할 수 있다.

그런데 유몽인은 〈자오와기〉에 방문 때 목도한 사실을 다음과 같이 기록했다.

내가 그의 집을 방문해보니 대나무와 과일나무가 몇 이랑의 동산을 뒤덮었고 뜰 안에는 풀들이 한 자나 자라나 있으며 이끼가 길에 가득하여 다니기에 미끄러웠다. 말은 돌려보내 거름이나 나르게 하고 들보에 수레를 달아놓고 판자문을 닫은 채 종일 자물쇠를 걸어두고는 자신도 모르는 사이에 손뼉을 치고 무릎을 치며 노래를 부르는데 그 노랫소리가 금석에서 나오는 것 같았다. 책 상자를 열고는 내게 명현들의 기문과 명문 수십 편, 도서(圖書) 한 책에 대해 주묵(朱墨)으로 수정한 것을 보여주었는데 모두 노인이 직접 모은 것이었다. 《예기(禮記)》, 《의례(儀禮)》, 《통전(通典)》, 《가례의절(家禮儀節)》 등과 같은 예서(禮書)를 섭렵하여 《주자가례(朱子家禮)》에 전주(箋註)를 내고 우리나라 말로 번역하여 집안의 후학들로 하여금 배우지 않고도 쉽게 이해할 수 있도록 하였다. 이에 집의 한 장쯤 되는 강석(講席) 안에서 공손하게 대답하며 배움을 따르는 것은 모두 삼천 삼백의 예학(禮學)이어서 성대하게 바꿀 수 없는 즐거움이 있었다.

이것은 신식의 예학 연찬이 수졸자오(守拙自娛)의 한 방법이었다는 사실을 잘 말해 준다.

7. 경수연 축시, 전별연 별장, 만사·제문을 통한 인물 관계망의 확인

《역주 영원잡영》은 석판본에 수록된 경수연 축시, 전별연 별장, 만사·제문을 충실하게 전재하고 역주했을 뿐 아니라, 동시대의 인물들이 남긴 시문 속에서 전별연 별장, 만사·제문을 찾아내었다. 이 시들은 당시의 인물 관계망을 이해하고 문화와 지식의 공유 양상을 살피는 데 귀중하다.

1601년(선조 34, 신축) 졸재 신식은 51세, 하은 신용(신설)은 42세였다. 하은 신용(신설)은 1월에 의정부 검상(議政府檢詳)으로서 의정부 사인(議政府舍人)에 올랐다. 2월에 부응교로서 시강원 보덕(侍講院輔德)을 겸하였으며, 사인으로 당상관에 올랐다. 8월에 동부승지에 임명되었다. 이때 부친 신중엄이 가선대부에 오르고 동지중추부사에 임명되었다. 신식과 신용(신설)이 잔치를 열어 기로소(耆老所)의 어른들과 공경들을 맞이하여 축수했다. 신축·임인·계묘·갑진년 동안 매년 봄가을로 늘 그렇게 하였다. 그 행적을 그림으로 그리고 그 일을 읊게 했다. 경수연첩(慶壽宴帖)과 은배(銀盃)는 종손가에서 전해지고 있다. 경수연은 1604년(선조 37, 갑진) 신중엄이 83세로 작고하기까지 매년 1회 혹은 2회 베풀어졌다. 경수연첩에는 도(圖)도 있었다.

1621년(광해군 13, 신유) 71세의 졸재 신식이 사직(司直 오위(五衛)의 군직, 정5품)으로 있다가 다시 동지중추부사에 부직(付職)되었다. 상소하여 치사(致仕)를 청하였는데 뭇 소인들이 저지하였다. 3월에 중강 개시(中江開市)의 일에 대해 헌의(獻議)하였다. 4월에 후금의 문서를 받을지 않을지에 대한 일로 헌의하였다. 가을에 신식은 같은 조정의 여러 공들과 함께 기영회(耆英會) 모임을 가졌다. 신식은 시 소서(詩小序)에 이르기를 "이번 기영회에 참여한 사람으로 상공(相公) 한효순(韓孝純)이 79세, 전성군(全城君) 이준(李準)이 77세, 상공(相公) 심희수(沈喜壽)가 74세, 진원부원군(晉原府院君) 유근(柳根)이 73세, 우의정 조정(趙挺)과 내가 각 71세, 좌의정 박홍구(朴弘耉)와 용호(龍湖) 남근(南瑾), 여양군(驪陽君) 민인백(閔仁伯) 각각 70세, 영의정 박승종(朴承宗)이 60세였으니, 도합 715세이다. 그리고 앉은 자리는 영의정, 한 상공, 진원부원군, 전성군이 남쪽에 있었고, 좌의정이 동쪽에 있었고, 우의정이 가운데 있었고, 심 상공, 남용호 및 내가 서쪽에 있었고, 여양군이 북쪽에 있었으므로 함련(頷聯)에 언급한 것이다."라고 하였다.

신식의 《졸재선생집》과 신용(신설)의 《하은선생집》에는 별장(別章)이 충실하게 수록되어 있다. 이를테면 이수광의 경우는 여러 별장을 남겼다. 그것은 신식이 1608년(선조 41) 가을에 호서 관찰사로 부임하여 1609년에 조정으로 돌아오기까지 이수광이 홍주목사(洪州牧使)로 있어, 신식이 이수광의 치적을 보고하는 등, 상호간에 밀접한 관계에 있었기 때문이었다. 이민구(李敏求, 1589~1670)는 〈부군행록(府君行錄)〉에서 그 사실을 특기했다.[60]

60) 李敏求, 〈先考贈大匡輔國崇祿大夫 議政府領議政 兼領經筵 弘文館 藝文館 春秋館 觀象監事 世子師 行正憲大夫 吏曹判書 兼知春秋館事 同知經筵成均館事 弘文館提學 諡文簡公府君行錄〉, 《東州集》 문

갑진년(1604) 여름에 체직되어 병조참의와 대사성이 되고, 호성원종공신(扈聖原從功臣)에 책록되셨다. 이에 앞서 요직에 있는 어떤 사람이 조정의 권력을 멋대로 휘두르기를 좋아하여 자기와 견해가 다른 사람을 배척하였다. 부군께서 인사행정을 맡으셨을 때, 사류(士流) 3인을 대각(臺閣)에 의망(擬望)한 일로 탄핵의 논의가 일어났다. 그리고 당시 재상에게 본래 무뢰한이었던 조카가 있었는데, 재상이 갑자기 그 조카를 요직에 앉히려고 하다가 부군에게 제지당하자, 미워하는 마음이 쌓였다. 또 당시 마침 선묘(宣廟)께서 장차 존호를 받으려고 하였으므로 여러 신하들이 모두 상청(上請)하였는데, 부군만 홀로 하지 않으셨다. 이런 일로 말미암아 조정에 있기가 더욱 불안하게 되자, 외직으로 나가기를 청하여 안변부사(安邊府使)가 되어 을사년(1605, 선조 38) 봄에 임지에 도착하셨다. (중략) 병오년(1606, 선조 39) 3월에 면직하고 돌아오셨는데, 이전의 서운한 감정들이 그때까지도 남아 있어서 시기와 질투가 특히 심하였다. 정미년(1607) 겨울에 이르러 비로소 홍주목사에 서용되셨다. 홍주에서도 안변(安邊)에서처럼 정사를 펼쳐 청정(淸靜)한 태도로 풍속을 교화하는 데 전력을 기울이셨다. 신감사(申監司)에게 공문으로 보고한 뒤, 고을의 제생(諸生)들을 향교에 모아 학업에 힘쓰게 하였는데 법도가 있었으므로, 이웃 고을의 학생들까지 많이 모여들었다. 방백(方伯)이 부군의 치적(治績)을 상세히 갖추어 임금에게 보고하였으나, 부군께서는 또 병이 심해져서 기유년(1609, 광해군 1) 4월에 마침내 관직을 그만두고 떠나셨다. 가을에 첨지중추에 서용되었다가 병조참의로 옮기고, 얼마 뒤에 승정원 도승지에 임명되셨다.

8. 결어

신저, 신식, 신용(신설)의 시문과 활동, 학술사상을 이해하려면 인간 관계망을 더욱 충실하게 살펴볼 필요가 있다. 이를테면 신용(신설)은 1609년 아계 이산해(李山海)를 위한 제문에서 "돌아보건대 저는, 외람되이 인척이 되어, 우리 집안에서 공을 의지하기를, 교악같이 했을 뿐만이 아니네."라고 했다. 이 인척 관계라는 것이 어떤 것인지 밝혀야 할 것이다.

집 권6 行狀.

또한 신필청은 성호 이익의 장인이었다. 신필청 가문은 무신난 때 몰락했다. 신천영(申天永)이 이인좌 당의 위절도사(僞節度使)로서 청주에서 농성하다가 죽임을 당하고, 이익의 처남 신방(申雱)과 신방 아들도 연좌되어 죽임을 당했다. 이익의 두 번째 장인 목천건은 공조좌랑 목기선(睦嗜善)의 손자인데, 이 가문도 무신난으로 폐고됐다. 1732년에 이익은 가문의 〈등과기(登科記)〉를 적고, "무신란 이후 내로라하는 집안의 인사들이 지위 고하를 막론하고 잇달아 주륙을 당하자 연좌된 이들이 온 나라에 가득하다. 오직 우리 여주이씨만은 노소귀천 모두 형옥의 죄안에 오른 사람이 하나도 없다."라고 안도했다.[61] 따라서 신저, 신식, 신용(신설)의 후손에 이르러 형성된 인간 관계망도 더욱 깊이 살펴볼 필요가 있다.

신식과 신용(신설)은 임진왜란 직후 선조 연간의 명가였다. 그렇기에 집안에는 서화(書畫)도 않이 수장되어 있었을 것이다. 그 사실을 짐작하게 하는 것이 어성(漁城) 신담(申湛)의 11세손 신경준(申景濬, 1712~1781)이 1778년(정조 2, 무술) 12월 병자에 작성한 〈《암헌 선생 친필첩》 뒤에 쓰다[巖軒先生親筆帖後敍]〉이다.[62] 신경준은 신담의 11세 손이다.

암헌 선생은 곧 신맹주(申孟舟)·신중주(申仲舟)·신숙주(申叔舟)·신송주(申松舟)·신말주(申末舟) 형제의 부친 암헌(巖軒) 신장(申檣, 1382~1433)이다. 신장은 글씨에 뛰어나 그의 글씨를 판각한 것이 신공제(申公濟, 1469~1536)의 《해동명적(海東名蹟)》과 필원(筆苑)에 전하고, 친필은 후손 어성(漁城) 신담(申湛)과 졸재(拙齋) 신식(申湜)의 집안에 소장되어 있었다. 신담 집안의 것은 주돈이(周敦頤)·정호(程顥)·정이(程頤)·장재(張載)·소옹(邵雍)·주희(朱熹)의 시를 써서 1431년(세종 13, 신해) 정월 하순에 신중주에 준 것이었다. 그러나 진적(眞蹟)은 전하지 않고, 신속(申洬)이 옥천현감을 지낼 때 모각한 탑본(搨本)이 후손인 찰방 신류(申瀏) 집안에 전했다. 이에 비해 졸재 신식의 집안에는 두 서첩(書帖)이 전했다. 하나는 1422년(세종 4) 어효첨(魚孝瞻, 1405~1475)을 위해 써 주었다가 어효첨이 신숙주에게 돌려준 〈난정서(蘭亭序)〉·〈서명(西銘)〉·〈귀거래사(歸去來辭)〉의 서첩이었다. 정사룡(鄭士龍)이 예조판서가 되었을 때 우리나라 명필들의 글씨를 판각하려고 빌려갔다가, 정사룡의 사후에 신발(申撥)이 정지연(鄭芝衍)에게서 되찾아왔다. 다른 하나는 1430년(세종 12) 겨울에 총제(總制) 박승

---

61) 《성호전집》 권53 〈登科記〉. 이익은 증왕고 少陵公(李尙毅)의 후손으로 경인년(1710, 숙종 36)부터 신해년(1731, 영조 7)까지 22년 동안 문과나 중시 11인, 진사와 생원 18인, 무과 4인, 합계 33인이며, 거듭 나온 7인을 제외하면 모두 26인이라고 했다.

62) 申景濬, 〈巖軒先生親筆帖後敍〉(壬戌), 《旅菴遺稿》 권5 跋.

숙(朴承叔)[63]을 위해 진행초 삼체(眞行草三體)로 장재(張載)의 〈동명(東銘)〉·〈서명〉, 정자(程子)의 〈사물잠(四勿箴)〉, 범준(范浚)의 〈심잠(心箴)〉, 주자(朱子)의 〈경재잠(敬齋箴)〉·〈존덕성재명(尊德性齋銘)〉·〈경서재명(敬恕齋銘)〉 등 17편을 쓴 서첩이었다. 이 서첩은 어떤 무인의 집안으로 옮겨가 있던 것을 졸재 신식이 이를 얻어 어효첨 구장본 서첩과 함께 소장하여 아들 신득연(申得淵)에게 전했다가 병자년(1636, 인조 14) 강도(江都)의 난리에 잃어버렸다. 계사년(1653, 효종 4)에 신경준의 후증조(後曾祖) 니옹(泥翁) 신유(申濡, 1610~1665)는 조속(趙涑, 1595~1668)이 이유집(李維緝)으로부터 〈난정집〉을 뺀 〈동명〉·〈서명〉 등 17편을 빌려왔다는 말을 듣고 다른 책 몇 질과 이 서첩을 맞바꿨다. 신유의 손자 신초(申湰, 1658~1738)가 호남으로 옮겨와 생질이자 종실인 영원군(靈原君) 이헌(李櫶, 1669~1730 선조 4세손. 부친은 이명(李溟), 모친은 신유 맏아들 신선호(申善浩)의 딸)에게 서첩을 맡겼다가, 여러 해 뒤에 신초의 손자 신범(申汎)이 돌려받았다. 이헌은 서첩 가운데 몇 편을 달라고 했고, 신유의 외손자 남태적(南泰績, 1689~1757)[64]도 서첩 가운데 몇 편을 달라고 청했다. 신범 부자가 세상을 떠나자 이 서첩은 집안사람 신경호(申景灝)에게 돌아갔고, 일부는 신경준이 일부는 신유의 후손 신현록(申顯祿)이 얻었다. 이헌 소유의 것은 모두 없어지고, 남태보(南泰普, 1694~1773)가 박씨 집안 서첩의 발문만 가지고 있다. 〈경재잠〉은 남태적, 이명희(李明熙), 신덕빈(申德彬)이 일부분을 나누어 가지고 있다. 1778년(정조 2, 무술) 신경준이 남씨의 묘표·묘지·신도비명 5편을 짓고, 신현록은 신유의 〈행장〉을 1권을 집성(輯成)했다. 남태적의 아들 남현로(南顯老)가 소장한 암헌 서첩으로 마음을 표시하고 싶어했다. 이에 〈경재잠〉을 셋으로 나누어 남현로, 신현록, 신경준[〈경서재명〉 전편 101자]를 각각 일부씩 가지게 되었다고 한다.

이 기록은 매우 복잡하지만, 고령신씨 일문이 조상의 유물을 보존하고자 합심하여 분투한 사실을 잘 말해준다.

졸재 신식의 따님으로 용궁현감 김덕민 부인은 정유왜란 때 절개를 지키다 죽었다. 충청감사 김신원(金信元)이 이를 장문(狀聞)하니, 특명으로 정려를 내리고 조세와 부역을 면제하였다. 신식은 기유년 호서(湖西)를 안찰할 때에 행록(行錄)을 지었다.[65] 《선조실록》에 보

63) 상주박씨로, 박승효(朴承孝)·박승숙(朴承叔)·박승서(朴承緖)의 형제가 있었다.

64) 남태적의 본관은 의령(宜寧), 자는 희중(熙仲)이다. 1714년(숙종 40) 증광시 무과에 급제하였고, 청주 영장(淸州營將)·전라좌수군절도사(全羅左水軍節度使) 등을 역임했다. 1728년(영조 4) 이인좌(李麟佐)의 난에 연루되어서 절도(絕島)에 정배되었다가 1757년에 유배지에서 사망했다.

65) 《선조실록》 권98, 선조 31년(1598) 3월 1일.

면, 1598년(선조 31) 3월 1일에 관련 기사가 있다. 즉 충청도 보은현(報恩縣) 성족리(聲足里)에 사는 유학(幼學) 김덕민(金德民)의 처 신씨(申氏)는 정유왜란 때에 남편과 시부모를 따라 산속으로 피난하였다가 왜적을 만나게 되어 시부모가 모두 살해당하였다. 신씨는 남편의 첩과 함께 사로잡혔는데 왜적이 그의 나이가 어린 것을 보고 끈으로 묶어 끌고 가려고 하였다. 신씨는 첩에게 말하기를 "나의 뜻은 본디 정해졌다. 너는 꼭 죽을 필요가 없으니 우선은 그대로 따라갔다가 다시 돌아오기를 도모하라."라고 하고, 왜적을 꾸짖기를 "속히 나를 죽여라!" 하며 오른손으로는 칼을 잡고 왼손으로는 나무를 휘어잡고는 소리를 매섭게 질렀다. 왜적이 그 오른쪽 어깨를 치자 땅에 쓰러져 절명하였다. 비(婢) 연지(燕之)가 주인 아기를 업고 곁에 숨어 있다가 주인이 해를 당하는 것을 보고 부둥켜안자 적이 아울러 살해하였다. 첩이 도망하여 돌아와 전말을 이야기하였다. 조정에 전문(轉聞)하자 정문(旌門)하고 복호(復戶)하였다. 최립(崔岦)은 〈부제학 신숙정의 죽은 딸에 대한 만가[申副提學叔正亡女挽歌]〉를 지어 애도했다. 《간이집》 〈난후록(亂後錄)〉에 전한다. 또한 1617년(광해군 9)에 편찬된 《동국신속삼강행실도》 4집 열녀도 제3권에 〈신씨사적(申氏死賊)〉이 있다.[66]

한편, 성호 이익은 진사 우정(禹鼎, ?~1637) 부부의 정려(旌閭)에 기를 작성했는데,[67] 우정은 공은 졸재 신식의 외손으로 그 문하에서 수업했다. 우정의 부인 의성김씨는 김정국(金正國, 1485~1541)의 현손이자 판결사 강대호(姜大虎, 1541~1624)의 외증손이다. 이익에 따르면, 병자년(1636, 인조 14)에 사람들이 도망가고 성묘(聖廟)가 텅 비자 우정(禹鼎)이 학생으로서 전복(典僕) 한두 명과 함께 양무(兩廡)의 위판(位板)을 전(殿) 북쪽에 묻고, 선성 및 사현(四賢)과 십철(十哲)의 신위를 모시고 길을 떠나, 대사성 윤지(尹墀)를 뒤따라 가서 행재소에 이르렀다. 윤지는 공의 이름을 옷자락에 기록하여 상주하였다. 하지만 우정은 공주(公州) 갈곡장(葛谷莊)으로 돌아가서 모친을 모시고 산골짜기에 숨어 있다가 어머니를 엄호하고 자신은 적(賊)에게 잡혔다. 부인 김씨도 함께 잡혔다. 금강(錦江) 나루에 이르러 틈을 보아 부부가 강물에 몸을 던져 죽었다. 우공은 37세였고, 김씨는 한 살 적었다. 난리가 평정된 뒤에 시체를 찾아 합장하였다. 감사 정태화(鄭太和)가 부부의 정절(貞節)을 아뢰자, 정려의 명을 내려

---

66) 《동국신속삼강행실도》 4집 열녀도 제3권에 〈신씨사적(申氏死賊)〉. "申氏京都人, 副提學申湜之女, 幼學金德民妻也, 有孝行. 丁酉倭亂, 避賊于山谷中, 常佩大刀有必死之心. 賊猝至, 悅申氏姿容, 脅迫驅去, 申氏抗聲罵賊, 右手引佩刀奮揮, 左手攀木不去. 賊擊其右臂, 即仆地而死, 年二十五. 其婢燕之, 負主家兒, 匿其傍, 見其主被害, 出而抱持之, 並殺之. 昭敬大王朝旌門."

67) 李瀷, 〈禹氏雙節旌閭記〉, 《星湖全集》 권53 記.

우정에게는 사헌부 지평을 추증하고 김씨에게는 공인(恭人)을 추증하였다. 얼마 있다가 성균관 신위를 구한 전복의 이름을 듣고 그가 사는 마을을 정려하게 하였다. 그러자 충청도 30 고을의 유생 1200여 명이 태학에 우정의 일을 고하자, 전복의 예에 따라 정문을 세우도록 명하였다. 도신(道臣)의 계사로 효도를 기리고, 나중에 전복의 예에 따라 충성을 기린 것이다.

이익은 우현규(禹玄圭)의 묘갈명에서, 우정이 외조부 졸재(신식)에게서 배웠다고 거듭 밝혔다.[68] 우현규는 본관이 단양으로, 자는 석지(錫之)이다. 우현규의 고조 우강(禹綱)은 생원시와 진사시에 모두 합격하였으며, 고청(孤靑) 서기(徐起, 1523~1591)에게 배웠다. 이후 군자감 정(軍資監正) 우홍업(禹弘業)을 지나, 사헌부 지평에 추증된 생원 우정(禹鼎)에 이르렀다고 한다.

그리고 《영원잡영》의 삼형제 가운데 특히 신식과 신용(신설)에 대해서는 같은 시기 문사 및 관료들과의 관계를 더욱 상세히 조사할 필요가 있다. 신식의 《졸재선생집》과 신용(신설)의 《하은선생집》에는 별장(別章)이 충실하게 수록되어 있는데, 별장을 지은 문인 관료의 문집에는 그 시가 들어 있지 않은 경우가 많다. 우선 별장을 중심으로 관계망을 작성하고, 해당 인물 문집의 수록 여부를 조사한 후, 해당 문집에서 누락이 되어 있다면 그 이유는 무엇인지 검토해야 할 것이다.

이상에서, 향후, 신저·신식·신용(신설)의 문학 및 학문적 성과의 실체를 밝히고, 인적 관계망의 상세한 조사, 학문의 계승 관계에 대한 연구가 절실하다는 사실을 알 수 있다.

---

68) 李瀷, 〈燕岐縣監禹公墓碣銘并序〉, 《星湖全集》 권61 墓碣銘.

靜觀齋先生集

目次

시 | 詩

| 오언절구 | 五言絕句 |

|오언사운|五言四韻|

|육언절구|六言絕句|

|칠언절구|七言絕句|

|칠언사운|七言四韻|

《영원잡영》 서
鴒原雜詠序

《영원잡영》[1]은 우리 11대조이신 하은 선생과 그의 백씨 정관재 선생 그리고 중씨 졸재 선생 세 분께서 읊으신 시의 유고이다. 그런데 삼백여 년이 지난 지금까지도 간행하지 못하여 간혹 자손 중에 뜻이 있는 이들이 베껴 옮겨 비록 오늘에 이르렀지만, 그 등초본(謄草本)마저 흩어져 많지 않다. 그뿐만 아니라 이 가운데에는 순서가 뒤바뀌거나 오탈자(誤脫字)가 허다하여 이제 후손 중에 식견 있는 자들은 자신도 모르게 책을 매만지며 긴 한숨을 내쉬며 탄식해왔다.

대체로 보건대 우리 고령신씨는 고려 말엽에 비로소 드러나기 시작한 뒤로부터 대한제국 광무 연간에 이르기까지 인물이 면면히 이어졌으니, 그 가운데는 절의(節義)와 훈업(勳業), 도덕(道德)과 사환(仕宦), 은일(隱逸)과 효우(孝友) 등 모든 절목에 있어 가문과 국가를 아름답게 장식하기에 충분하였다. 그중에 우뚝하여 세상 사람들이 찬상(讚賞)하면서 미칠 수 없다고 여겼던 것에는 특히 문학을 제일로 꼽았다. 이는 내가 신씨(申氏) 성(姓)이기에 감히 과장하고 지나치게 찬미하는 말로써 자화자찬하는 것이 아니요, 동양의 역사에서 검증하면 또한 감히 속일 수 없는 것이다. 그런데 여기의 영성한 시편이나 시구의 한 도막조차도 제나라 시장에서 흔치 않게 보이는 화제나 목난[2]과 같아, 비단 보장 50리로 석가의 부[3]를 빛나게 했던 것은 이에 견줄 것이 못 된다.

나는 못나고 보잘것없는 사람으로 뒤늦게 육대주의 민족이 각축하는 시대에 태어나서 역

---

1) **영원잡영(鴒原雜詠)** : 영원은 《시경(詩經)》 〈소아(小雅)·상체(常棣)〉에 "할미새가 언덕에 있으니, 형제가 급난을 구원하도다. 매양 좋은 벗이 있으나, 길게 탄식할 뿐이니라.[鶺鴒在原 兄弟急難 每有良朋 況也永歎]"라는 구절이 있는데, 이는 형제간에도 깊이 우애하는 마음을 발휘해서 서로 환난을 구하려고 급히 달려가야 한다는 뜻으로, 형제의 우애를 비유할 때 흔히 쓰는 말이다. 이에서 원용하여 형제간의 우애가 담긴 이 시집의 제목으로 삼은 것이다.

2) **화제(火齊)나 목난(木難)** : 보주(寶珠)의 일종인 화제주(火齊珠)와 목난주(木難珠)로, 진귀한 보물을 이른다.

3) **비단 보장(步障) …… 석가(石家)의 부(富)** : '보장'은 옛날 부귀한 자들이 출행할 때에 바람이나 먼지를 막기 위하여 길가에 쳐놓는 일종의 병풍으로, 50리 길이의 비단으로 보장을 만들었다는 뜻이다. 진(晉)나라의 대부호인 석숭(石崇)이 사치를 부린 고사에서 유래하였다.

량은 활로 갑옷 한 겹도 뚫지 못하고,[4] 글솜씨는 의마의 재주[5]만큼 능치 못하며, 지략은 운주[6]를 감당치 못하고, 덕은 역마로 빠르게 전할 만한 것도 없는데도[7] 한갓 혈성(血性)에 휘둘려 북쪽으론 흑수[8]에 떠다녔고, 서쪽으론 황하를 보며 분주하게 떠돈 지가 십 년이었다. 이 때문에 집안 대대로 전해 이어온 문학 역시 전심하여 주력할 수 없었고, 어느덧 세월만 흘러 머리카락이 희끗해졌으니, 지금의 처지를 생각하며 옛날을 추억하노라면 나도 모르게 때때로 감개의 눈물이 흘러내렸다.

금년 봄 정월에 요동 밖 안시[9]에서 돌아오니, 또한 달리 할 일이 없었다. 간혹 콩밭이나 논두렁 사이를 소요하며 회포를 풀기도 하고, 《퇴계집(退溪集)》과 《미수기언(眉叟記言)》을 꺼내어 열독하기도 하였는데, 이는 전현(前賢)의 뜻을 헤아려보기 위함이었으나 또한 쉽게 깨달을 수 없었다. 다시 찌는 듯한 무더위가 심해지고 무료하던 어느 날 우연히 한 서가(書架) 위에서 겉표지 없이 등서하여 베낀 책자 하나를 뽑아 보게 되었는데, 그 제목이 '영원잡영'이었다. 그 이름을 일찍부터 들어왔던 터라 내심 보기를 원한 지가 오래되었는데, 이제야 비로소 받들어 보노라니, 세 분 선생께서 당시의 우애하시던 정이 그 천상에서 발양(發揚)하는 듯하였다. 이 책을 짊어지고 산중 누대로 돌아와 몇 날을 내어 베껴 옮기고 바야흐로 책으로 꾸미려 할 때, 감격하고 사모하는 마음이 뭉클거려 건잡을 수 없기에, 천박하고 촌스러움을 헤아리지 않고 간략하게 이같이 밝힌다.

---

4) **활로 …… 못하고** : 무인(武人)의 역량이 없다는 의미로 보인다. 《진서(晉書)》 〈두예열전(杜預列傳)〉에 "두예는 너무나 약하여 말에 걸터앉지도 못하고 활을 쏘아도 얇은 갑옷을 뚫지 못한다.[預身不跨馬射不穿札]"라고 하였다.

5) **의마(倚馬)의 재주** : 진(晉)나라 때 원호(袁虎)가 말 앞에 기대서서 즉시 일곱 장에 이르는 장문(長文)을 초한 고사에서 온 말로, 문재(文才)가 뛰어나서 글을 민첩하게 짓는 것을 의미한다.

6) **운주(運籌)** : 운주유악지중(運籌帷幄之中)에서 나온 말로 군막 속에서 전략을 세운다는 뜻으로, 한(漢)나라 고조(高祖)의 모사(謀士) 장량(張良)이 주로 장막 안에서 계획을 세워 "유악 안에서 산가지를 놓아 천 리 밖에서 결승한다.[運籌策帷幄中 決勝千里外]"라고 한 데서 나왔다. 《漢書 張良傳》

7) **덕은 …… 없는데도** : 《맹자(孟子)》 〈공손추 상(公孫丑上)〉에 "공자께서 말씀하시기를 '덕의 유행이 파발마로 명령을 전달하는 것보다 빠르다.'라고 하셨다.[孔子曰 德之流行 速於置郵而傳命]"라고 하였으니, 덕이 유행하는 것이 지극히 쉬운 점을 두고 한 말씀이다.

8) **흑수(黑水)** : 흑룡강(黑龍江)을 말한다. 《금사(金史)》 세종기(世宗紀)에 "여진(女眞) 출신으로, 그 지역에 혼동강(混同江)과 장백산(長白山)이 있었는데, 혼동강은 또한 흑룡강이라고도 불렀으니, 이른바 '백산 흑수(白山黑水)'가 바로 그것이다."라고 하였다.

9) **안시(安市)** : 안시성(安市城)을 말한다. 소재지에 대해서는 의견이 분분하나, 만주 봉천성(奉天省) 해성(海城)의 동남쪽에 있는 영성자산성(英城子山城)으로 추정하는 견해가 가장 유력하다.

그런데 우리 선조 수십 대의 문학에 밝고 뚜렷하신 분들을 추모하여 시문을 간행한 것이 십여 부(部)에 불과하고, 그밖에 초고(草稿)로 남아 전해오던 것도 없어져서 남아 있는 것이 별로 없으니, 그 자손 된 자로서 어찌 한심하고 통박하지 않을 수 있겠는가. 시문 중에는 전할 만한 것과 전할 수 없는 것이 있다. 기사(記事)·서술(序述)·의론(議論) 등에서 조리가 통창하고 맥락이 관통하여 후세의 법이 되는 것과, 문장이 전아하고 화려하며 기이하고 웅건하며 풍운(風韻)이 청신하고 맑고 깨끗한 것들은 비록 전하려 하지 않더라도 자연히 사람들의 입에 회자되고 마음으로 전수되어 백대에 이르러도 없어지지 않을 것이다. 만약에 이와 반대로 착잡(錯雜)하며 상고함이 없고 야속(野俗)하며 의미가 없다면, 비록 전하고자 하여도 그렇게 될 수 없을 것이다. 그러나 선조의 시문인 경우에는 어떠한지를 논할 필요 없이 자손 된 자들은 모름지기 공경히 읽고 영구히 전하여 널리 유포함이 옳다. 더구나 우리 선조의 시문이 명금(鳴金)과 패옥(佩玉) 아닌 것이 없는데도 도리어 이와 같이 매몰되어 있으니, 이것이 누구의 책임인가. 권두에 이를 적어 스스로 경계하는 자료로 삼고, 다시 후세의 오는 이들에게 권면하노라.

단기 4293년(1960) 경자 9월 중양일에 하은공 11대손 백우[10)]는 삼가 서문을 쓰다.

鴒原雜詠者 惟我十一代祖霞隱先生 及其伯氏靜觀齋先生 仲氏拙齋先生三位 吟咏遺稿 而迄于今三百餘年所 尙未登梓 或於子孫中 有志者謄草 雖至今日 然其謄草 亦落落無多之 不翅其謄草中 錯簡誤書 比比相仍 今後孫有識者 不覺撫卷 喟然長嘆 凡我高靈之申 自有麗末葉始顯 至于國朝光武年代 繩繩不替者 間有節義勳業道德仕宦隱逸孝友等 凡百諸節 足以爲賁餙一家一國 然其中卓卓爲世人之所讚賞不可跂及

---

10) **백우(伯雨)** : 신백우(申伯雨, 1887~1962)로 호는 경부(畊夫). 청주 묵정리(墨井里)에서 출생하여 8세에 단재(丹齋) 신채호(申采浩)·한장리(韓章履)와 함께 부친에게 한학을 배웠고, 서울의 측량학교·외국어학교와 보성전문학교 법학과를 수료하였다. 그 뒤 청주 측량학교와 서울 태극학교에서 교편을 잡았다. 한편 《소년(少年)》 편집에 관여하고, 신민회(新民會)와 대동청년단(大東靑年團)에 가입, 애국계몽운동을 전개하였다. 1910년 국권 상실 뒤에는 국내외를 돌아다니며 만주에 성덕태상점(誠德泰商店)을 개설하는 등 독립운동기지 건설에 주력하였다. 3·1운동 후에는 상해에서 대한민국임시정부 수립에 참여하였다. 그 뒤 만주의 서로군정서(西路軍政署)와 광한단(光韓團)에서 활약하다, 1921년 귀국하여 농촌운동과 고령신씨 문중 사업에만 열중하다가 광복을 맞았다. 신탁통치반대국민총동원중앙위원회 조직부장을 비롯해 대한독립촉성회 등을 통한 정치 활동을 전개하다가 1946년 중반 이후부터는 대종교 사업(大倧敎事業)에 전심하였다. 1963년 대통령표창, 1990년 애국장이 추서되었다.

者 特以文學爲最 此非余申姓 故敢以誇大溢美之辭 自詡而自獎也 證之以東洋史上亦不敢誣者 而此則零篇隻句 如火齊木難 僅見於齊市 不足方錦步障五十里 以光石家之富也 余以剪劣無似 晩生六洲民族角逐時代 力不能穿札 才不能倚馬 知不勝運籌 德不速置郵 徒以爲使於血性 北泛黑水 西見黃河 奔走漂泊 于玆十年 坐是家傳文學 亦不能專心注力 奄忽光陰 二毛已白 撫今追昔 不覺時時感慨之淚 今年春正 歸自遼外安市 亦無所事 或於荳畦稻壟之間 遙逍遣懷 或引退老集眉翁記言閱讀 盖欲揣摩前賢緖志 而亦不能容易得破 更苦熱之鬱蒸 甚無聊 一日 偶於某書架中 抽看未粧無纉之一謄書抄冊 題其目曰鴒原雜詠 聞其名久矣 心欲見之久矣 今始奉見 三位先生 當日友于之情 洋洋乎如在上 負歸山樓 得若干日 謄抄了 方欲粧冊 而感慕之懷 油然難禁 不揣野陋 略陳右言 然追慕我祖先數十代文烈 刊行文字 不過十餘部 其外草稿 亦遺傳者 落落無多 爲其子孫者 豈不寒心痛迫者乎 蓋文字有可傳不可傳者 記事序述議論等 條理暢達 脉絡貫通 爲後世法者 文章典麗奇健 風韻淸新瀏亮者 雖欲不傳 自然口膾心授 替至百代而不泯 若反是而錯雜無稽 野俗無意 雖欲傳之 不可得者也 然至於祖先文字 勿論如何 爲子孫者 須敬讀之 久傳之廣佈之可也 況我祖先文字無非鳴金佩玉而反如是汶汶 是誰之責 書此卷頭 以爲自警之資 而更勖來者焉

檀紀四二九三年 庚子九月重陽日 霞隱公十一代孫 伯雨 謹序

《영원잡영》 서
鴒原雜詠序

산림에 자신을 닦는 선비가 없으면 향리는 이륜(彝倫)을 밝히고 풍속을 바르게 할 수 없고, 조정에 현명하고 청백한 인물이 없으면 나라는 음양을 다스리고[11] 사직을 편안히 할 수 없을 것이다. 아, 정관재(靜觀齋) 신 선생은 명문가에서 태어나 대곡 성 선생[12]의 뛰어난 제자로 심오한 이치를 궁구하고 터득하여 매양 칭찬을 받았고, 은거하여 자신을 닦으면서 남이 알아주지 않아도 고민하는 마음이 없었다. 더욱 경전의 의미를 강구하였으니, 선생이 찬술한 것에는 《역학행의(易學行義)》·《예설총론(禮說總論)》 등의 책이 있었다. 그러나 전해지지 못하였고, 하늘이 어진 이를 남겨두지 않으사 요절을 면할 나이에도 못 미쳤으니, 하늘의 이치를 믿기 어렵다. 향교와 서원에서는 통문(通文)으로 선생을 배향하고자 했지만 끝내 이루지 못하고 그치게 되었으니 아, 한탄스럽도다.

선생의 아우 졸재(拙齋)·하은(霞隱) 두 선생은 일찍부터 퇴도(退陶) 문하에서 공부하였고, 문순공[13]이 별세하신 뒤에는 다시 대곡 선생에게 공부하여 수기치인[14]의 방도를 깊이 터득하였다. 벼슬길에 나아가서는 가장 청현(淸顯)하였고 물러나서는 졸재 선생 또한 《가례언해(家禮諺解)》·《의례고증(疑禮考證)》 등의 책을 찬술하였으며, 별세 후에는 다행스럽게 청주의 쌍천서원(雙泉書院)에 배향되었다. 하은 선생 역시 《의례고람(儀禮考覽)》 6권·《오복통고(五服通考)》 2권을 찬술하였고, 신의경(申義慶)이 지은 《상례통재(喪禮通載)》를 증보하였다. 별세 후에는 다행히 청주의 봉계서원(鳳溪書院)에 남강(南崗) 권상(權常)·동강(東崗) 김우옹(金宇顒)·종산(鍾山) 신집(申潗)과 함께 배향되었는데, 훗날 불행히 훼철되었으니, 사

11) **음양을 다스리고** : 《서경(書經)》 〈주관(周官)〉에 "음양을 조화시켜 다스리다[燮理陰陽]"라고 한 데서 온 말로, 재상(宰相)이 천도(天道)를 받들어서 임금을 보좌하여 나라를 다스리는 것을 이른다.

12) **대곡(大谷) 성(成) 선생** : 성운(成運, 1497~1579)으로, 대곡은 그의 호이다. 자는 건숙(健叔)이고 본관은 창녕(昌寧)이다. 을사사화 때 중형(仲兄) 우(遇)가 화를 당하자 속리산(俗離山)에 은거하였다. 여러 차례 관직에 제수되었으나 출사하지 않았으며, 이지함(李之菡)·서경덕(徐敬德)·조식(曺植) 등 명현들과 더불어 교유하면서 학문에 정진하였다. 저서로는 《대곡집(大谷集)》이 있다.

13) **문순공(文純公)** : 문순은 퇴계(退溪) 이황(李滉)의 시호.

14) **수기치인(修己治人)** : 자신을 닦고 남을 다스리는 일 곧 자신을 수양하고 남을 교화시킴을 이른다. 《대학장구(大學章句)》에서 수기치인(修己治人)의 골격인 삼강령(三綱領)과 팔조목(八條目)을 말했는데, 곧 명명덕(明明德)·신민(新民)·지어지선(止於至善)과 격물(格物)·치지(致知)·성의(誠意)· 정심(正心)·수신(修身)·제가(齊家)·치국(治國)·평천하(平天下) 등이다.

도(斯道)의 운수가 막혀 그렇게 된 것을 어쩌리오. 세 분의 선생께서 몸소 남겨 놓으신 글이 많지 않은 것이 아니지만, 그나마 《영원잡영》 3편과 약간의 부록이 후손가에 소장되어 있을 뿐이다. 이는 틀림없이 하늘이 세 분 선생들께서 우애하신 마음과 수기치인의 법도를 사라지지 않게 하고자 한 것이로다. 만약 사람마다 《영원잡영》과 부록을 열람하게 한다면, 수백 년 전 세 선생의 수기치인의 마음을 상상할 수 있을 것이다. 이런 방식으로 함양하여 수기치인의 마음을 자신의 마음으로 삼는다면, 풍속과 교화를 바로잡고 사직을 편안히 하는 일이 거의 이루어질 것이니, 아름다운 일이 아니겠는가.

이제 하은 선생의 12세손 존식[15)]군이 오래될수록 유실될 것을 걱정해서 여러 사람들과 상의하여 재물을 모아 간행하고 각 집안에 전파하여 무궁히 전하려고 하니, 그의 선조를 받드는 정성이 아, 또한 깊도다. 일편 나에게 서문을 지어 달라고 부탁하니, 나처럼 얕은 견해와 엷은 식견으로 수백 년 뒤에 태어나 어찌 감히 세 분 선생께서 은거하시거나 세상에 나아가서 벼슬하신 마음의 만에 하나라도 드러낼 수 있겠는가. 그 부탁이 매우 간곡하여 도저히 사양할 수 없었기에 이상과 같이 대략 써서 보내주는 바이니, 다만 사람이 그에 합당한 사람이 못되고, 글이 그에 합당한 글이 못됨이 두려울 뿐이다.

단기 4293년(1960) 경자 섣달 모일에 후학 안동 권용직[16)]은 삼가 서문을 쓴다.

山林而無修己之士 鄕不可以明彛倫正風化矣 朝廷而無明淸之士 國不可以理陰陽安社稷矣 於戱 靜觀齋申先生 生於名閥 以大谷成先生之高弟 究得蘊奧 每見奬詡 隱居修己 不見知而無悶 益究經義 其所撰有易學行義禮說總論諸書 而未之得傳 天不憖賢 年未及免夭 天理亦難諶 自鄕校若書院 有通諭而欲爲妥享俎豆 竟未遂而熄 吁亦恨矣 其弟拙齋霞隱兩先生 早從退陶門下遊 文純公歿後 亦從大谷先生遊 深得修己

15) **존식(存植)** : 신존식(申存植, 1896~1976)으로 자는 성존(誠存), 호는 묵천(墨泉)이다. 고조는 사우재(四愚齋) 신윤모(申允模), 증조부는 기산(綺山) 신봉구(申鳳求), 조부는 운초(雲焦) 신경휴(申景休), 부친은 소미(蘇眉) 신철우(申轍雨)이다. 낭성 관정리 출신으로 어려서 부친에게 한학(漢學)을 습득하였다. 14세에 영성군파 문중에서 설립한 청동학교(淸東學校)에 입학하였으나 문을 닫게 되자 청주공립보통학교에 입학하여 졸업하였다. 청원군 미원면 서기로 20년간 복무하였고 이후 청주향교 장의·문의면 이강영당(理江影堂) 당장 등 역임하였다. 저서로 《묵천수록(墨泉隨錄)》이 있다.

16) **권용직(權容稷)** : 한학자. 김충갑(金忠甲)에 대한 신도비명(神道碑銘)·괴산 충민사(忠愍祠)의 〈김충무공신도비명(金忠武公神道碑銘)〉·〈남봉선생집서(南峯先生集序)〉·〈지당음십서(止堂吟什序)〉·〈소미유고서(蘇眉遺稿序)〉·〈체화당중건기(棣華堂重建記)〉 등의 작품이 있다.

治人之方 進仕而最以淸顯 退居而拙齋先生 亦有撰家禮諺解疑禮考證諸書 歿後 幸得淸州雙泉俎豆之奠 霞隱先生 亦有撰儀禮考覽六卷五服通考二卷 喪禮通載 申義慶所撰增補 歿後 幸得淸州鳳溪書院 與權南崗金東崗申鍾山并享 後乃不幸見掇 其於斯道之運否何 三先生手澤 不爲不多 而只有鴒原雜詠三編若附錄 藏于其裔孫家 此果天以三先生友于之心 及修己治人之道 不泯者也耶 若使人人得而讀鴒原雜詠及附錄 則可想像三先生修己治人之心於數百載之前矣 以是涵泳 以修己治人之心爲心 則於正風化安社稷 其庶幾矣 不其美哉 今霞隱先生之十二世孫存植君 懼其愈久而亦有見佚 詢謀鳩財 付諸剞劂而播之各家 傳之欲其無窮 其奉先之誠 於亦深矣 囑余弁言 余以淺見薄識 生於數百載之下 安敢發三先生其隱其進之心之萬一乎 囑之甚勤 辭不獲已 略敍如右而歸之 只以人非其人文非其文爲懼

檀紀四二九三年 庚子臘月日 後學 安東 權容稷 謹序

靜觀齋先生集

시

詩

오언절구五言絶句

대숲 언덕
竹塢

竹塢風聲細　대숲 언덕에 가녀린 바람소리
苔庭月色淸　이끼 낀 뜨락에 달빛도 맑아라.
杜鵑啼不歇　두견새 울음소리 멎지 아니하니
孤客夢難成　외로운 나그네 잠들기 어렵고녀.

서울로 돌아가는 김충언을 보내며
送金忠彦還京

野橋相送罷　들녘 다리에서 그대를 전송한 뒤
山舘獨歸時　산속 외진 집으로 혼자 돌아오네.
一鴈含離恨　외기러기 내 이별의 한 안다는 듯
孤鳴下別枝　홀로 울며 다른 가지로 옮겨 앉네.

동헌 현판의 운을 따라 짓다 둘째 아우[1]와 함께 읊다.
次東軒韻 仲弟共吟

寒夜三更雨　차가운 밤 삼경에 비는 내리고
幽人兩鬢霜　유인[2]의 귀밑머리 희끗해졌네.
閑愁無處寫　부질없는 시름 풀 곳이 없으매
長嘯曲欄傍　굽은 난간 의지해 길게 읊조린다.

---

1) 둘째 아우 : 세 형제 가운데 둘째인 졸재(拙齋) 신식(申湜, 1551~1623)으로 자는 숙정(叔正)이다. 도승지·동지중추부사·공조참판 등을 지내다가 사은사로 명나라에 다녀와서 호조참판·대사헌·충청도관찰사·동지중추부사·강원도관찰사 등을 역임하였다. 청주의 쌍천서원(雙泉書院)에 제향되었다.

2) 유인(幽人) : 세상을 피하여 숨어 사는 사람. 곧 은사(隱士)·은자(隱者)를 뜻하는데, 여기서는 필자 자신을 이른다.

맑은 시내에서

淸溪

暖日淸溪上　따뜻한 날 맑은 시냇가에서
長吟靜坐遲　읊조리다 고요히 앉았길 한동안.
箇裡有眞趣　이런 속에 참된 흥취 있나니
外人那得知　바깥사람들 어찌 알 수 있으랴.

성암에 저물녘 배를 대며

城巖晩泊

峽口收朝雨　골짜기 어귀에 아침 비 그치자
江頭起暮烟　강 머리에 저녁연기 피어나네.
釣船何處泊　낚싯배를 어디메에 대야 하나
沙岸柳花邊　모래언덕 버들꽃 주변이라네.

강에 비 내리고

江雨

疎鴈落平沙　성근 기러기 너른 모래밭에 내려앉고
冷烟生遠樹　서늘한 이내는 먼 나무숲서 피어나네.
孤舟半夜懷　외론 배에서 한밤 회포에 잠겼자니
一陣西山雨　서산에 흩뿌리는 한 자락 빗줄기여.

이경저에게 부치다

寄李景著

小齋自寥靜　옹색한 집이라 절로 스산하고 고요해
長嘯獨徘徊　늘상 시나 읊조리며 홀로 배회한다네.
釀酒酒初熟　술은 빚어서 마침 한창 익었는데
邀君君不來　그대를 맞자 해도 오지 않는구려.

남겨두고 떠나며

留別

野雨初晴日　　들녘에 비 막 개인 날
江天欲暮時　　강가 하늘은 저물려 하네.
相看不忍別　　마주 보며 차마 떠나지 못하는데
兩鬢忽成絲　　우리네 머리도 세어 성글었구려.

홀로 앉아

獨坐

獨愛柳邊月　　버들가지에 떠오른 달빛 사랑스러워
强登江上臺　　일부러 강가 누대에 올랐어라.
夜深人語靜　　밤은 깊어 인적마저 고요한데
風送笛聲來　　어디선가 젓대 소리 바람에 실려오네.

새벽에 앉아

曉坐

病客坐淸曉　　병든 객 맑은 새벽에 앉았자니
寒鷄鳴遠村　　이웃 마을 추위에 언 닭 울음소리.
故人何處在　　정든 벗들은 어디에 있으려나
離恨自難言　　이별의 한 차마 말하기 어렵구나.

객지의 밤

旅夜

鳥歸烟樹晚　　저물녘 이내 어린 나무에 새 깃들고
蟲咽露林秋　　이슬 내린 가을 숲속 벌레 울어댄다.
若制他鄕淚　　타향에서 눈물을 가눌 수만 있다면야
應無此夜愁　　아무렴 이 밤사 시름이야 있을라고.

작은 동산에서

小院

小院月初上　　작은 동산에 달 갓 떠오르는데
空齋人未眠　　텅 빈 집 사람은 잠 못 이루네.
亂蛩帶秋恨　　요란한 벌레 가을 근심 띠고서
終夜咽階前　　밤 다하도록 뜰에서 울어대네.

그윽한 거처

幽居

清風吹澗柳　　맑은 바람은 시내 버들에 불고
淡月照園林　　밝은 달빛은 동산 숲을 비추네.
莫道幽居僻　　깊고 궁벽한 곳이라 말하지 말라
還甘靜味深　　도리어 고요한 정취 깊어 좋다네.

물가 누각에서

水閣

山齋人已靜　　산집이라 사람 소리 고요하고
水閣夜初深　　물가 누각에 밤이 막 깊어가네.
獨對孤輪月　　혼자서 외로운 달 마주하자니
難堪萬里心　　난감타 만 리로 내닫는 이 마음.

맑은 밤에

清夜

清風來水面　　청량한 바람 물 위에 스쳐 오고
淡月到天心　　말간 달 하늘 한가운데 이르네.
剩得眞源靜　　선경의 고요함을 실컷 즐기니
休將俗事侵　　속세의 일일랑 침범하지 말라.

가을밤에

秋夜

漫漫秋夜長　　지루해라 가을밤 길고 길은데
渺渺客懷惡　　아득타 나그네 회포마저 언짢구나.
雁陳月中來　　밝은 달밤 기러기 떼 날아오는데
鐘聲雲外落　　종소리는 구름 밖서 들려오누나.

나그네 시름

客愁

絕域秋風至　　외딴 곳에 가을바람 불어오니
空齋遠客愁　　빈집에서 먼 길손 시름하누나.
何時歸故國　　어느 때에나 고향에 돌아가서
白酒作淸遊　　탁주에 맑아한 회포 풀어보나.

가을날 회포

秋懷

雨滴庭梧葉　　빗방울은 뜨락 오동잎 적시고
風鳴溪柳枝　　바람은 냇가 버들가지 울려대네.
無非成節序　　절서는 철따라 잘도 흐르건마는
獨此抱愁思　　여기 홀로 시름에 매여 있어라.

한가로운 정취

閒意

野鳥閒來往　　들새는 한가롭게 오고 가고
山雲乍有無　　산 구름 순간 있다가 사라지네.
自然多勝趣　　자연의 아름다운 풍광 좋으니
何必訪淸都　　천상의 궁전[3] 찾을 필요 있으랴.

옛 시의 뜻에 맞추어 읊다

古意

堅封書一尺　　한 척의 편지 단단하게 봉해서
遠寄鴈孤飛　　먼 곳 가는 기러기 편에 부쳐보네.
別恨苦難制　　이별의 한 괴로워 가누기 어려운데
歸期何好違　　돌아갈 기약은 왜 자꾸 어긋난다뇨.

가을밤

秋夜

蕭蕭風不息　　스산한 바람은 불어 마지않고
寂寂夜如年　　괴괴한 밤은 한 해만큼 길어라.
落葉自相走　　낙엽이 제냥 쓸려 바스락 대니
幽人那得眠　　숨어 사는 사람 어찌 잠들리오.

절구

絶句

檻迴雲來氣　　난간 드높아 구름 기운 흘러들고
池淸受月華　　못물 하 맑아 달빛 환히 비치네.
幽花秋見少　　그윽한 꽃 가을날에 보기 드문데
落葉夜聞多　　낙엽소리만 한밤에 자주 들리네.

홀로 자다

獨眠

獨眠深院夜　　으슥한 집 밤에 홀로 자려니
殘燭五更凉　　서늘한 오경 촛불마저 희미해.

---

3)　천상의 궁전 : 원문의 '청도(淸都)'는 천제(天帝)가 거처한다는 천상의 궁전을 가리킨다. 곧 경치가 빼어난 선경(仙境)이라는 것을 천상의 선경에다 비유하여 한 말이다. 《열자(列子)》 〈주목왕(周穆王)〉에 "청도와 자미(紫微), 균천(鈞天), 광악(廣樂)은 상제가 거처하는 곳이다."라고 하였다.

長嘯不能寐　　길게 읊조리며 잠들지 못하니
美人天一方　　하늘 저편에 미인[4]이 계신다네.

절구 4수
絶句 四首

花落飛深院　　꽃은 깊은 정원에 떨어져 날리고
草生滿小池　　풀은 작은 못가에 돋아 가득하네.
美人何處在　　미인은 어느 곳에 계시는지
晴日欲斜時　　개인 햇살은 비끼려 하누나.

薔薇香滿院　　장미의 향기는 정원에 가득하고
芍藥影翻階　　작약의 꽃그늘 섬돌에 번드치네.
獨酌盃觴處　　혼자라도 마시려 술잔 기울이니
那堪景物佳　　아름다운 이 경물을 어이 견디랴.

岸花紅半落　　언덕의 꽃 붉은 빛 반이나 지고
溪柳綠初均　　시내 버들은 막 연둣빛 올라라.
美景今如此　　아름다운 경치 오늘만 같다면
深盃正可親　　넘치는 술잔 가까이 하고말고.

深院月光上　　깊은 동산에 달빛이 올라오자
小軒花影移　　작은 마루에 꽃 그림자 옮겨가네.
翛然憑竹几　　느긋이 대나무 안석에 의지해
長嘯倒金巵　　길게 읊조리며 술잔 기울이네.

---

4) 미인(美人) : 아름다운 사람이란 뜻이나, 우정이 깊은 사이의 친구나 벗, 때로는 임금님을 가리키기도 한다. 《시경(詩經)》 〈패풍(邶風)·간혜(簡兮)〉에 "누구를 생각하는가, 서방의 미인이라네. 저 미인이시여, 서방에 계신 분이라네.[云誰之思 西方美人 彼美人兮 西方之人兮]"라고 하였다.

봄 새

春鳥

幽鳥感春意	그윽한 새는 봄기운을 느껴서
紛朝啼綠楊	분연히 아침 푸른 버들에서 우네.
湖外未歸客	호외에서 돌아가지 못하는 나그네
聞來空斷腸	듣고 있자니 괜스레 애만 끊어지네.

낚시하는 늙은이

釣翁

山日欲斜時	서산으로 해는 기울려고 하는데
溪翁方垂釣	냇가 늙은이 막 낚시 드리우네.
世間豈有心	세간의 일 어찌 마음에 두었으리
物外長舒嘯	세상 밖[5]에서 길게 휘파람 부네.

늦봄에 느낌이 있어

暮春有感

春風吹欲盡	봄바람은 불어 다하려 하고
江月滿而虧	강 위의 달은 찼다가 기우네.
消息豈無數	사라지고 생겨남에 이치 없으랴
盈虛元有時	차고 빔에도 원래 때가 있나니.[6]

---

5) 세상 밖 : 원문의 '물외(物外)'는 세상의 바깥. 진세(塵世)를 멀리 벗어난 곳을 말하거니와, 외물(外物)의 구속을 초탈(超脫)한 경지의 의미도 포함한다.

6) 사라지고 …… 있나니 : 원문의 '소식(消息)'과 '영허(盈虛)'는 모든 사물의 변화를 말한다. 《주역(周易)》 〈박괘(剝卦)·단전(彖傳)〉에 "군자가 소식과 영허를 숭상함은 천도(天道)에 합치하는 것이다."라고 하였으니, 이치는 소쇠(消衰)하고 식장(息長)하고 영만(盈滿)하고 허손(虛損)하는데 군자는 이 이치에 순종하여 하늘을 섬긴다는 뜻이다. 《장자(莊子)》 〈추수(秋水)〉에 "도는 소식영허하여 끝이 나면 시작이 있다.[消息盈虛 終則有始]" 하였다. 곧 음양의 기운과 계절의 순서가 순환한다는 말이다.

우연히 짓다

偶成

繁花紅灼灼	많은 꽃들 화사하게 붉은데
細柳綠陰陰	가는 버들 녹음 짙고 짙어라.
靜裏心方寂	고요한 가운데 마음 적적하여
樽中酒可斟	동이 술 가히 마실 만하고말고.

부질없이 지어 보다 3수

漫成 三首

朝雲栖洞口	아침 구름 고을 어귀에 자욱하고
暮雲過溪頭	저문 구름 시내 머리로 흘러가네.
盡日看無厭	종일토록 보아도 싫지 아니하니
長吟不下樓	읊조리며 누대에서 떠나질 못하네.

我欲問東君	내 동군[7]에게 묻고지고
韶光何太促	봄빛은 어찌 그리도 촉박한가.
空教鬢髮華	속절없이 귀밑머리 희게 만들며
未見歡娛足	계절의 즐거움 못다 누리게 하는가.

明窓對黃卷	밝은 창가에서 서책을 대하고
靜几撫玄琴	고요한 안석에 기대 거문고 타네.
寂寂更無事	고요한 속에 다시 일이 없으니
熙熙隆古心	태평시대의 태곳적 마음일레라.

---

7) **동군(東君)** : 봄을 맡은 신(神)으로 봄의 이칭이다.

절구
絶句

曲江澄似鏡	굽은 강물 거울인 양 맑고
垂柳細如絲	수양버들 실처럼 가늘구나.
勝節固難再	좋은 계절 정말 다시 올까
淸遊須及時	맑은 놀이 바로 이때로세.

절구 2수
絶句 二首

前溪雨乍晴	앞 시내 비 잠깐 개이자
後岳雲猶黑	뒷산 구름 되레 검어지네.
脉脉倚高樓	맥맥히 높은 누각에 의지해
悠悠懷遠憶	아득히 먼 추억들 품어본다.

微風動深院	살랑바람 깊은 뜨락에 일더니
小雨浥輕塵	보슬비 가벼운 티끌 적시누나.
默默坐終日	묵묵히 앉아 하루를 보내며
悠悠思美人	아스라이 고운 이를 생각하네.

우연히 읊다 2수
偶吟 二首

莫嘆山花落	산꽃들 졌다 탄식하지 말라
宜看澗柳新	의당 시내 버들 새싹 보리니.
有時黃鳥至	때맞추어 꾀꼬리 날아들어
嬌語弄芳辰	꾀꾀꼴 꽃다운 봄 희롱하리.

好鳥啼深院	반가운 새 깊은 동산서 울고
幽花笑短墻	그윽한 꽃 낮은 담에서 웃네.

莫言家釀盡	빚은 술 다했다 말하지 마소
其奈答年光	무엇으로 이 시절에 보답할까.

눈 내리는 밤에 둘째·막내아우[8]와 함께 읊다.

雪夜 仲季兩弟共吟

俗情歸鴈白	세속의 정은 돌아가는 기러기처럼 희고
時事上眉靑	세상의 일은 미간에 반가운 빛 어리네.
荷衣皎余佩	연잎 옷에 내 패옥 청결하여[9]
獨自咏騷經	홀로 제냥 소경[10]을 읊노라.

다시 앞의 시운으로 눈 속의 소나무를 읊다 막내아우와 함께 화운하다.

再用前韻咏雪中松 季弟共和

千山皆已白	산이란 산은 온통 하얀데
一幹獨能靑	한 줄기 솔만 능히 푸르구나.
勁節凌寒序	굳센 절조 엄동설한 버티니
淸風入聖經	깨끗한 풍모로 경전에 실렸지.[11]

---

8) 막내아우 : 세 형제 중 셋째인 신용(申涌, 1560~1631)으로 자는 계수(季收), 호는 하은(霞隱)이다. 만전(晩全) 홍가신(洪可臣)의 사위로 사간원 정언·홍문관 수찬·부교리·이조좌랑·승정원 동부승지·황해도 관찰사·예조참의 등을 역임하였고 임진왜란 때 의병을 일으킨 공로로 선무원종공신(宣武原從功臣) 2등과 이괄의 난 뒤에 진무원종공신(振武原從功臣) 2등에 녹훈되었다. 청주의 봉계서원(鳳溪書院)에 제향되었다.

9) 연잎 …… 청결하여 : 원문의 '하의(荷衣)'는 연잎으로 엮은 옷이란 뜻으로 은자의 옷을 이른다. 원문의 '패(佩)'는 패옥(佩玉)으로 《예기(禮記)》 〈옥조(玉藻)〉에 "옛적에 군자가 반드시 옥을 찼으니 …… 걸을 때는 패옥 소리를 듣는다. 그리하여 그릇되고 사특한 마음이 들어오지 못한다.[古之君子必佩玉 …… 行則鳴佩玉 是以非辟之心無自入也]"라고 한 데서 온 말로 사대부가 자신을 단속하는 의미를 원용한 것으로 보이며, 또한 "군자는 옥을 덕에 견준다.[君子於玉比德焉]"라는 글도 있는바, 심덕(心德)으로도 볼 수 있다.

10) 소경(騷經) : 〈이소경(離騷經)〉의 준말이다. 전국시대 초나라 충신 굴원이 소인의 참소를 받고 조정에서 쫓겨난 뒤에 비분강개한 심정으로 우국충정을 토로하며 지은 사부(辭賦)이다.

11) 굳센 …… 실렸지 : 《논어(論語)》 〈자한(子罕)〉에 "날씨가 추워진 뒤에야 소나무와 측백나무가 뒤늦게 시듦을 알 수 있다.[歲寒然後 知松柏之後彫也]"라고 한 글이 실려 있음을 말한다.

눈 내린 달밤에 우연히 읊다 2수. 막내아우와 함께 화운하다.

雪月偶吟 二首 李弟共和

杯觴一夜話　　술잔 잡고 하룻밤 이야기로
肝膽兩相照　　속마음을 서로 비춰 보았네.
有意風冷冷　　차디찬 바람에도 뜻이 있고
多情月皎皎　　희고 흰 저 달도 정겹다마다.

幽客耿無眠　　그윽한 길손 잠 못 이루는데
寒牕山月照　　차가운 창문에 산 달 비추네.
長嘯復長嘯　　길게 읊조리고 다시 읊조리니
吾心猶皎皎　　마음이 외려 맑고 깨끗하여라.

다시 앞 시의 운을 써서 짓다

再用前韻

獨憐松上月　　소나무에 걸린 달을 사랑하노니
長向心中照　　늘 내 심중을 향해 훤히 비추네.
心淸月亦淸　　내 마음 맑아지면 달 또한 맑아
相對兩皎皎　　마주하자 제냥 희고 희기만해라.

비 갠 시내

晴澗

竹月臨晴澗　　대숲에 뜬 달 개인 시내 굽어보고
松風滿夜庭　　솔숲에 이는 바람 밤 뜰에 가득하네.
靑氈傳舊業　　청전[12] 있어 오랜 가업으로 전하니

12) **청전(靑氈)** : 푸른 모포라는 뜻으로, 대대로 전하는 구물(舊物)이나 세업(世業)을 가리킨다. 진(晉)나라 왕헌지(王獻之)가 어느 날 밤 서재에 누워 있을 때, 도둑이 들어와 물건을 훔치려 하자, 왕헌지가 천천히 말하기를 "도둑아, 청전은 우리 집에 대대로 전해 오는 물건이니, 그것만은 놓아두어라.[偸兒 靑氈我家舊物 可特置之]"라고 하니, 도둑이 놀라서 달아났다는 고사에서 온 말이다.《晉書 王獻之列傳》 여기서는 고령 신문(高靈申門)의 선대로부터 전해오는 '충효돈목(忠孝敦睦)'과 '세수문학(世守文學)'의 가풍

白首抱遺經　　흰 머리에 성현의 경전을 안고 있네.

수운헌[13]에서 막내아우와 함께 읊다.
水雲軒 季弟共吟

水雲自寂寥　　수운헌은 고요하기만 한데
雪月更淸絕　　눈밭에 뜬 달 더없이 맑구나.
步庭三四人　　뜨락을 거니는 서너 사람들
意思何超越　　그 마음 어찌 그리 빼어났뇨.

우연히 읊다 막내아우와 함께 읊다.
偶吟 季弟共吟

隔水松聲細　　물 건너 솔바람 소리 가늘고
臨庭月影淸　　뜰에 오른 달그림자 맑아라.
怡然一燈話　　흐뭇이 등불 아래 담소하니
摠是十年情　　자못 십 년의 정 우러나는 듯.

다시 앞 시의 운으로 지어 최태화에게 주다
再用前韻贈崔太和

裊裊香烟細　　하늘하늘 향 연기 피어오르고
冷冷澗水淸　　차디찬 산골 물 맑아라.
盃觴深夜話　　술잔 나누며 이슥한 밤 담소는
竹馬少年情　　죽마고우의 어린 시절 정일러라.

을 말한다.

13) 수운헌(水雲軒) : 서울 인왕동(仁王洞)에 양곡(陽谷) 소세양(蘇世讓, 1486~1562)이 살던 옛집에 있던 건물 가운데 하나이다. 청심당(淸心堂), 풍천각(風泉閣), 수운헌(水雲軒) 등이 있었다. 또한 정관재의 부친 신중엄(申仲淹) 공이 상주통판으로 있을 때 관아 내에 수운헌이 있었다.

막내아우의 시 〈월석〉의 운을 따라 짓다
次季弟月夕韻

溪聲檻外淸　　계곡물 소리 난간 밖에 맑고
雪色庭中白　　덮인 눈빛에 온 뜰 하얗구나.
獨客倚風欞　　외론 길손 격자창에 기대어
新詩吟月夕　　새 시 〈월석〉을 읊조리네.

홀로 앉아 '월(越)' 자 운에 다시 차운하다[14] 2수. 막내아우와 함께 화운하다.
獨坐再次越字韻 二首 季弟共和

天空片月明　　광활한 하늘 조각달 밝고
夜久羣喧絕　　밤 깊자 온갖 소리 끊겼네.
長吟無俗情　　긴 읊조림에 속정 사라지고
獨坐彈疏越　　홀로 앉아 느릿 거문고 타네.[15]

思親萬里心　　어버이 생각 만 리 밖 마음이고
月下添愁絕　　달빛 아래 애절한 시름만 더하네.
長夜獨徘徊　　긴긴 밤 혼자서 배회하다가
孤吟還效越　　쓸쓸히 월(越) 운 읊조리누나.

---

14) 차운(次韻)하다 : 다른 사람 시의 운자(韻字)를 따서 시 짓는 것을 이른다. 이하 '차운하다' 또는 '시의 운자를 따라 짓다'로 풀이하였다.

15) 느릿 거문고 타네 : 원문의 '소월(疏越)'은 거문고의 밑에 구멍을 내어 낮은 소리가 나게 하는 것이다. 《예기》 〈악기(樂記)〉에 "종묘의 제사에서 청묘(淸廟)의 시가 연주될 때 악기로 쓰이는 슬은 붉은 현으로 되어 있고 밑바닥에 구멍을 뚫어 소리가 유장하여서, 한 사람이 선창하면 세 사람이 화답하여 여음(餘音)이 있다.[淸廟之瑟 朱絃而疏越 壹倡而三嘆 有遺音者矣]"라는 말이 나온다. 여기서는 막내아우의 시문을 칭찬하는 의미로 보인다.

다시 앞의 시운을 써서 짓다 2수
再用前韻 二首

悠悠關路長　　아득한 변방 길 멀기만 한데
消息中間絕　　소식마저 중간에 끊어지누나.
何日復歸歟　　어느 날에나 다시 돌아가리오
山川難可越　　저 산천 넘어가기 어렵고말고.

獨客坐深更　　외론 길손 깊은 밤에 앉았으려니
孤齋轉幽絕　　외딴 집 더욱 으슥하고 적막하네.
美人天一方　　어여쁜 님 하늘 저편에 계시오니
精爽自飛越　　신령한 넋이 절로 날아 넘어가네.

이자유에게 지어 주다 막내아우 시의 운자를 썼다.
贈李子瑜 用季弟韻

西齋共作栖　　서재[16]에서 함께 지내니
壬午冬之仲　　임오년 겨울 동짓달이라.[17]
長嘯碧窓前　　어슴푸레 창가에서 길게 읊으려니
老蟾淸影送　　늙은 두꺼비[18]가 말간 빛 보내오네.

다시 앞의 시운으로 이경저에게 주다 막내아우 시의 운자를 썼다.
再用前韻贈李景著 用季弟韻

琢磨自夏初　　초여름부터 절차탁마하여
倏忽過冬仲　　어느새 한 겨울이 지나가네.

---

16) 서재(西齋) : 성균관의 명륜당(明倫堂) 서쪽에 있는 집으로 유생이 거처하고 공부하던 곳. 동재·서재가 있다. 이 시는 정관재가 17, 18세에 태학에서 유학할 당시에 지은 것으로 보인다.

17) 동짓달이라 : 원문의 '동지중(冬之仲)'은 11월. 곧 동짓달이다. 《예기》 〈월령(月令)〉에 "동짓달에 우물물이 일렁이기 시작한다.[仲冬之月 水泉動]"라는 말이 보인다.

18) 늙은 두꺼비[老蟾] : 달 속에 있다고 하는 금두꺼비로, 달 표면에 보이는 검은 반점을 두고 하는 말이다. 여기서는 달을 가리킨다.

小齋燈影殘　　작은 서재의 불빛 가물대는데
何處笛聲送　　어디서 젓대 소리 들려오는가.

다시 앞의 시운으로 짓다 2수. 막내아우와 함께 읊다.
再用前韻 二首 季弟共吟

所學跂顔曾　　학문은 안자와 증자를 바라노니[19]
何曾論冉仲　　어찌 염백우와 중궁[20]을 논하리오.
功程唯在勤　　공부의 길은 오직 근면에 달렸으니
日月莫虛送　　세월을 결코 헛되이 보내지 마시게.

關外別庭闈　　관외[21]에서 부모님 곁을 떠나
洛中隨季仲　　아우들 따라서 서울[22]로 왔네.
晨昏闕已多　　아침저녁 문안 못 드린 지 여러 날
寤寐心長送　　자나 깨나 마음만 멀리 보내드리네.

다시 앞의 시운으로 짓다 2수. 막내아우와 함께 읊다.
再用前韻 二首 季弟共吟

歡伯却寒威　　환백[23]만이 추위의 맹위를 물리치니
赫赫如南仲　　혁혁하게 남중[24] 같은 공을 세울 터.

---

19) **학문은 …… 바라노니** : 원문의 '안증(顔曾)'은 공자의 고제(高弟)인 안회(顔回)와 증삼(曾參)을 가리킨다. 곧 배우고자 함이 안자와 증자처럼 되는 데 있다는 말이다.

20) **염백우와 중궁[冉仲]** : 공문십철(孔門十哲)의 염백우(冉伯牛)와 중궁(仲弓)이다. 《논어》〈선진(先進)〉에 공자께서 제자들의 장점을 거론하면서 덕행(德行)에는 안연(顔淵)·민자건(閔子騫)·염백우(冉伯牛)·중궁(仲弓), 언어에는 재아(宰我)·자공(子貢), 정사(政事)에는 염유(冉有)·계로(季路), 문학에는 자유(子游)·자하(子夏)가 뛰어나다고 말씀하신 일이 있다.

21) **관외(關外)** : 관문 밖이라는 뜻으로 먼 지방을 말하는데, 여기서는 정관재의 부친이 군수로 있던 황해도 수안(遂安)으로 보인다.

22) **서울** : 원문의 '낙중(洛中)'은 서울 안 또는 서울을 가리킨다. 이하 낙성(洛城)·낙하(洛下)·낙북(洛北) 모두 서울로 번역하였다.

23) **환백(歡伯)** : 술의 별칭으로, 한(漢)나라 초공(焦贛)의 《역림(易林)》에 "술은 환희의 으뜸이 되어, 근심을 없애고 즐거움을 가져온다.[酒爲歡伯 除憂來樂]"라고 한 데서 온 말이다.

縮頸坐空齋　　목 움츠리고 빈 집에 앉았느니
白衣誰更送　　백의[25]를 누가 다시 보내줄런가.
清奇季也賢　　맑고 뛰어남은 막내가 뛰어나나
高古無如仲　　고고한 풍격은 둘째만 못하네.
苦吟效不成　　괴로이 읊조리나 격이 처져서
新咏又題送　　새로 시 읊어 다시 써 보내네.

정관재에서 함께 얘기하며 둘째·막내아우와 함께 읊다.

靜觀齋共話 仲季共吟

季冬旬九日　　섣달 열아흐렛날에
共話靜觀齋　　정관재에 모여 나눈 정담.
綠酒挑眞趣　　좋은 술에 참된 흥취 돋우니
清風入壯懷　　맑은 풍운 장대한 회포에 드네.[26]

다시 앞의 시운으로 이자유의 방문에 사례하다 둘째·막내와 함께 읊다.

再用前韻謝李子瑜來訪 仲季共吟

好友尋幽巷　　좋은 벗 으슥한 시골에 찾아오니
清談坐小齋　　작은 서재에 앉아 청담[27]을 나누네.

---

24) **남중(南仲)** : 중국 주(周)나라의 대장(大將)이다. 왕의 명을 받아 험윤(玁狁)을 평정하는 데 공을 세웠다. 《시경》 〈출거(出車)〉에 "봄 해가 길고 긴지라 초목은 무성하게 우거졌으며 꾀꼬리는 정답게 울며 흰 쑥을 많이도 뜯었네. 신문할 괴수를 잡고 무리들을 붙잡아 돌아오니 혁혁한 남중이여 험윤을 평정하였도다.[春日遲遲 卉木萋萋 倉庚喈喈 采蘩祁祁 執訊獲醜 薄言還歸 赫赫南仲 玁狁于夷]"라고 하였다.

25) **백의(白衣)** : '백의'는 옛날 중국에서 종복이 입었던 복색으로 심부름꾼을 뜻하는데, 여기서는 술을 가지고 오는 사람이다. 도연명이 중양절에 술이 없어 울 밑에 앉아 속절없이 빈 잔에 꽃잎만 따 담고 있었다. 그렇게 한참을 앉아 있던 차에 백의(白衣)를 입은 사람이 백주(白酒)를 싣고 왔는데, 그는 바로 강주자사(江州刺史) 왕홍(王弘)이 보낸 사람이었다고 한다. 《古今事文類聚 前集 摘菊盈把》

26) **맑은 풍운 …… 드네** : 한유(韓愈)의 〈송석처사부하양막(送石處士赴河陽幕)〉 시에 "풍운은 웅장한 포부에 들고, 천석 소리는 은자의 귀를 작별하네.[風雲入壯懷 泉石別幽耳]"라고 하였다. 《韓昌黎集》

27) **청담(清談)** : 세속의 명리(名利)를 떠난, 맑고 깨끗한 담화(談話)라는 의미로 청언(清言)·현언(玄言)이라고도 하며, 위(魏)·진(晉) 시대에 크게 성행하였다. 노장사상을 기초로 세속적 가치를 초월한 형이상학적인 사유와 정신적 자유를 중시했던 시대의 산물로 무(無)와 유(有), 명교(名教)와 자연 등 형이상학적인 주제들에 관한 고차원의 철학적인 논의가 이루어졌다.

仙壺湯綠酒　　신선 술항아리에 좋은 술 찰랑이고
滿酌慰孤懷　　가득 따른 술잔 외론 회포 위로하네.

다시 앞의 시운으로 짓다 둘째·막내아우와 함께 읊다.
再用前韻 仲季共吟

幽人抱遐賞　　멀리 노닐고픈 마음 품고서
夜坐靜觀齋　　한밤 정관재에 앉아 있노라.
雪月歸時興　　눈 덮인 달밤 흥이 일어나니[28]
乾坤入醉懷　　천지가 취한 회포에 들어오네.

풍천각[29]에서 두 아우, 이경저와 함께 읊다.
風泉閣 兩弟與李景著共吟

炊飯燒松葉　　솔잎 태워 밥을 짓고
烹茶汲石泉　　샘물 길러 차 달이네.
翛然無俗事　　초연히 속된 일 없으니
何足送殘年　　늙마에 뭐가 더 필요탐.

한밤 찬 서재에서 막내아우, 이경저와 함께 읊다.
寒齋夜坐 季弟與李景著共吟

窓曙月仍在　　창엔 새벽달 이냥 뜬 채론데
榻寒人未眠　　침상 차가워 잠들지 못하네.
碧澗瀉階下　　푸른 시냇물 섬돌 아래 흘러
淸聲來枕邊　　맑은 소리 베개맡에 들려온다.

---

28) 눈 덮인 …… 일어나니 : 진(晉)나라 왕휘지(王徽之)가 눈 덮인 달 밝은 밤에 산음(山陰)에서 홀로 술을 마시다가, 불현듯 섬계(剡溪)에 있는 벗 대규(戴逵)가 보고 싶어지자, 밤새도록 배를 몰고 그 집 앞에까지 갔다가 그냥 돌아와서는, 흥이 일어나서 찾아갔다가 흥이 다해서 돌아왔다고 말한 고사가 있다. 《世說新語 任誕》

29) 풍천각(風泉閣) : 서울 인왕산 아래 인왕동에 소세양(蘇世讓)의 집에 있던 누각이다.

또 앞의 시운으로 짓다 2수
又用前韻 二首

夜久羣喧絕　　밤 깊어지니 뭇소리 끊기고
殘燈獨坐眠　　희미한 등불 혼자 앉아서 조네.
覺來發長嘯　　깜짝 깨어나 긴 파람 부노라니
松月入窓邊　　솔가지에 걸린 달 창으로 드네.

夜樹掛殘月　　밤 숲에 지는 달 걸려 있고
野塘鳴細泉　　들못에선 샘물 소리 울리네.
朗吟仍不寐　　낭랑한 읊조림에 잠 못 드니
清意更無邊　　청정한 기운[30] 더 가이 없네.

들나물 데치며 아우, 이경저와 함께 읊다.
煎蔬 弟與李景著共吟

朝去伐山木　　아침엔 나가 산에 나무 베고
暮還煎野蔬　　저녁엔 돌아와 들나물 데치네.
此外更無事　　이밖에 더는 할 일이 없으니
心中閒自如　　마음 한가하여 절로 여여하네.

난간에 기대어 '월(月)' 자 운으로 짓다 막내아우, 이경저와 함께 읊다.
倚欄用月字韻 季弟與景著共吟

陣陣谷生風　　골짝은 부단히 바람 불어내고
娟娟山吐月　　산은 곱디고운 달빛 토해내네.

30) 청정한 기운[淸意] : 북송오자(北宋五子) 중 한 사람 소옹(邵雍)의 〈청야음(淸夜吟)〉에 "달은 하늘 한 복판에 이르고, 바람은 물 위에 불어오누나. 이와 같은 깨끗한 의미를, 아는 이 아마도 많지 않으리라.[月到天心處 風來水面時 一般淸意味 料得少人知]"라고 하였으니, 이는 도(道)의 포괄적인 모습과 중화(中和)의 심오한 작용을 깨달은 즐거움을 읊으면서, 하늘 한가운데 뜬 명월과 천지에 운행하는 청풍과 맑은 물을 통하여 인욕이 개입되지 않은 청정무구한 대도(大道)의 경지 즉 중화의 경지를 자득하였음을 밝힌 철리시(哲理詩)이다.

寂寂倚朱欄　　적적하게 붉은 난간에 기대어
飄飄吟白雪　　표표하게 백설가[31] 읊어본다.

산집에서 경저의 시운에 차운하다 막내아우와 함께 읊다.
山齋次景著韻 季弟共吟

山齋無與親　　산속 서재라 더불 친한 이 없어
野鳥自相馴　　들새들과 제냥으로 서로 따르네.
好月挑閒興　　좋은 달 한가한 흥 솟아날 때면
長吟訪北隣　　길게 읊조리며 이웃을 찾는다네.

오지 않는 경저를 기다리며 막내아우와 함께 읊다.
待景著不至 季弟共吟

峽口一相送　　산골 어귀에서 한번 전별하자
歸來何太遲　　돌아옴이 어찌 이리도 더딘가.
倚門獨怊悵　　문짝에 기대 간절히 기다리는데
寒日欲西時　　추운 날 해는 서산으로 지려하네.

이경저에게 부치다
寄李景著

人生必有別　　인생살이 반드시 이별이 있나니
有別則相思　　이별이 있으면 서로 그리운 법.
相思不得見　　그리워도 서로 볼 수가 없으니

---

31) 백설가 : 원문의 '백설(白雪)'은 백설가(白雪歌)로 백설곡(白雪曲)이라고도 한다. 전국시대 때 초(楚)나라에서 불렸던 고아(高雅)한 가곡(歌曲)의 이름으로, 일반적으로 고상하고 아취 있는 곡이나 시문(詩文)을 가리키는 말로 쓰인다. 《문선(文選)》 권45 송옥(宋玉)의 〈대초왕문(對楚王問)〉에 나오는 "객 중에 초나라의 수도 영에서 노래하는 자가 있는데, 처음에 〈하리(下里)〉와 〈파인(巴人)〉을 부르면 국중의 사람들 중에 어울려 창화하는 자가 수천 명이고, 〈양아(陽阿)〉와 〈해로(薤露)〉를 부르면 어울려 창화하는 자가 수백 명이며, 〈양춘(陽春)〉과 〈백설〉을 부르면 어울려 창화하는 자가 불과 수십 명에 불과하였다.[客有歌於郢中者 其始曰下里巴人 國中屬而和者數千人 其爲陽阿薤露 國中屬而和者數百人 其爲陽春白雪 國中屬而和者不過數十人]"라는 구절에서 유래하였다.

得見定何時　　만날 기약 어느 때나 정해질꼬.

강변에 고색창연한 바위가 우뚝 솟아 있어……
江畔蒼巖斗起 淨舍蕭洒

-餘見七絶-　　-나머지는 '칠언절구' 편에 보인다.-

列峀圍青野　　즐비한 산봉우리 푸른 들판 에두르고
奇巖枕碧濤　　기이한 바위 푸른 물 위에 누워 있네.
數間江舍淨　　두어 칸 강가 집들 맑아한 경치에
千里客愁淸　　천 리 길 나그네 시름마저 맑아라.

흥원[32]에서 저물녘 배를 매다
興原晩泊

沙暖鷗眠熟　　모래밭 따사로니 기러기 잠이 깊고
波安魚躍高　　물결 잔잔하니 물고기 높이 뛰누나.
虛舟從泛泛　　빈 배 두둥실 떠가는 대로 가노라니
逸興任陶陶　　호일한 흥취가 한껏 도도해지는구려.

바닷배
海船

孤帆海賈船　　외론 저 돛대는 바다 장사꾼의 배
萬里江天夕　　일만 리 강가 하늘이 저녁을 맞네.
乍被翠靄來　　홀연 푸른 이내 속으로 들어가더니
還向西岩泊　　되돌아 서편 바위에 배를 대는구나.

32) 흥원(興原) : 강원도 원주(原州) 관할의 지명이다.

저물녘 강가에서

暮江

繁花紅映竹　만발한 꽃들 대숲 붉게 비추고
弱柳翠陰沙　가녀린 버들 모래에 푸른 빛 드리우네.
東風暮江趣　봄바람 저물녘 강가에 불어드니
盡入漁父歌　어부들 노래 속에 한데 어우러지네.

강가 정자가 매우 깨끗하여 올라가 구경하며

江上有亭 甚精登覽

雨歇汀洲靜　비 그치니 물가는 조용해지고
花開洞壑明　꽃이 만발하니 골짝이 훤하네.
小亭多勝槪　조그만 정자에 뛰어난 경치가 많아
長嘯寫幽情　길게 읊조리며 그윽한 회포 펴노라.

여강에서 풍경을 곧장 읊다

驪江卽事

遠浦一帆影　저 먼 포구에 돛단배 한 척
東風三月春　동풍이 불어오니 춘삼월이라.
水雲旣長管　행운유수[33]로 오랫동안 지내며
鷗鷺亦相親　갈매기며 백로와 가까이 할 뿐.

배 안에서 풍경을 곧장 읊다

舟中卽事

細柳垂晴岸　가는 버들 비 갠 언덕에 드리우고
輕舟泛碧流　살가운 배는 푸른 물 위를 떠가네.
莫頓歌棹曲　벌컥 뱃노래 부르지 말게나

33) 행운유수(行雲流水) : 떠가는 구름과 흐르는 물을 아울러 이르는 말로, 어느 한 곳에 매이지 않음을 뜻한다.

猶恐起眠鷗　　졸던 물새 날아갈까 두렵네.

한유로운 의취 막내아우와 함께 읊다.

閒意 季弟共吟

竟日掩扉門　　온종일 사립문 닫고 있나니
初非厭客煩　　길손의 번잡함 저어해서 아닐세.
庭前一鳥噪　　한 마리 뜰 앞 새 지저귀자
猶覺靜中喧　　고요함 속에서 시끄러움 깨닫네.

홀로 술 마시며

獨酌

細雨蕭蕭下　　가랑비 부슬부슬 내리고
輕風淡淡來　　산들바람 살포시 불어오네.
高樓無箇事　　높은 누에 별다른 일 없으니
靜坐酌深盃　　고요히 앉아 이윽한 잔 마신다.

대숲 우거진 집에서

竹院

竹院靜無事　　대밭 집 고요히 일이 없어
柴扉終日關　　사립문 종일토록 닫아 놓았네.
孤雲作疎雨　　외론 구름 성근 비 일으켜
一帶過前山　　한 가닥 띠로 앞산을 지나네.

임이 떠나가고 난 뒤로[34]

自君之出矣

自君之出矣　　임께서 떠나시고 난 뒤로는
寶匣蛛絲結　　보갑엔 거미가 줄을 얽었네.
思君如蜀禽　　임 그리는 촉나라 새[35]처럼

夜夜啼成血　　밤마다 피 토하며 운다오.

당시를 차운하다 2수

次唐詩 二首

洋檝下深潭　　바닷배 깊은 못으로 내려와
懸帆歸遠浦　　돛 달고 먼 포구로 돌아가네.
歸來楚峀雲　　초나라 산마루 구름 돌아와선
暮作吳江雨　　저녁에 오강의 비 되어 내리겠지.[36)]

積雨長安夜　　장안 밤에 장맛비 내리는데
輕風小院秋　　자그만 뜰엔 솔솔 가을바람.
蕭蕭聽落葉　　우수수 낙엽 지는 소리 들리니
一一動羈愁　　낱낱이 나그네 시름 불러내네.

이의산의 시 운자를 따라 짓다 막내아우와 함께 읊다.

次李義山韻 季弟共吟

永夜欲將闌　　기나긴 밤은 장차 다하려는데
殘燈猶未滅　　쇠잔한 등불 아직 꺼지지 않았네.

---

34) 임이 떠나가고 난 뒤로[自君之出矣] : 악부 잡곡가사 중의 하나로, 〈사군거시행(思君去時行)〉이라 부르기도 한다. 위(魏)나라 효무제(孝武帝)와 당나라의 많은 문인들이 작품을 남겼는데, 도입부에 모두 '자군지출의(自君之出矣)'라는 구절이 들어 있는 것이 특징이다. 사랑하는 사람을 떠나보낸 여인의 그리움을 담은 노래이다.

35) 촉나라 새[蜀禽] : 촉나라 새는 두견새를 말한다. 전설에 의하면 촉나라 두우(杜宇)가 전국시대 말년에 망제(望帝)라 칭하고 신하인 별령(鱉靈)의 아내를 간음하다가 왕위에서 쫓겨나 서산(西山)에 은거하였다. 그 뒤에 죽어 두견새로 화하였는데, 항상 한밤중에 피를 토하면서 불여귀거(不如歸去)라는 소리 비슷하게 운다고 하며, 그 피가 묻어 진달래꽃이 붉다고 한다. 《華陽國志 蜀志》

36) 초(楚)나라 …… 내리겠지 : 송옥(宋玉)의 〈고당부(高唐賦)〉에 "초 회왕(楚懷王)이 고당(高唐)에서 노니는데, 꿈에 한 여인이 '첩은 무산(巫山) 여자로, 임금이 고당에 오신다는 말을 듣고 모시려고 왔습니다.' 하여 왕이 가까이하였는데, 돌아가면서 말하기를 "첩은 무산의 남쪽 고구(高丘)의 정상(頂上)에 있는데 아침에는 구름이 되고 저녁에는 비가 되어 아침저녁마다 양대(陽臺)의 아래에 내리겠습니다.""라고 한 글이 있다.

遠客獨無眠　　먼 길 떠날 나그네 홀로 잠 못 이루고
幽思空自結　　그윽한 생각만 부질없이 절로 맺히는구나.

한밤에 앉아 막내아우와 함께 읊다.

夜坐 季弟共吟

脉脉抱深情　　하염없이 깊은 정 안고서
寥寥坐暗更　　적막하게 한밤에 앉았어라.
殘燈欲將滅　　희미한 등 꺼지려 하는데
片夢那得成　　쪽잠이나 이룰 수 있으려나.

광나루 감회

廣津有感

懸帆漢水濱　　한강 물가에서 돛 매달고
擊汰廣陵津　　광나루로 물결 헤치며 떠가네.
落日一回首　　고개 돌려 지는 해 바라보며
長吟空愴神　　길게 읊으려니 덧없이 슬퍼지네.

여강에서 묵다

宿驪江

孤鶩下平沙　　외론 물오리 모래벌판에 내려앉고
落霞迷古木　　지는 노을[37]에 고목이 희미해지네.
秋風漢客槎　　한양 나그네 뱃전에 갈바람 불어오는데
暮入驪江宿　　저물녘 여강으로 묵으러 들어간다네.

---

37) 외론 물오리[孤鶩] …… 지는 노을[落霞] : 당나라 왕발(王勃)이 지은 〈등왕각서(滕王閣序)〉에 "지는 놀은 짝 잃은 물오리와 나란히 날고, 가을 강물은 끝없는 하늘과 한 색이로다.[落霞與孤鶩齊飛 秋水共長天一色]"라고 한 데서 유래한 것인데, 깊은 가을날의 저녁 경치를 절묘하게 묘사한 표현으로 오늘날까지도 회자되고 있다.

당시의 운자를 따라 짓다

次唐詩

夜永人無寐　　밤 길어도 사람은 잠 못 이루고
江寒鴈叫羣　　강물 차가워 기러기 무리져 우네.
滿庭黃葉落　　뜰 가득하게 마른 잎 떨어지니
孤客不堪聞　　외론 나그네 차마 듣지 못하겠네.

대나무 뜰

竹院

淸風吹竹院　　맑아한 바람 대숲에 불고
淡月照林臺　　밝은 달빛 숲속 누대 비추네.
人夜羣喧息　　밤든 인가에 온갖 소리 고요한데
驚霜獨鴈來　　서리에 놀란 외기러기 날아든다.

한밤에 초옥에 앉아

茅簷夜坐

雪壑風威緊　　눈 덮인 골짝엔 바람 세차게 불고
茅簷夜氣深　　초가 처마에는 밤기운 깊어만 가네.
一年班鬢恨　　일 년 내내 희끗해진 머리의 한은
千里未歸心　　천리 고향 돌아가지 못하는 마음.

솔가지 드리운 창가에서

松窓

嶺雪自蕭蕭　　고갯마루에는 스산하게 눈 내리고
松窓何寂寂　　솔 드리운 창가는 왜 이리 적적한가.
孤吟騁遠眸　　외로이 읊조리다 먼 곳 바라보니
萬壑成寒玉　　골짜기마다 차고 맑은 옥 답쌓였구나.

섣달 그믐날 밤에
除夜

風蕭三更雪　바람결 소슬하고 눈 내리는 삼경
蒼茫一歲除　창망한 가운데 한 해가 다 저무네.
靑春行至矣　젊은 시절은 제냥 다 가고 말아
白髮正紛如　희어진 머리털만 정히 분분하여라.

다시 앞의 시운으로 짓다
再用前韻

雪榻宵將盡　눈빛 어린 탑상에 밤은 다하려 하는데
天涯歲已除　하늘 끝 객지에서 한 해가 또 저무누나.
流光催老病　흐르는 세월이 늙고 병든 몸 재촉하니
遠客意何如　먼 길 떠난 나그네 마음이야 어떠하리.

그윽한 회포를 읊다 막내아우와 함께 읊다.
幽懷 季弟共吟

淡烟生古樹　고목나무에 옅은 이내 피어나고
疎雨滿空城　성근 비 빈 성곽에 가득 내리네.
寂寞三秋恨　스산히 가을 내내 한스러움은
棲遑萬里情　만 리 밖 떠도는 객정이라오.

추석 막내아우와 함께 읊다.
秋夕 季弟共吟

松風淡淡來　솔바람 맑디맑게 불어오고
竹露涓涓滴　댓잎 이슬 방울방울 맺히네.
悠悠憶故人　그윽이 옛 벗들 회억하자니
耿耿悲秋夕　말똥말똥 구슬픈 가을밤이여.

다시 앞의 시운으로 짓다 막내아우와 함께 읊다.

再用前韻 季弟共吟

亂樹迷深洞　　우거진 숲속 골짜기를 헤매는데
寒烟鎖古城　　차가운 이내 옛 성을 잠갔구나.
疎鐘何處落　　성근 종소리 어디서 들려오는가
遠客不堪情　　멀리서 온 길손 복받치는 정이여.

다시 앞의 시운으로 짓다 막내아우와 함께 읊다.

再用前韻 季弟共吟

洞霧濕猶飛　　골짝에 안개 축축한 채 피어 날고
林霖淸欲滴　　수풀에 장맛비 맑게 방울 맺히네.
獨鞭倦馬歸　　홀로 지친 말 채찍질하며 가는 길
長笛孤村夕　　젓대 소리에 외진 마을 저녁 든다.

다시 앞의 시운으로 짓다 2수

再用前韻 二首

鶯花離漢水　　꾀꼬리 울고 꽃 필 제 한강을 떠나
暑雨駐遼城　　무더운 장맛비 요성[38]에 머무네.
慷慨發長嘯　　강개한 마음에 길게 읊조리니
凄淸無俗情　　스산히 맑아져 세속의 뜻 없어라.

亂蟬吟晩樹　　매미소리 저무는 수풀에 어지럽고
疎雨洒秌城　　성근 비는 가을 맞은 성에 뿌리네.
久作他鄕客　　타향의 나그네로 오래 있으려니
誰知此日情　　누가 이날의 심정을 알아주리오.

---

38) **요성(遼城)** : 황해도(黃海道) 수안(遂安)의 고호인 요산(遼山)의 이칭이다. 부친 신중엄(申仲淹)공이 수안군수로 재임했던 시기에 정관재가 부친의 임소로 시성(侍省) 가서 지은 것으로 보인다. 뒤에는 요산(遼山) 또는 요외(遼外)라고 하였다.

다시 앞 시의 운을 쓰다 2수

再用前韻 二首

荷盖受風傾　　너른 연잎은 바람 받아 기울고
露珠和雨滴　　이슬 구슬은 빗방울과 어울리네.
緬懷萬古心　　멀리 만고의 마음[39]을 떠올리며
淸嘯三秋夕　　가을 저녁에 맑게 파람부노라.

秋雨何時晴　　가을비는 언제쯤 개일까
簷鈴竟日滴　　낙숫물[40] 온종일 떨어지네.
棲遑萬里人　　정처 없는 일만 리 길손
怊悵孤燈夕　　쓸쓸한 밤 짝한 외론 등불.

'적(滴)' 자 운으로 짓다 막내아우와 함께 읊다.

用滴字 季弟共吟

冷烟柳外攅　　찬 안개 버들 밖에 비껴 있고
淸露松間滴　　하 맑은 이슬 솔에서 떨어진다.
萬里未歸人　　만 리 밖에서 돌아가지 못하는 나
孤吟秋雨夕　　외로이 읊조리는 가을비 내리는 밤.

나그네 귀향길

客歸

孤村朝飯後　　외진 마을에서 조반을 들고나니
千里客歸時　　천 리 길 나그네 돌아갈 때로다.

---

39) 만고의 마음[萬古心] : 만고불변(萬古不變)의 마음이다. 주자의 〈무이도가(武夷櫂歌)〉 제5곡에 "5곡이라 산이 높아 구름 기운 깊은 속에 어느 때나 안개비가 평림에 자욱하네. 숲 사이의 나그네를 알아보는 사람 없이 뱃노래 가락 속에 만고의 마음이 들었어라.[五曲山高雲氣深 長時煙雨暗平林 林間有客無人識 欸乃聲中萬古心]"라고 하였다. 여기서는 불우한 세상사에 자신의 마음을 알아줄 사람이 아무도 없음을 비유한 듯하다.

40) 낙숫물[簷鈴] : 처마 끝에 매달린 풍경을 이르는 말이나, 주로 처마의 낙숫물을 뜻한다.

却喜家鄕近　　드디어 고향집 가까워진 설렘에
翻嫌馬步遲　　말 걸음 더딘 것이 되려 흠이로세.

밤비
夜雨

雨林空滴滴　　숲엔 빗방울 뚝뚝 떨어지고
風葉更刀刀　　잎새마다 칼바람 휘휘 이네.
此夜多寒氣　　오늘 밤에 찬 기운이 심하니
幽人憶舊袍　　은거한 사람 헌 도포 생각나네.

초당에서
草堂

朝尋花逕遊　　아침이면 꽃 핀 오솔길에 노닐고
暮入草堂宿　　저물녘엔 초당에 들어와 묵는다네.
月到檻前松　　달은 난간 앞 솔가지에 다다르고
風來階上竹　　바람은 섬돌 가 대밭에 불어드누나.

밤중에 앉아
夜坐

寂寂人初定　　적막해라 인적은 고요해지고
漫漫夜向深　　지루해라 밤은 깊어만 가네.
遼陽長在眼　　요양[41] 땅 언제나 눈에 선한지라
獨坐謾勞心　　홀로 앉아 괜스레 마음 괴롭히네.

41) 요양(遼陽) : 황해도 요산(遼山)의 이칭으로 보인다.

달밤에

月夜

一片天邊月 한 조각 하늘에 걸려 있는 달
孤燈客裡愁 외로운 등불 가 나그네 시름.
秋風吹落葉 가을바람이 낙엽을 불어 싸니
半夜入高樓 한 밤에 높은 누대에 올랐노라.

홀로 앉아

獨坐

遼西水萬里 요서[42]의 물줄기 만 리를 흐르고
漢北山千疊 한북[43]은 산이 첩첩으로 겹쳤네.
獨坐撫長琴 홀로 앉아 거문고 어르노라니
空庭飛落葉 빈 뜰엔 낙엽만 흩날리는구나.

눈 내리는 밤에 3수

雪夜 三首

空齋眠不得 텅 빈 집 잠을 이루지 못하나니
遠客恨難禁 먼 길손의 한 금하기 어려워라.
遠寺罷更鼓 아슬한 절간 북소리[44]마저 그치고
孤村鳴曉砧 외론 마을 새벽녘 다듬이 소리 울리네.

淸風鳴屋角 찬 바람 지붕 모서리서 울어대고
白雪滿庭心 흰 눈은 뜰 가운데 가득 쌓였네.
默默懷無限 답답한 손 심회는 하염없는데
沈沈夜向深 막막한 밤은 깊어만 가누나.

---

42) **요서(遼西)** : 황해도 요산(遼山)의 이칭으로 보인다.
43) **한북(漢北)** : 한강 북쪽 또는 한양 북쪽. 곧 서울을 이른다.
44) **북소리** : 원문의 '경고(更鼓)'는 밤중에 시각을 알리기 위해 치는 북소리를 말한다.

更漏自遲遲　물시계 소리 제냥 더디고 더딘데
客懷何耿耿　나그네 회한 어찌 그리 또렷해지나.
不成不榻眠　침상이 낯설어서 잠 못 이루는가
空對殘燈影　속절없이 야윈 등불만 바라보느니.

다시 앞의 시운을 쓰다 2수
再用前韻 二首

幽人無夢寐　숨어 사는 사람 잠 못 들고
獨坐抱愁心　수심에 쌓여 홀로 앉았노라.
夜半一庭雪　한밤중 온 뜰에 눈 내리니
朝來三尺深　아침이면 석 자쯤 쌓이겠지.

淡月正姸姸　해맑은 달빛 정히 곱디곱고
明河空耿耿　은하는 속절없이 반짝이누나.
韰傳老松聲　골골이 전하는 늙은 솔 바람 소리
風動疎簾影　바람에 일렁이는 성근 발그림자여.

겨울날 우연히 읊다
冬日偶吟

皇天分四時　하늘이 사시사철을 나누사
寒江有其節　찬 강이 그중 한 계절이라.
每道今歲冬　매양 금년 겨울만 말한다면
明年更何說　내년엔 다시 무엇을 얘기하랴.

볕든 언덕
陽坡

愛此冬日暉　이런 겨울날 햇볕 따사로워
陽坡坐不歸　양지 언덕에 앉아 돌아가지 않네.

寒風須莫起　　찬바람일랑 부디 일지 말지니
久客嘆無衣　　오랜 객살이라 입을 옷 없구려.

임진의 저녁 정취
臨津暮趣

長潭澄似鏡　　물빛은 거울인 양 맑고
短艇疾如飛　　쪽배는 나는 듯 빠르네.
不盡暮江趣　　끝없는 저문 강의 정취여
其如行客何　　길 가는 나그네 어찌하라고.

작은 서재에서
小齋

鶴髮梳千下　　학발 빗질하니 일천 가닥 늘어지고[45)]
松醪酌數杯　　솔 막걸리 서너 잔 마셨다네.
小齋靜無事　　고요한 작은 서재에 아무 일 없거니
清興浩難裁　　맑아한 흥취 가누기 어려워라.

한밤에 앉아
夜坐

秋風鳴老樹　　갈바람 고목에서 울어대고
落葉走空階　　낙엽은 빈 뜰을 내닫누나.
獨坐悲清夜　　홀로 앉은 맑은 밤 구슬픈 건
無人慰我懷　　이 회포 달랠 이 없는 거라오.

---

45) **학발(鶴髮) …… 늘어지고** : 희게 센 머리털을 형용한 것이다. 이백(李白)의 시 〈추보가(秋浦歌)〉에 "백발이 삼천 길이나 되니, 시름 때문에 길어진 듯하여라. 아지 못게라 밝은 거울 속, 어디서 가을 서리를 얻었는고.[白髮三千丈 緣愁似箇長 不知明鏡裏 何處得秋霜]"라고 하였다.

누대에 올라 2수

登樓 二首

遠客搔秋鬢　　먼 길 나그네 성근 머리털 긁으며
高樓倚夜深　　높은 누대에 기댔자니 밤은 깊어가네.
輕風吹落葉　　스산한 바람 낙엽을 휘몰아 쌓고
小雨灑寒林　　가랑비는 차가운 숲 뿌려대누나.

獨作三秋客　　홀로 가을 내내 나그네 되니
長憑百尺樓　　길이 백 척 누대에 의지하누나.
嗸嗸聽候鴈　　구슬피 우는 기러기 소리 듣자니
耿耿動離愁　　애시린 이별의 시름만 일렁이네.

우연히 읊다

偶吟

風來枕簟凉　　바람결 서늘한 발 가에 누웠자니
月出牕櫳靜　　달 떠오르자 창가는 고요하여라.
嘯咏酌松醪　　읊조리며 솔 막걸리 마시노니
幽閒從野性　　한가롭고 그윽함이여 천성에 맞도다.

신원 가는 길에서

新院道中

夜泊溪邊月　　시냇가 달빛에 밤배를 대고
朝餐陌上風　　길 위 바람 속에 아침밥 먹네.
百年能幾許　　사람의 한평생이 얼마나 되는가
强半別離中　　그 반은 별리의 한가운데 있느니.

길손의 귀향

客歸

遠客歸去來　　먼 길의 나그네 돌아오니
蕭蕭風雪夕　　스산한 눈 날리는 저녁이라.
欣然坐小齋　　기쁜 나마에 작은 집에 앉아
到盡樽中碧　　동이 술 기울여 정분 나누느니.

절구

絶句

落日坐高齋　　해 지는 높은 집에 앉았노라니
疎烟生遠谷　　성긴 내는 먼 계곡서 피어나네.
鶴眠階上苔　　선학은 섬돌 위 이끼에서 졸고
風動檻前竹　　바람은 난간 앞 대숲을 흔드네.

우연히 읊다

偶吟

欲禦朔風威　　삭풍의 위세를 막고자
强傾白玉巵　　백옥 술잔 들이키노라.
津津太和氣　　넘쳐나는 태화의 기운[46]에
浩浩羲昊時　　호탕해라 희호의 시대로고.[47]

---

46) **태화(太和)의 기운** : 크게 온화한 기운. 곧 술기운을 이른다. 송나라 소옹의 〈무명공전(無名公傳)〉에 “살아생전에 술 마시길 좋아하여 일찍이 술을 ‘태화탕’이라 명명하였다.[生喜飮酒 嘗命之曰太和湯]”라고 하였다.

47) **호탕해라 …… 시대로고** : ‘희호(羲昊)’는 상고(上古) 때의 복희씨(伏羲氏)와 소호씨(少昊氏)를 이른다. 이들이 제왕으로서 아주 이상적으로 세상을 잘 다스려서 천하가 태평하였다고 하는데, 여기서는 평화스러운 태고 시대처럼 아무런 근심 걱정이 없다는 뜻이다.

솔 창가에서

松牕

寂寂松窓靜　　적적하게 솔 창가는 고요하여
飄飄客思淸　　떠도는 나그네 심사 깨끗하여라.
嘯歌無俗想　　시 읊고 노래하니 속된 생각 없고
盃酒賞閒情　　한 잔 술에 한가론 정경 완상하노라.

학을 보고 4수

鶴 四首

呌徹三更月　　울음소리 삼경 달밤에 퍼지자
心馳萬里天　　마음은 만 리 하늘을 치닫네.
何當生逸翰　　어찌하면 큰 날개가 돋아나서
一擧到靑田　　한 번 날아 청전[48]에 이르겠나.

皎皎庭中鶴　　희고 흰 뜰 가운데 갇힌 학이여
飄飄雲外心　　훨훨 구름 밖으로 날고 싶은 마음.
焉得脫塵網　　어쩌면 속세의 그물에서 벗어나
遠去棲故林　　멀리 날아가 옛 숲속에 깃들리오.

緩步苔深院　　천천히 이끼 뜨락 걷기도 하고
悲鳴月白宵　　구슬피 달 밝은 밤에 우는구나.
有時鼓雙翮　　때때로 두 날개를 퍼덕거리느니
恨不冲九霄　　구만리 하늘에 오르지 못해 한하리.

何年入網羅　　어느 해에 그물에 걸려 들어왔는가

48) 청전(靑田) : 고대 중국에 학이 살았다는 곳이다. 《태평어람(太平御覽)》 〈영가군기(永嘉郡記)〉에 "목계(沐溪)의 들 청전(靑田)에 백학(白鶴) 한 쌍이 살았는데 매년 새끼를 쳐서 키워 떠나보내고 어미 한 쌍만 그대로 남아서 살았다. 정갈하고 흰 빛이 사랑스러웠다."라고 기록되어 있다.

不得遊雲水　　구름 낀 물가에서 노닐지 못하누나.
縱見翮雙摧　　비록 두 날개 꺾임을 당하였지만
難禁心萬里　　만 리를 날아갈 마음 금치 못할레라.

이자유와 작별하며 막내아우와 함께 읊다.

奉別李子瑜 季弟共吟

陣陣霜風緊　　진진하게 서리 바람은 심한데
蕭蕭石路難　　소소한 돌길 가기가 어렵구나.
離亭勸巵酒　　이별하는 정자에서 술 권하니
老淚自汎瀾　　늙은이 눈물 절로 줄줄 흐른다.

이별자리에서 입으로 불러 짓고 또 주다 2수. 막내아우와 함께 읊다.

離筵口占又贈 二首 季弟共吟

今朝分手後　　오늘 아침 맞잡은 손 놓은 뒤
幾日到長安　　어느 날에나 장안에 이를 것인가.
珍重好歸去　　몸 보중하여 잘 돌아가시게나
風霜行路難　　바람서리 가는 길이 어려우시리.

君向秦城去　　그대는 한성[49]을 향해 가는데
儂猶滯遂安　　나는 여태 수안에 머물러 있네.
臨行不忍决　　떠날 때 차마 작별키 힘겨운데
始覺別離難　　이제야 전별의 어려움을 깨닫노라.

---

49) 한성(漢城) : 원문의 '진성(秦城)'은 흔히 도성을 가리킨다.

다시 앞의 시운을 써서 짓다 막내아우와 함께 읊다.

再用韻 季弟共吟

朔風空栗烈　　삭풍에 부질없이 차갑기만 한데
山路不平安　　산길은 정히 평안하지 못하네.
盃酒君休讓　　권하는 술 그대는 사양치 마소
醒時送別難　　술이 깨면 이별하기 어렵다마다.

또 한 수 2수

又 二首

鬢髮皆成變　　귀밑털은 모두 변했는데
心懷轉未安　　마음이야 더욱 편치 않다오.
始知爲客日　　비로소 나그네가 되던 날
最是送人難　　이별이 어려운 줄 알았다오.

風餐那得飽　　나그네 밥이 어찌 배부르랴
露宿不能安　　풍찬노숙이라 편치 못하네.
誰嘆棲遑苦　　누가 객지에서 떠돎을 탄식했던가
願無道路難　　길 위에서 어려움 없기를 원할 뿐.

앞 시에 차운하여 그윽한 거처를 읊다 2수

次前韻咏幽居 二首

境靜事俱靜　　경내가 고요하니 일도 고요하고
心安身亦安　　마음이 편안하니 몸도 편안해.
幽閒眞味足　　그윽하고 한가해 참된 맛 흡족하니
白屋不艱難　　백옥[50]에 어려운 것이 없어라.

---

50) 백옥(白屋) : 띠풀로 지붕을 덮은 집으로, 가난한 선비가 사는 집을 말한다. 사는 집을 채색하지 않는 데서 유래하였다.

寧求萬事足　　어찌 만사가 족하기를 구할까
但願一身安　　이 한 몸 편안하기만 바라네.
無限淸閒趣　　무한한 맑고 한가로운 취미는
秖應說道難　　다만 응당 말로 하기 어렵다오.

감회가 있어 2수. 막내아우와 함께 읊다.
有感 二首 李弟共吟

人生眞逆旅　　인생은 참으로 나그네와 같은데
浮生摠槐安　　덧없는 삶 모두 괴안국 사람[51]이라.
莫把功名誤　　공명 때문에 몸 그르치지 말지니
風波免却難　　풍파를 면하기란 되레 어렵고말고.

惜別還多別　　이별을 아쉬워하나 도리어 이별은 잦고
求安未得安　　평안을 구하지만 평안하게 되지 못하네.
可憐浮生險　　가련타 덧없고 험한 인생길은
尤覺老懷難　　늙은이 회포가 더 난감하다오.

또 그윽한 거처를 읊다 3수. 막내아우와 함께 읊다.
又咏幽居 三首 季弟共吟

地僻志猶遠　　사는 곳 궁벽하니 뜻 더욱 멀어지고
家貧心則安　　집안이 가난하매 마음은 평안하네.
獨占林巷樂　　산골 마을에서 즐거움을 독점하니
寧患世途難　　어찌 세상길이 어려운 걸 걱정하랴.

---

51)　괴안국(槐安國) 사람 : 당(唐)나라 때 순우분(淳于棼)이 일찍이 술에 취하여 자기 집 남쪽에 있는 회화나무[槐樹] 밑에 누워서 잠이 들었는데, 꿈에 대괴안국(大槐安國)이란 나라로부터 초빙받고 가서 남가군태수(南柯郡太守)가 되어 부귀영화를 실컷 누리다가 깨었다는 고사에서 온 말로, 인생의 부귀영화가 모두 덧없는 한바탕 꿈과 같다는 의미이다.《類說》

月上房櫳靜　　고요한 창가에 달 떠오른데
風殘燈燭安　　바람이 잔잔하니 등촉이 안온하네.
淸眞中夜趣　　맑고 진중한 밤의 아려한 정취
說與外人難　　세속사람과 함께 말하기 어렵다오.

旣愛羣機靜　　세속의 뭇생각 고요해짐 사랑해 온 터
還甘一枕安　　오히려 한 목침의 편안함이 달가워라.
林泉無限趣　　자연 속의 한없는 흥취는
塵世得聞難　　속세에서야 알기 어렵다마다.

겨울밤에
冬夜

夜久喧俱息　　밤이 이슥하니 시끄러운 소리 멎고
床寒夢未安　　침상이 차가우니 꿈이 편치 못하네.
縱無爲客苦　　비록 나그네 된 고충이야 없지만
唯覺解頤難　　오직 웃을 일 없음을 깨닫겠구나.

한거잡영 10수. 막내아우와 함께 읊다.
閑居雜咏 十首 季弟共吟

金爐香盡後　　금빛 향로에 향기가 다한 뒤
竹牖月窺初　　대나무 창에 달이 엿보는 때일레.
獨酌樽中酒　　동이 술 혼자 부어 잔질하며
閒吟榻上書　　한가로이 탑상에서 글을 읊조린다.

一壑烟霞古　　산골짝의 내와 노을 예로운데
孤亭結構初　　외따른 정자 처음으로 얽어 지었네.
貧家無長物　　가난한 집안이라 귀한 물건은 없고
滿壁架幽書　　벽 시렁에는 책만 한가득하다오.

午酒微醒後　　낮술이 조금 깬 뒤
窓明靜坐初　　창 밝아오자 조용히 앉아.
自無胡亂想　　스스로 어지러운 생각 접고
閒閱聖賢書　　여유롭게 성현의 책 보노라.

西郡趍庭日　　서쪽 고을에 추정[52]한 날
東窓煮茗初　　동창에서 첫 차를 다렸네.
寂寂無塵事　　적적하여 세속 일 없으니
洋洋誦古書　　양양하게 옛 글귀 암송하네.

亂嶂雪晴後　　어지러운 봉우리에 눈 개이고
空庭風定初　　빈 뜨락에는 바람 그친 때라.
松醪傾數盞　　솔 막걸리 몇 잔 기울이고
竹榻對羣書　　죽탑에서 서책을 대했더니라.

野橋人散後　　들 다리에 사람이 흩어진 뒤
山閣酒醒初　　산집에서는 술이 막 깨네.
吟遣關心事　　관심사를 읊으며 보내려니
臥看相鶴書　　누워서 상학경[53]을 보노라.

遠寄乾坤晚　　천지에 만생으로 붙어살면서[54]

---

52) **추정(趨庭)** : 어버이에게 가르침을 받는 것을 말한다. 공자께서 홀로 서 있을 때 아들 백어(伯魚)가 종종걸음으로 뜰을 지나가자[趨而過庭], 그를 불러 세우고서 시(詩)와 예(禮)를 배워야 한다고 가르침을 내렸던 고사에서 유래한 것이다.《論語 季氏》 전하여 자식이 아버지를 모시는 것을 뜻하는데, 여기서는 부모가 계신 고향을 말한다.

53) **상학경(相鶴經)** : 학경(鶴經)이라고 하는데, 은자들이 즐겨 읽었다. 송(宋)나라 임포(林逋)의 〈유제이힐임정(留題李頡林亭)〉에 "거문고도 없이 학경을 베고, 온종일 숲 정자에 누워 있노라.[無琴枕鶴經 盡日臥林亭]"라는 시구가 있다.

54) **천지에 …… 붙어살면서** : 만생(晩生)은 늦게 태어남이니, 대개 세상의 도는 시대가 내려갈수록 낮아지는 것으로 보았으므로 곧 말세에 태어남을 이른다.

心遊宇宙初　마음은 태고시대에 노니노라.
唯存熙皥意　오직 태평성대[55] 사는 마음으로
長對典墳書　오래도록 옛 서책을 대하노라.

烟樹鳥投後　이내 낀 나무엔 새 깃들고
石橋僧渡初　돌다리에는 중이 건너가네.
小齋自淸淨　작은 집은 깨끗하고 조용한데
端坐半圖書　단정하게 앉으니 태반이 책이구려.

何處客懷苦　어디서 나그네 회포가 괴로운가
雪飛風亂初　눈발 날리고 바람 휘몰아치는 때.
千山隔湖海　일천의 산은 호해에 막혀 있어서
累月絶鄕書　여러 달 동안 고향소식 끊겼어라.

西郡客留日　서쪽 고을에 나그네 머문 날
故園人去初　고향으로 막 떠나는 사람 있어.
空將萬重意　괜스레 만중[56]의 뜻 가지고서
盡付一封書　한 봉의 편지에 모두 부치노라.

겨울밤 나그네 회포 6수. 막내아우와 함께 읊다.
冬夜客懷 六首 季弟共吟

默默客懷惡　묵묵한 나그네 회포 언짢은데
漫漫冬夜深　지루해라 겨울밤 깊어만 가네.
輕風生洞口　가벼운 바람 골 어귀에서 이니

55) **태평성대** : 원문의 '희호(熙皥)'는 희희호호(熙熙皥皥)의 준말로 화락(和樂)하고 자득(自得)한 모양을 말하는데, 전하여 태평성대를 의미한다. 《노자(老子)》 제20장에 "세속의 중인들 희희낙락하여, 마치 푸짐한 잔칫상을 받은 듯, 봄날의 누대에 오른 듯하네.[衆人熙熙 如享太牢 如登春臺]"라고 하였고, 《맹자(孟子)》 〈진심 상(盡心上)〉에 "성왕의 백성은 호호한 듯하느니라.[王者之民 皥皥如也]"라고 한 글이 보인다.
56) **만중(萬重)** : 모든 일이 평안함. 안부를 물을 때 쓰는 상투적 표현이다.

密雲落庭心	잔뜩 낀 구름 뜨락 안으로 지네.

關河千里隔	변방은 천 리나 막혀 있고
雲樹萬里深	구름 낀 나무는 만 리로 깊구나.
獨夜空齋夜	홀로 있는 텅 빈 집 밤이여
難堪遠客心	먼 길손의 심정 감당키 어렵네.

殘燈孤院夜	등불 깜박이는 집의 밤에
積雪一庭深	쌓인 눈 한 정원에 깊어라.
盡變愁邊鬚	시름에 수염 모두 세었으니
誰知客裡心	떠도는 이 마음 뉘 알리오.

故人千里遠	벗들은 천 리 멀리에
寒夜五更深	차가운 밤 깊은 오경.
獨對天邊月	홀로 하늘가 달 마주하자니
難爲別後心	석별의 심사 견디기 어렵네.

遼西山疊疊	요서라 산은 겹겹인데
漢北水深深	한북의 강은 깊고 깊네.
兩地幾千里	두 곳은 몇 천 리일런가
相思唯一心	그리워라 오직 한 마음.

人稀地境僻	사람 드무니 지경이 궁벽하고
雪積覺冬深	눈 쌓이니 겨울 깊은 줄 알겠네.
半夜無窮意	깊은 밤 다함이 없는 뜻은
非關惜別心	석별의 마음만은 아니라오.

우연히 읊다 10수. 막내아우와 함께 읊다.
偶吟 十首 季弟共吟

耿耿殘燈夜　　가물가물 등불 이우는 밤
寥寥客坐時　　나그네 적적히 앉아 있네.
宿雲迷雪壑　　묵은 구름에 눈 덮인 골 희미한데
栖鳥起風枝　　자던 새 바람 스친 가지에서 날아오른다.

雪霽江天夜　　강가 밤하늘에 눈은 개이고
烟生石鼎時　　돌솥에는 연기가 일어나네.
亭亭月窺戶　　높이 뜬 달은 창호 엿보고
瑟瑟風動枝　　소슬바람은 가지에서 일더라.

孤燈將盡夜　　외로운 등불이 다하려는 밤
遠客不眠時　　먼 나그네 잠들지 못하는 때라.
月戶淸流影　　달빛 창호에는 맑은 광채 흐르고
風林落病枝　　바람 이는 숲 병든 가지 떨어진다.

密雲蕭蕭下　　짙은 구름 쓸쓸히 드리우고
空庭寂寂時　　텅 빈 문정 적적하기만 하네.
晩歸雲邊鳥　　느즈막 구름가의 새는 돌아와
冷宿風外枝　　바람 밖 가지에서 춥게 자누나.

野郡冬深日　　들녘 고을 겨울 깊어가는 날
藜床讀罷時　　여상[57]에서 글 읽기 마친 때.
靑雲栖石壁　　푸른 구름은 석벽에 깃들고

57) **여상(藜床)** : 명아주 줄기로 엮어 만든 상탑(床榻)으로, 통상 간소한 좌탑(座榻)을 이른다. 참고로 두보(杜甫)의 〈한우조행시원수(寒雨朝行視園樹)〉 시에 "노쇠한 얼굴로 여상을 찾아 앉고, 느린 걸음으로 죽장을 짚고 걷노라.[衰顔更覓藜床坐 緩步仍須竹杖行]"라고 하였다. 《全唐詩 寒雨朝行視園樹》

白雪壓松枝　　흰 눈은 솔가지를 눌러라.

物外忘機日　　세속 밖에서 기심[58]을 잊은 날
庭中散步時　　뜰 안에서 산보하는 때더라.
雪壓野梅樹　　눈은 들매화 나무를 누르고
風吹階竹枝　　바람은 섬돌 댓가지에 분다.

茶鐺烟歇後　　차 주전자 연기가 삭은 뒤
石室日斜時　　석실[59]에 해가 비낄 때더라.
寂寂依松樹　　적적하게 소나무에 기대어
琅琅歌竹枝　　낭랑히 죽지가[60] 불러보네.

一夜霜凋後　　한밤에 서리가 마른 뒤
千山落木時　　천산에 나뭇잎 떨어질 때.
亭亭金石節　　정정할 손 금석 같은 절개에
落落松栢枝　　낙락도 해라 송백의 가지로다.

富貴豈無日　　부귀한 날 어찌 없겠는가
功名元有時　　공명은 원래 때가 있는 법.
桂花秋更好　　계수화는 가을에 더욱 좋으니

58) **기심(機心)** : 사적(私的)인 목적을 이루기 위하여 교묘하게 도모하는 마음을 말한다. 바닷가에서 아무런 기심도 없이 날마다 갈매기와 벗하며 친하게 지내던 사람이 부친의 부탁을 받고 갈매기를 잡으려는 마음을 갖게 되자 갈매기들이 벌써 알아채고는 그 사람 가까이 날아오지 않았다는 이야기가 전한다. 《列子 黃帝》

59) **석실(石室)** : 옛날에 도서(圖書)를 간직하는 곳을 말하나 여기서는 한자 그대로 '돌로 만든 집'으로 봄이 옳을 듯하다.

60) **죽지가(竹枝歌)** : 각 지방의 풍토(風土)를 읊은 시가(詩歌)를 말한 것으로, 당(唐)나라 시인 유우석(劉禹錫)이 일찍이 낭주(朗州)에 폄적(貶謫)되었을 때 굴원(屈原)의 구가(九歌)를 모방하여 죽지가 구편(九篇)을 지은 데서 비롯되었는데, 소식(蘇軾)이 지은 '죽지가의 서(序)'에 의하면, 또한 죽지가는 본디 초(楚)나라의 가락으로서 순(舜)의 이비(二妃)인 아황(娥皇), 여영(女英)과 굴원을 몹시 애도하고, 초 회왕(楚懷王)과 항우(項羽)를 매우 가련하게 여긴 데서 깊은 원한과 비통함이 배어 있다고 하였다.

當折最高枝　　응당 가장 높은 가지 꺾으리.[61]

山榻夢回後　　산골 자리에서 꿈을 깨니
水村鴂唱時　　강마을 두견새 우짖는 때라.
冷風來石澗　　찬바람은 계곡에서 불어오고
落月掛梅枝　　지는 달 매화 가지에 걸렸어라.

우연히 읊다 3수. 막내아우와 함께 읊다.
偶吟 三首 季弟共吟

日照竹窓白　　해가 대창을 비춰서 훤하고
烟生金鴨青　　향로[62]에선 푸른 내 피어난다.
邇來無俗想　　이제는 속된 생각일랑 없어
閒坐讀黃庭　　한가히 앉아 황정경[63]을 읽네.

日入南窓白　　해는 남쪽 창으로 들어와 밝고
雲歸北岳青　　구름은 북악으로 돌아들어 푸르네.
疎鐘鳴遠寺　　드문 종소리 멀리 절에서 울려오고
淸雲落空庭　　맑은 구름은 빈 뜨락으로 떨어지네.

仰月涓涓白　　달을 우러르니 연연하게 희고
茶烟裊裊青　　차 다리는 내는 모락모락 푸른데.
醉來樓上興　　취해오자 누상에서 흥취가 일어

---

61) **계수화(桂樹花)는 …… 꺾으리** : 과거에 급제함을 뜻한다. 과거에 급제하는 것을 절계(折桂), 즉 계수나무 꽃[桂花]을 꺾는다고 하기 때문에 이렇게 말한 것이다. 진 무제(晉武帝) 때 극선(郤詵)이 현량 대책(賢良對策)에서 장원(壯元)을 하고는, 소감을 묻는 무제의 질문에 "신이 현량 대책에 응시하여 천하제일이 된 것은, 계수나무 숲의 가지 하나를 꺾은 격이요, 곤륜산의 옥돌 한 조각을 캔 격입니다.[桂林之一枝 崑山之片玉]"라고 대답하였다. 《晉書 郤詵列傳》

62) **향로** : 원문의 '금압(金鴨)'은 금속으로 오리처럼 주조하여 만든 향로(香爐)이다.

63) **황정경(黃庭經)** : 도가(道家)의 양생서(養生書). 황정(黃庭)은 마음을 이른다.

吟步月中庭　　달빛 속 정원을 읊조리며 걷노라.

괴로운 추위 2수. 막내아우와 함께 읊다.

苦寒 二首 季弟共吟

野外飛朝雪　　들 밖에는 아침 눈발 날리더니
山中起夕霏　　산중의 저녁에는 펄펄 휘날리네.
何時回暖律　　언제쯤 따사론 봄기운[64] 돌아와
顓頊斂寒威　　전욱[65]이 추운 위세를 걷어갈까.

海風吹更急　　바닷바람은 다시 급하게 불고
枝鳥驚自飛　　가지에 깃든 새 놀라 날아가네.
半榻客無寐　　반탑의 나그네 잠이 오지 않고
中霄寒有威　　한밤중 한기 위엄이 대단쿠나.

밤에 앉아 5수. 막내아우와 함께 읊다.

夜坐 五首 季弟共吟

小院成孤坐　　작은 집에 홀로 앉아 있자니
寒宵盡一更　　서늘한 밤 초저녁이 다했구나.
雪窓留月色　　눈 내린 창가엔 달빛 머물렀고
松壑逗秋聲　　청솔 골짝엔 가을소리 에둘렀네.

渺渺人千里　　아득해라 천 리를 떠도는 사람
沉沉夜二更　　어둑한 밤은 이경이 되었구나.
床頭伴燈影　　침상에서 등불 그림자 더불어

---

64) **따사론 봄기운** : 원문의 '난률(暖律)'은 따스한 음률로 곧 봄기운을 이른다. 연(燕)나라에 한곡(寒谷)이 있으니 추워서 곡식이 되지 않았는데, 추연(鄒衍)이 난율을 불어 넣으니 따뜻한 기운이 돌아왔다.

65) **전욱(顓頊)** : 북방(北方)의 신으로 동신(冬神)을 말한다. 《예기》 월령(月令)에 "맹동(孟冬), 중동(仲冬), 계동(季冬)의 달은, 그 제(帝)는 전욱(顓頊)이고 그 신(神)은 현명(玄冥)이다."라고 하였다.

囱外聞雪聲　　창밖에 내리는 눈 소리 듣노라.

幽人無一寐　　유인은 한 잠도 못 이루는데
永夜欲三更　　기나긴 밤 삼경이 되어 가네.
獨抱長琴彈　　홀로 긴 거문고 안고서 타니
難堪故國聲　　고국의 소리 견디기 어려워라.

遠客搔雙鬢　　먼 길손 두 귀밑머리 긁으며
空堂坐四更　　사경이라 빈 집에 앉았구나.
野梅橫瘦影　　들매화 야윈 그림자 비끼었고
階竹送清聲　　뜰 대나무 맑은 소릴 전하네.

別恨添羈恨　　이별의 한에 나그네 한 더하며
一更到五更　　일경에서 짐짓 오경에 이르렀네.
長吟無睡思　　길게 읊조리며 잠은 오지 않는데
獨坐聽鵑聲　　홀로 앉아 두견의 단장곡만 듣노라.

거문고를 타며 2수. 막내아우와 함께 읊다.
彈琴 二首 季弟共吟

清風枕上來　　맑은 바람 침상에 불어오고
淡月窓前照　　담백한 달빛 창가에 비추네.
獨坐撫長琴　　홀로 앉아 거문고 고루자니
無人知古調　　옛 곡조 아는 이 전혀 없네.

飄飄玉屑飛　　펄펄 옥가루[66] 날리고
淡淡氷輪照　　담담하게 달빛 비추네.
漉酒酌瓊杯　　술을 걸러 옥잔에 따르고
携琴彈羽調　　거문고 당겨 우조[67]를 타누나.

지는 해 막내아우와 함께 읊다.

落日 季弟共吟

落日三竿暮　　지는 해는 세 장대쯤 뉘엿대고
輕風一陣吹　　산들바람은 한바탕 불어오누나.
岸巾憑淨几　　두건 쓰고[68] 깨끗한 책상에서
濡翰寫新詩　　붓을 적셔 새 시를 쓰노라.

새벽에 앉아

曉坐

喔喔鷄三唱　　꼬끼오 닭은 세 번 우는데
沉沉夜五更　　침침한 밤 첫 새벽이더라.
不堪怊悵意　　서글픈 뜻 견디지 못하나
非爲別離情　　이별의 정 때문만 이겠는가.

또 앞 시의 운을 써서 막내아우와 함께 읊다.

又用前韻 季弟共吟

獨立彈長劒　　홀로 서서 장검을 두드리고[69]
孤吟坐暗更　　혼자 읊으며 어둔 밤에 앉았네.
悠悠無限意　　아득하고 가없는 뜻은
脉脉未歸情　　돌아가지 못하는 정 때문.

---

66) **옥가루** : 고상한 담론을 나눌 때 아름다운 말이 마치 옥의 가루가 부서져 흩어지는 것처럼 나온다는 뜻이다. 송(宋)나라 구양철(歐陽澈)의 〈현도사중이시시교인화운부지(顯道辭中以詩示敎因和韻復之)〉란 시에 "옥가루 부서지듯한 말에 듣는 사람 놀라고, 양춘곡(陽春曲)에 화답하는 좌중 사람들의 노래[談霏玉屑驚人聽 歌和陽春滿座謠]"라 한 데서 온 말이다.

67) **우조(羽調)** : 우리 옛 음악에서 곡조의 웅장하고 장쾌한 성질을 띤 장조(長調) 계통이다.

68) **두건 쓰고** : 원문의 '안건(岸巾)'은 두건을 뒤로 젖혀 써서 이마를 드러낸다는 뜻인데, 곧 태도가 소탈하거나 예모에 구애받지 않음을 일컫는다. 안(岸)은 이마를 드러내다는 뜻이다. 안책(岸幘)이라고도 한다.

69) **장검(長劍)을 두드리고** : 전국시대 제(齊)나라 풍환(馮驩)이 맹상군(孟嘗君)의 식객(食客)이 되었을 때, 밥상에 고기반찬이 없자 장검의 칼자루[長鋏]를 두드리면서 "장검이여 돌아가자, 밥상에 고기가 없으니.[長鋏歸來乎 食無魚]"라고 노래하며 보다 나은 대우를 요구하는 노래를 불렀던 데에서 유래한다. 이를 장협가(長鋏歌)라고 하는데, 전하여 불우한 처지를 한탄하며 돌아갈 것을 생각하는 노래이다. 《戰國策 齊策4》

밤에 앉아 막내아우와 함께 읊다.

夜坐 季弟共吟

夷猶成遠客　　서성이는 먼 나그네 된 신세
風雪對殘燈　　눈바람 속에 희미한 등불 마주하네.
脉脉難堪恨　　끝없는 한스러움 감당치 못하고
時時只撫膺　　수시로 맨가슴만 쓰다듬는다오.

또 짓다 2수

又 二首

夜半月初生　　이슥한 밤 달이 막 뜰 무렵
窗間人獨坐　　창가에 홀로 앉은 사람아.
新詩且莫吟　　새로운 시 다시 읊지 마소
苦調誰能和　　괴론 곡조 뉘 능히 화답하랴.

落葉走前軒　　낙엽이 난간에 내달으니
栖禽驚半夜　　깃든 새 한밤에 놀라네.
悠悠萬里思　　그지없는 만 리 밖 고향 생각
耿耿孤燈下　　깜빡이는 외론 등불 아래서.

다시 앞의 시운을 쓰다 2수

再用前韻 二首

壺觴左右之　　술병과 잔 곁에 두고
典籍中間坐　　서책 사이에 앉았어라.
綠酒有時斟　　좋은 술[70] 때로 잔질하며
淸詩還自和　　맑은 시에 스스로 화답하네.

---

70) 좋은 술 : 원문의 '녹주(綠酒)'는 푸른색의 술거품이 이는 술로, 좋은 술을 표현할 때 상투적으로 쓰는 시어이다.

遼郡滯年年　　요산 고을서 해마다 머무르고
洛城懷夜夜　　서울은 밤마다 그리워만 했네.
難堪苦恨侵　　괴로운 한 찾아듦을 견디지 못해
獨坐寒囱下　　홀로 차가운 창 아래에 앉는다오.

추운 밤
寒夜

月上栖鴉起　　달 떠오르자 깃든 까마귀 퍼덕이고
風來落葉飛　　바람이 불어오니 낙엽이 흩날리네.
苟微酌杯酒　　실로 잔 속의 술 마시지 아니하면
難可禦冬威　　겨울의 위세를 막기 어렵다마다.

한 잔의 술도 없는 이 밤 10수. 막내아우와 함께 읊다.
此夜無一盃 十首 季弟共吟

雲葉繁陰壑　　구름 잎새 음침한 골짝에 자욱하고
雪花亂撲窓　　꽃다운 눈송이 어지럽게 창을 치네.
此時無一杯　　이 같은 때에 한 잔의 술이 없으니
何以慰詩腔　　무엇으로 시 짓는 뱃속 달래리오.

半夜風聲冷　　한밤 바람 소리는 냉랭한데
中庭雪色寒　　안마당 눈빛은 차갑기만 해.
此時無一杯　　이때에 한 잔의 술이 없으니
何以慰枯肝　　무엇으로 마른 창자를 달래리오.

脉脉憑風榻　　맥맥히 바람 부는 서탑에 기대
寥寥對夜燈　　쓸쓸히 밤 등불을 마주하네.
此時無一杯　　이때에 한 잔의 술이 없으니
何以慰愁膺　　무엇으로 시린 가슴을 달랠 것인가.

漢北音書斷　한강 북쪽에 소식은 끊어지고
遼西道路脩　요산 서쪽 길이 멀기만 하네.
此時無一杯　이때에 한 잔의 술이 없으니
何以慰羈愁　무엇으로 객수를 위로하리오.

皎皎月窺戶　교교한 달빛 창호를 엿보고
蕭蕭風動林　소슬한 바람은 숲을 흔드누나.
此時無一杯　이때에 한 잔의 술이 없으니
何以慰孤心　무엇으로 외론 마음을 위로하리오.

積雪埋村逕　쌓인 눈에 마을길 묻히고
冷風動竹階　찬바람은 대숲 뜰 흔드누나.
此時無一杯　이때에 한 잔의 술 없으니
何以慰幽懷　무엇으로 회포를 위로하리오.

志氣年年變　뜻과 기상은 해마다 변하고
容顏日日衰　얼굴은 날마다 노쇠해지네.
此時無一杯　이때에 한 잔의 술이 없으니
何以慰心思　무엇으로 늙은 심사를 위로하리오.

月色今宵白　달빛은 오늘 밤 밝기만 하고
松聲一院淸　솔바람 소리 온 동산에 맑아라.
此時無一杯　이때에 한 잔의 술이 없으니
何以慰中情　무엇으로 속마음을 위로하리오.

洛下歸程遠　서울로 돌아갈 길은 멀기만 한데
天涯客夜長　하늘가 객지의 밤은 길기만 하네.
此時無一杯　이때에 한 잔의 술이 없으니

何以慰離腸　별리의 애간장 무엇으로 달랠 것이랴.

石室人來少　석실에는 찾아오는 이 드물고
松窓月上遲　솔창에는 달마저 더디 오르네.
此時無一杯　이때에 한 잔의 술도 없으니
何以慰吟脾　읊조리는 비위 무엇으로 달랠꼬.

새벽에 앉아
曉坐

孤月上晴嶂　외론 달 개인 산봉우리에 떠오고
數村鳴曉舂　두어 마을 새벽 절구 소리 울리네.
客囪何寂寂　객창은 어찌 이리도 적적한가
離恨謾重重　이별의 한 부질없이 답쌓이네.

절구시
絶句

日暮雪初霽　해 저물자 눈발 막 걷혔는데
天寒風自生　날씨 차니 바람이 절로 이누나.
隔溪人語細　시내 저편 사람 소리 아련한데
渡壑磬聲淸　골짝 건너 석경 소리 맑기도 해.

버려진 굴뚝
廢堗

廢堗無烟氣　폐한 굴뚝에는 연기나지 않고
荒村斷客行　황량한 마을엔 길손도 끊겼네.
卷幔風聲冷　휘장을 마니 바람 소리가 차고
當窗月色明　창에 다가서니 달빛만 해맑고야.

오랜 객지살이

客久

客久衣裳敝　　객지생활 오래다 보니 옷은 해지고
愁多鬢髮衰　　시름 많아지니 귀밑머리 희어가네.
小齋空落落　　조그만 방구석 휑하니 쓸쓸도 해라
寒淚自遲遲　　싸늘한 눈물이 제냥 주르륵 흐르네.

손님이 찾아와서

客到

鷄鳴竹塢邊　　닭은 대나무 언덕에서 우는데
客到松門下　　길손은 솔 문 아래에 이르네.
綠酒酌深盃　　맛 좋은 술 잔 가득 마셔가며
淸談過永夜　　맑아한 정담[71]으로 긴 밤 지새네.

우연히 읊다

偶吟

夜久人語少　　밤 깊어가니 사람 소리 드문데
雲捲月華多　　구름 걷히자 달빛 더욱 밝아라.
爲愁傾綠酒　　시름 달래고자 푸른 술 기울이며
□□作長歌　　홀로 앉아[72] 긴 노래 읊조리노라.

가을밤

秋夜

默默對靑燈　　묵연히 푸른 등불 마주하고
蕭蕭搔白髮　　어섞힌 성근 백발만 긁노라.

---

71) 맑아한 정담 : 원문의 '청담(淸談)'은 세속의 명리(名利)를 떠난, 맑고 깨끗한 대화라는 의미로 청언(淸言)·현언(玄言)이라고도 한다.

72) 홀로 앉아 : 저본에는 2자가 결락되어 있어, 문맥에 따라 외람되이 '獨坐(독좌)'로 보충하여 번역하였다.

雲消萬里天　구름은 먼 하늘로 사라지고
露滴三更月　이슬만 삼경 달밤에 흩지네.

손님이 찾아와서
客至

客來自遠方　먼 곳에서 찾아오신 길손
兩鬢蕭蕭白　두 귀밑머리 희끗희끗 세었네.
一笑坐高堂　한바탕 웃고 높은 마루에 앉으니
黃葉空庭落　누런 잎새 속절없이 빈 뜰에 진다.

가을밤에 계수[73] 그리워
秋夜懷季收

山雨夜肅肅　산마을 밤비 소소히 내리고
海風夜瑟瑟　바닷바람 윙윙 불어오는 밤.
懷人耿不眠　그리운 마음 외로이 잠 못 이루나니
縮地嘆無術　축지 도술 부릴 수 없음을 탄식하네.

숙정[74]과 작별한 뒤에 우연히 읊다
別叔正後偶吟

秋風相別後　갈바람 속에 서로 헤어진 후
落日獨歸時　지는 해 홀로 돌아가는 때라.
裊裊聞漁笛　구성진 어부의 젓대 소리 듣자니
悽悽動客思　스산한 나그네 심사만 요동하네.

73) 계수(季收) : 정관재의 둘째 아우인 하은(霞隱) 신용(申涌)의 자이다.
74) 숙정(叔正) : 정관재의 첫째 아우인 졸재(拙齋) 신식(申湜)의 자이다.

막내아우의 〈야좌〉 시에 차운하다 3수
次季弟夜坐韻 三首

鏡裏朱顔變　　거울 속의 홍안은 어디 갔는가
梳邊白髮成　　빗질하는 머리는 백발이 되었네.
石階風動竹　　돌계단 바람이 대나무를 흔들고
山榻客含情　　산 서탑에 길손은 정 머금노라.

病裏愁難寫　　병중이라 수심은 쏟기가 어려워
吟邊句不成　　읊조리나 시구를 이루지 못하네.
明蟾長送影　　밝은 달은 길게 그림자를 보내고
遠客不堪情　　먼 길손은 정을 견디지 못하누나.

長劍十年刃　　긴 칼을 십 년간 갈아 놓았는데[75)]
壯圖何日成　　장대한 포부 어느 날에 이루리까.
寒囱不平事　　차운 날 창 앞의 불평지사는
非是兒女情　　아녀자의 정 때문은 아니라네.

막내아우의 〈주성〉 시에 차운하다
次季弟酒醒韻

客席盃觴罷　　빈객의 자리에 술잔치 끝나고
高軒醉倒時　　높은 마루에 취하여 누웠노라.
陶陶保眞趣　　도도해라 참된 흥취 유지하니
浩浩無雜思　　호호탕탕 잡스런 생각 없어라.

---

75) 긴 칼을 …… 갈아 놓았는데 : 자기의 뜻을 펴지 못하는 것을 비유한 말이다. 당나라 가도(賈島)의 〈검객(劍客)〉 시에 "십 년 동안 갈아 놓은 한 자루 칼, 서릿발 같은 칼날 아직 써 보지 못했네. 오늘날 이 칼을 그대에게 주노니, 누가 감히 부정한 일 저지르겠는가.[十年磨一劍 霜刃未曾試 今日把贈君 誰有不平事]"라는 구절이 있다. 《長江集》

다시 앞 시의 운을 써서 술을 읊다 2수
再用前韻咏酒 二首

寬恨還多力　　한을 누그리는 데 많은 힘이 되고
禦寒政得時　　추위를 막을 때면 꼭 있어야 하네.
莫言醒後怕　　술 깬 뒤 걱정일랑 말하지 말게나
猶占醉中思　　그래도 취중의 생각이 점령하도다.

磵柳初舒日　　시냇가 버들잎 막 돋는 날이요
山花滿發時　　산에 핀 꽃들 만발하는 때로다.
苟無一壺酒　　진실로 한 병의 술이 없다면야
誰暢萬人思　　무엇이 만인의 심사 펼치게 할까.

취하여 일어나 2수. 막내아우와 함께 읊다.
醉起 二首 季弟共吟

坫上淸樽滿　　잔대 위에 맑은 술 가득하고
筵中好客三　　자리엔 반가운 손님 셋이라오.
醉中人已散　　거나히 취하여 사람들 흩어지고
醒後意難堪　　술 깬 뒤의 마음 견딜 수 없으리.

山僧歸兩兩　　산승은 둘씩 짝지어들 돌아가고
澗鳥去三三　　냇가 새들은 삼삼오오 날아가네.
好句我能咏　　좋은 시구 내 능히 읊조리리니
深盃君更堪　　큰 술잔 그대 다시 감당해야지.

다시 앞의 시운을 써서 3수
再用前韻 三首

我已題詩百　　나는 이미 시 백 편을 썼는데
君休擧百三　　그대는 백여 술잔을 들지 마소.

清勸殊未厭　　술 권한다면[76] 싫을 리 없지만
逸興自無堪　　빼어난 흥취 감당할 수 없다네.

幾日違霜雪　　몇 날이나 눈서리로 어긋났던가
良辰遇二三　　좋은 날 두세 사람이 모였구려.
空齋涼似水　　빈 집이라 썰렁하기 찬물 같으니
遠客苦何堪　　먼 손님들 고생 어찌 감당하리오.

床前燈影獨　　침상 앞에 등불 그림자 외로운데
天際鴈羣三　　하늘가 기러기 서너 무리 지었네.
多少他鄉恨　　하고 많은 타향살이의 한은
難爲此夜堪　　이런 밤 견디기 어렵다마다.

다시 앞 시의 운자를 써서 양중실에게 삼가 올리다 3수. 막내아우와 함께 읊다.
再用前韻奉贈楊仲實 三首 季弟共吟

末路朋雖百　　말로에 벗이 비록 많다한들
難逢益者三　　유익한 벗 셋[77] 만나기만 하랴.
自得楊全節　　자득한 양중실 절조를 온전히 했으니
切磋樂未堪　　절차탁마의 즐거움 다 감당치 못하시리.

相識雖千百　　아는 이는 천백이나 되지만
深交不數三　　깊이 사귐은 몇 사람뿐이네.
淸談眞所願　　청담이야 참으로 원하는 바이나
綠酒恐非堪　　술은 감당하지 못할까 저어되네.

76) 권한다면 : 저본에는 '淸(청)'으로 되어 있으나, 전사의 오류로 보고 '請(청)'으로 번역하였다.
77) 유익한 벗 셋 : 《논어》〈계씨(季氏)〉에 "유익한 벗이 셋이 있고 손해되는 벗이 셋이 있으니, 정직하고 성실하고 견문이 많으면 유익하다.[益者三友 損者三友 友直 友諒 友多聞 益矣]"라고 한 글이 있다.

不見雖時一　　만나보지 못함은 비록 한때지만
相思抵月三　　그리움에 석 달이 다 돼가는구려.
自嘆非木石　　목석이 아니어서 절로 탄식하노니
離恨豈勝堪　　이별의 한을 어이 견딜 수 있으랴.

다시 앞의 시운을 쓰다 8수. 막내아우·양중실과 함께 읊다.

再用前韻 八首 季弟與楊仲實共吟

走狗圍田野　　사냥개는 온 들판을 내달리고
飛鷹放兩三　　휘나는 매 몇 마리 풀어 놓네.
山行雖日美　　산행이 비록 날마다 아름답지만
病客未言堪　　병든 나그네는 버티기 어렵다오.

綴句寧嫌百　　시구 얽음에 백 편인들 마다하고
傳盃不厭三　　술잔 돌림에 세 순배인들 꺼리랴.
一床燈下話　　한 침상 등불 아래 이야기꽃에
千里客中堪　　천 리 밖의 객지생활도 견딘다오.

莫看愁吟四　　네 시름 읊은 시[78]일랑 보지 말고
還誇樂有三　　도리어 세 즐거움[79]을 자랑해야지.

---

78) 네 시름 읊은 시 : 후한의 장형(張衡)이 일찍이 하간왕(河間王)의 상(相)으로 있으면서 세상이 점차 쇠폐해짐을 몹시 근심한 나머지 4장(章)으로 된 〈사수(四愁)〉 시를 지어서 스스로 우수 번민(憂愁煩悶)의 정을 토로하였다.

79) 세 즐거움[三樂] : 맹자가 말씀한 세 가지 즐거움. 《맹자》 〈진심 상(盡心上)〉에 "군자는 세 가지 즐거움이 있으니 …… 부모가 모두 생존해 계시고 형제가 무고한 것이 첫 번째 즐거움이요, 우러러 하늘에 부끄럽지 않고 굽어보아 인간에 부끄럽지 않은 것이 두 번째 즐거움이요, 천하의 영재를 얻어 교육하는 것이 세 번째 즐거움이다."라고 하였다. 참고로 춘추시대 은사 영계기(榮啓期)가 초라한 행색으로 거문고를 타며 노래를 부르다가 공자가 선생의 즐거움은 무엇이냐고 묻자, 대답하기를 "하늘이 낳은 만물 중에 사람이 가장 귀한데 나는 이미 사람이 되었으니 이것이 하나의 즐거움이고, 남녀가 구분되어 남자는 높고 여자는 낮은데 나는 남자가 되었으니 이것이 두 번째 즐거움이고, 사람이 태어나 강보를 면치 못하고 죽는 자도 있는데 내 나이 지금 90살이니 이것이 세 번째 즐거움입니다. 가난은 선비의 떳떳한 도이고 죽음은 인생의 끝인 것이니 내가 무엇을 걱정하겠습니까."라고 하였다. 《列子 天端》

高歌小齋裏　　작은 서재에서 고상한 노래 부르니
幽興難可堪　　그윽한 흥취를 가누기 어렵구나.

遼西經暑六　　요서에서 유월 더위를 겪었고
洛北過冬三　　서울에서 삼동의 추위 지냈네.
耿耿燈相伴　　깜박깜박 등불과 짝을 맺으니
悠悠恨詎堪　　아득해라 이 한을 어이할거나.

未能守藝六　　육예[80]를 제대로 지키지 못했고
無計賓物三　　삼물의 빈흥[81]할 계책도 없네.
萬頃蒼波上　　세상사 만경창파 속 같으니
釣漁我應堪　　낚시하는 어옹이 제격이라오.

事效孔思再　　일함에는 공자의 재사[82]를 본받고
學如曾省三　　배움에는 증자의 삼성[83]처럼 해야지.
君子苟能此　　군자가 진실로 이에 능하다면

---

80) **육예(六藝)** : 본래 중국 주 나라 때 행해진 예(禮)·악(樂)·사(射)·어(御)·서(書)·수(數)의 6가지 교육 과목을 말하는데, 유교의 기본 경전인 《역경(易經)》·《서경(書經)》·《시경(詩經)》·《예경(禮經)》·《악경(樂經)》·《춘추(春秋)》의 6경(六經)을 육예라고도 하였다.

81) **삼물(三物)의 빈흥(賓興)** : 원문의 '빈물삼(賓物三)'은 빈흥(賓興)과 삼물(三物)을 이르는데, 빈흥(賓興)은 주(周)나라 때에 인재를 선발하던 제도로, 향대부(鄕大夫)가 그 고을의 소학(小學)에서 인재를 천거하여 빈객으로 예우하고 국학(國學)에 들어가게 한 데에서 유래한 말이다. 삼물(三物)은 교화를 맡은 대사도(大司徒)가 고을 사람들을 가르치던 세 가지 일로, 육덕(六德)·육행(六行)·육예(六藝)를 말한다. 《주례(周禮)》 〈지관(地官) 대사도(大司徒)〉에 "향학(鄕學)의 세 가지 일로써 만민을 가르쳐 빈객으로 예우하여 천거한다.[以鄕三物 敎萬民而賓興之]"라고 하였다. 곧 백성을 교화시키는 것과 인재를 등용하는 것을 이르는 말이다.

82) **공자의 재사(再思)** : 《논어》 〈공야장(公冶長)〉에 "계문자가 세 번 생각한 뒤에 행하였는데, 공자께서 이 말을 들으시고 "두 번이면 가하다.[季文子 三思而後 行 子聞之曰 再斯可矣]"라고 말씀하셨다.

83) **증자의 삼성(三省)** : 《논어》 〈학이(學而)〉에 "증자(曾子)가 말씀하기를 "나는 날마다 세 가지로 나의 몸을 살피노니, 남을 위하여 일을 도모해줌에 충성스럽지 못한가, 붕우와 더불어 사귐에 성실하지 못한가, 전수받은 것을 익히지 못할까 함이다."[吾日三省吾身 爲人謀而不忠乎 與朋友交而不信乎 傳不習乎]"라고 하였다.

簞瓢可以堪　　단표누항[84]도 감내할 수 있으리.

白雪花出六　　백설 꽃잎은 육에서 나오고[85]
青松尺强三　　푸른 솔은 석 자 남짓하네.[86]
半夜晴月映　　한밤에 휘영청 달빛 비추니
都成玉輿堪　　온통 백옥의 세계[87] 이루네.

學之季邕六　　계옹의 육경[88]을 배워도
村慚顧愷三　　고개지의 삼절[89]에 부끄럽네.
身閒無一事　　몸이 한가로워 하는 일이 없으니

---

84) **단표누항(簞瓢陋巷)** : 안빈낙도(安貧樂道)의 생활을 가리킨다. 《논어》 〈옹야(雍也)〉에 "어질다, 안회(顏回)여. 한 그릇 밥과 한 표주박 물을 마시며 누항에 사는 것을 사람들은 근심하며 견뎌 내지 못하는데, 안회는 그 낙을 바꾸지 않으니, 어질도다, 안회여.[賢哉 回也 一簞食 一瓢飮 在陋巷 人不堪其憂 回也不改其樂 賢哉 回也]"라고 하신 공자의 말씀에서 나온 것이다.

85) **백설(白雪) …… 나오고** : 눈을 육화(六花)라 하기 때문에 이렇게 말한 것이다. 눈이 여섯 모가 나기 때문에 육화라 한다.

86) **푸른 솔은 …… 남짓하네** : 두보의 〈사송(四松)〉 시에 "네 그루 솔을 처음 옮겨올 때는, 키가 고작 석 자 남짓했었는데, 이별한 지 어언 삼 년 만에 와 보니, 나란히 선 것이 사람 키만 해졌네. …… 맑은 바람을 나를 위해 일으키니, 낯을 스친 게 엷은 서리처럼 시원하구나.[四松初移時 大抵三尺強 別來忽三歲 離立如人長 …… 淸風爲我起 灑面若微霜]" 한 데서 온 말이다. 《杜少陵詩集》

87) **백옥의 세계** : 원문의 '여감(輿堪)'은 땅과 하늘을 가리킨 것으로, 여(輿)는 땅을 감(堪)은 하늘을 가리킨다. 일반적으로 감여(堪輿)라고 하는데, 여기서는 '감(堪)'이 운자이고 또 흰 눈이 내리면 먼저 땅이 희어지고 그 다음에 하늘이 희어지므로 이렇게 표현한 것으로 보인다.

88) **계옹(季邕)의 육경** : '계옹'은 후한 때 중랑장을 지낸 채옹(蔡邕)이다. 희평(熹平) 4년(175)에 제유(諸儒)들에게 조령(詔令)을 내려 《역경》·《서경》·《시경》·《의례》·《공양전》·《논어》 등 육경(六經)을 정정하여, 채옹이 팔분(八分) 예서로 써서 태학(太學) 문밖에 석경(石經)을 세운 일을 말한다. 채옹이, 경적(經籍)은 성인(聖人) 시대와의 거리가 워낙 멀어서 문자에 오류가 많으므로, 속유(俗儒)들이 천착(穿鑿)해서 후학들을 그릇 인도할까 염려한 끝에, 곧 당계전(堂谿典)·양사(楊賜)·마일제(馬日磾)·장순(張馴)·한열(韓說)·선양(單颺) 등과 함께 육경 문자(六經文字)를 바로잡자고 주청해서, 손수 붉은 글씨를 비에 쓴 다음, 석공(石工)으로 하여금 새기게 하니, 후일의 유생 만학(儒生晚學)들은 모두 그를 따르게 되었다. 《後漢書》 〈蔡邕傳〉

89) **고개지(顧愷之)의 삼절(三絶)** : 진대(晉代)의 유명한 화가 고개지에게는 세 가지 뛰어난 것[三絕]이 있으니, 재주가 뛰어나고[才絕], 그림 솜씨가 뛰어나고[畫絕], 어리석음이 뛰어났다[痴絕]고 한 데서 온 말인바, 어리석음이 뛰어나다는 것은 고개지가 그림을 그릴 적에 온 정신을 집중하여 삼매(三昧)의 경계[묘처(妙處)]를 찾는 데 빠져들었으므로 마치 넋이 나간 바보처럼 보였다고 한다. 《晉書》 〈顧愷之列傳〉

儱㑪名自堪	사리에 어둡다는 이름 감당해야지.

겨울 추위가 여름 더위보다 낫다는 중실을 놀리며 막내아우와 중실과 함께 읊다.
嘲楊仲實冬寒勝於夏熱 季弟與仲實共吟

手足凝如木	손발이 나무인 양 곱아지고
肥膚胼若龜	두툼한 살도 거북등처럼 굳어지네.
莫言冬冷好	겨울 추위가 낫다고 말하지 말라
爭及夏炎時	어찌 여름철 더위에 미치겠나.

輕風寒似削	살랑 바람 차갑기가 살을 깎는 듯
密室伏如龜	밀실에서 거북인 양 엎드려 있다오.
縱說炎蒸苦	비록 무더위 고통스럽다 말하지만
猶賢栗冽時	외려 벌벌 떠는 겨울보다 낫다오.

우연히 읊다
偶吟

疎烟郭外飛	성근 연기는 성곽 밖에 날리고
密雪囱前落	함박눈은 창 앞에 떨어지누나.
獨坐轉無聊	홀로 앉아 있자니 따분해져서
深盃還自酌	큰 술잔에 다시 술을 따른다오.

오언사운五言四韻

문수사[90]에 묵으며

宿文殊寺

遠尋山下寺	멀리 산 아래 절간을 찾아가
孤倚水邊欄	외로이 물가 난간에 기대노라.
蜀魂啼河轉	두견새[91]는 울고 은하수 기우는데
胡僧語夜闌	승려는 밤이 이슥토록 이야기하네.
摧頹從老病	늙고 병드니 심신마저 쇠퇴하고
寂寞任清寒	청빈에 내맡기니 삶이 적막하네.
萬事何須問	인간만사 무얼 굳이 묻겠는가
三盃解皺顔	석잔 술에 주름진 얼굴 펴지네.

그윽이 살며 4수

幽居 四首

幽栖林下久	그윽이 숲 속에 깃든지 오래니
自與世相疎	절로 세속 사람과 소원해지네.
得米貧難酒	쌀을 얻어도 빈한해 술 못 빚고
吟詩懶不書	시를 읊어도 게을러 적지를 않네.
鳥歸山欲暝	새들 돌아오니 산은 어둑해지고
月上天更虛	달이 오르니 하늘 다시 휑하구나.

90) **문수사(文殊寺)** : 서울 삼각산, 충청도 청산현(青山縣), 강원도 치악산·청평산(淸平山), 황해도 우봉현(牛峯縣) 등 전국 각지에 산재한 사찰로, 여기서는 자세히 알 수 없다.

91) **두견새** : 원문의 '촉혼(蜀魂)'은 두견이의 별칭이다. 전국시대 촉(蜀)나라에 이름이 두우(杜宇)인 망제(望帝)라는 임금이 신하에게 양위(讓位)하고 숨어 살다가 죽어 두견이가 되었는데, 봄이면 밤낮으로 슬피 운다는 전설에서 비롯된 명칭이다. 촉백(蜀魄)·촉조(蜀鳥)·귀촉도(歸蜀道)·두백(杜魄)·두우(杜宇)·망제혼(望帝魂)이라고도 한다.

剩占閒中趣　　한유로운 속 흥취 실컷 누리니
年來樂有餘　　몇 년 새 즐거움 남음이 있구나.

孤客春多病　　외로운 길손 봄날 병은 늘어가고
寒囱夜伴琴　　싸늘한 창가 밤 거문고와 짝하네.
殘雲棲斷樹　　쇠잔한 구름은 나무 끝에 깃들고
獨鶴返空林　　홀로 된 학은 빈숲으로 돌아오네.
寺遠鐘聲遠　　산사가 머니 종소리도 아련하고
山深月色深　　산이 깊으니 달빛도 그윽하여라.
長吟仍不寐　　길게 읊조리며 잠들지 못하니
千里故園心　　천 리 밖 고향 그리는 정일레라.

幽居人事少　　그윽이 사노라니 세상사 드물고
獨自伴琴書　　혼자서 거문고와 서책을 짝하네.
花落岩扉靜　　꽃 지니 산골 사립[92]은 고요하고
雲歸石洞虛　　구름 흘러가니 바위 계곡 비었네.
鐘聲風外迥　　종소리는 바람 밖 멀리서 들리고
松影月中疎　　솔 그림자는 달빛 속에 성글구나.
頤養林泉久　　수양하며[93] 산림서 오래 지내니
淸閒鶴不如　　맑고 한가함 학도 나만 못하리라.

邇來無世念　　근래에 세상사에 관심이 없어져
結構遠塵寰　　인간세상 먼 곳에 집을 얽었네.
竹院少相過　　대를 심은 정원에 찾는 이 적고
柴扉長自關　　사립문은 오랫동안 제냥 닫혔네.
人雖遺老病　　사람이야 비록 늙고 병든다지만

92) **산골 사립[巖扉]** : 산문(山門)과 같은 말로, 은사(隱士)의 거처를 뜻한다.
93) **수양하며** : 원문의 '이양(頤養)'은 이신양성(頤神養性)의 준말로, 마음을 가다듬어 정신을 수양함을 뜻한다.

我亦愛情閒　　나 또한 한유한 정취를 아낀다네.
獨坐疎欞久　　홀로 성근 기둥에 한참 앉았자니
寒鴉日夕還　　싸늘한 까마귀 저물녘에 돌아오네.

수락암에서 둘째 아우와 함께 읊다.

水落庵 仲弟共吟

扶筇尋古寺　　지팡이 짚고 오랜 사찰 찾아가
列籍俯飛泉　　자리 깔고 나는 폭포 굽어보네.
澗石淨如玉　　시냇가 돌은 옥인 양 깨끗하고
山花灼似燃　　산꽃들 불타 듯 활짝 피었구나.
巖幽常滴露　　바위 그윽하니 늘 이슬에 젖어있고
洞邃自生烟　　골짝 깊으니 절로 운무가 피어나네.
耽賞歸來晩　　감상에 잠겨 저물게야 돌아가려다
回看月滿天　　머리 돌리자 달빛 하늘에 가득하네.

우연히 읊다 2수

偶吟 二首

孤懷難自寫　　외로운 회포 스스로 풀지 못하여
長嘯獨登樓　　길게 읊조리며 홀로 누대에 오르네.
日暖苔庭靜　　날이 따뜻하니 이끼 낀 뜰은 고요하고
雲來竹院幽　　구름 드리우니 대나무 동산이 그윽하네.
青烟迷水郭　　푸른 연무 물가 성곽에 희미하고
白鷺下沙洲　　해오라기는 모래 무지에 내려앉네.
觸目成眞趣　　눈길 닿는 곳마다 참된 흥취라니
何妨辦勝遊　　멋진 놀이 마련해도 괜찮고말고.

爲憐時物好　　때맞은 승경 즐기기 위해
獨自上高樓　　홀로 높은 누각에 오르네.

雨過北山淨	비 지나자 북녘 산 정갈하고
鳥鳴南院幽	새들 노래 남쪽 동산 그윽하네.
暖風青草岸	따사론 바람 푸른 언덕에 불고
晴日綠蘋洲	갠 햇살은 마름 뜬 물가 비치네.
客裏愁兼病	객지의 수심 속에 병까지 앓느니
三春未一遊	삼춘 내내 유람도 한번 못하였다오.

삼월의 눈 2수
三月雪 二首

鄕國春將盡	고향은 봄이 다 가는데
關山雪正飛	관산에는 눈발이 날리네.
園桃紅未放	동산 복사꽃 붉게 피지 못하고
庭草綠猶微	뜰 초목은 푸르름 여태 미미하네.
柳幕鶯難至	버들 숲엔 꾀꼬리 이르기 어렵고
花房蝶不歸	꽃송이에는 나비가 날아들지 않네.
小牕愁獨坐	작은 창가 수심 속에 홀로 앉았자니
日夕轉陰霏	아침저녁 도리어 음산하기만 하여라.

浩蕩青春節	호탕한 춘삼월 절기에
繽紛白雪飛	분분히 백설이 흩나네.
韶光何處覓	봄빛을 어디서 찾을까
暖氣此時微	따사한 기운 미약한 때
只欲圍爐坐	다만 화롯가에 둘러앉고만 싶고
難教風詠歸	바람 쐬며 읊조리고 오기[94] 어려워.
寒威誰却得	추위의 위세를 누가 물리치랴

94) 바람 …… 오기 : 《논어》 〈선진(先進)〉에, 공자의 제자 증점(曾點)이 자신의 뜻을 말하라는 공자의 명에 "저문 봄날 봄옷이 이루어지거든 어른 대여섯 사람, 동자 예닐곱 사람과 함께 기수(沂水)에 목욕하고 무우(舞雩)에서 바람을 쐬고 시를 읊으면서 돌아오겠다."라고 말한 고사를 차용하였다.

凍雨更霏霏　　언 비만 또 부슬부슬 내리네.

동편 정원
東園

東園幽絕處　　동편 정원 깊숙이 외진 곳에
長嘯獨徘徊　　길게 읊조리며 홀로 배회하네.
山雨隨風下　　산의 비는 바람 따라 내리고
庭花滿樹開　　뜨락 꽃은 나무 가득 피었네.
閒情輸短句　　한유한 정은 짧은 시구에 싣고
逸興付深盃　　고상한 흥취 깊은 잔에 부치네.
盡日玩淸景　　진종일 청아한 풍경 감상하고
黃昏扶醉來　　황혼에 취한 몸 가누며 오누나.

늦봄에 느낀 바 있어 둘째 아우와 함께 읊다.
暮春有感 與仲弟共吟

九十春將盡　　아흔 날의 봄이 다해 저무는데
狂風吹不歇　　사나운 바람 쉼 없이 불어대네.
新荷水上錢　　새 연잎은 물 위의 뜬 돈인 듯
飛絮原頭雪　　흩나는 버들솜 언덕 머리 눈꽃.
感此抱閒愁　　이에 느꺼워 한가한 수심 안고
無心酬勝節　　무심케도 좋은 계절 읊조려보네.
朝來是少年　　아침 올 때에는 소년이었더니
暮去成衰髮　　저녁 갈 땐 백발노인 되었구려.

頹齡自相催　　늙은 나이 절로 세월이 재촉하니
逸興何時發　　호탕한 흥취는 언제쯤 일어날까나.
故國今遠違　　고향산천을 지금 멀리 떠나왔건만
鱗鴻猶久闕　　안부 편지는 외려 오랫동안 끊겼네.

道途旣阻脩　가는 길 이미 멀고 험난하지만
精爽空飛越　넋만이 공연히 날아 넘어가네.
世事本如斯　한 세상일이란 본디 이와 같나니
松醪須可啜　솔 막걸리나 모름지기 들이킬진저.

누대에 올라

登樓

落日倚高樓　저녁나절 높은 누대에 의지하여
長吟騁遠眸　길이 읊조리며 멀리 눈길을 보내네.
雲歸津樹暗　구름 돌아들자 나루 숲 어둑해지고
草合野塘幽　수풀 우거지니 들못이 깊숙해지네.
有信月初上　어김없이 달은 막 솟아오르고
無心江自流　무심히 강물은 절로 흘러가네.
客懷元耿耿　나그네 회포 본디 쓸쓸한 법인데
今夕轉悠悠　오늘 저녁은 더욱 아득만 하구나.

물가 모래밭에서

沙汀

日暖沙汀上　물가의 모래는 햇볕 따사롭고
風淸柳岸邊　버들 언덕의 바람은 맑아하네.
遣懷聊酌酒　회포 달래려 제냥 술을 따르고
隨意便乘船　마음 가는대로 배에 오르노라.
細浪橈頭散　잔물결은 뱃머리에 흩어지고
輕漚棹底圓　물거품은 삿대 아래 둥글지네.
河源今可泝　황하의 근원으로 거스르려니
何必挾飛仙　굳이 나는 신선 끼고[95] 가리오.

95) 나는 신선 끼고 : 소식(蘇軾)의 〈전적벽부(前赤壁賦)〉에 "나는 신선을 끼고 한가로이 놀며 명월을 안고 길이 마치려 한다.[挾飛仙以遨遊 抱明月而長終]"라고 한 글귀가 있다.

텅 빈 서재의 밤

空齋夜

寂寂空齋夜　적적한 빈 서재에 밤이 드니
熒熒小燭明　반짝반짝 작은 촛불이 밝구나.
月移庭樹影　달빛은 뜰 나무 그림자 옮기고
風送野溪聲　바람은 들녘 냇물소리 보내오네.
洞壑宿雲積　깊은 계곡엔 묵은 구름이 쌓였고
池塘春草生　못 언덕에는 봄풀이 돋아나네.[96)]
客懷自多感　나그네 감회야 절로 많겠지만
況復送人情　사람을 떠나보내는 정임에랴.

우연히 읊다

偶吟

斜日疎欞下　비낀 햇살 처마 밑에 성근데
沉吟獨坐時　홀로 앉아 조용히 시 읊조리네.
洞深雲去重　골이 깊으니 구름 겹쳐 흘러가고
天闊鳥歸遲　하늘 넓으니 돌아오는 새 더디네.
細草厚如織　가는 풀은 짜 놓은 듯 덮여 있고
垂楊輕若絲　늘어진 버들 실인 양 가볍구나.
自然催逸興　자연스레 맑은 흥취 북돋우니
不惜倒深巵　깊은 술잔 기울이기 아끼랴.

96) 못 언덕 …… 돋아나네 : 남조(南朝) 송(宋)의 시인 사영운(謝靈運)이 일찍이 영가(永嘉)의 서당(西堂)에서 온종일 시를 생각했으나 이루지 못했다가, 꿈에 족제(族弟)인 사혜련(謝惠連)을 만나서 '못 둑에 봄풀이 난다.[池塘生春草]'라는 시구를 얻고는 대단히 만족하게 여겨 말하기를 "이 말에는 귀신의 도움이 있었고, 내가 할 수 있는 말이 아니다.[此語有神助 非吾語也]"라고 했다고 한다. 《南史 謝惠連列傳》 이 시구를 원용한 것이다.

한가롭게 살며
閒居

寥寥深巷靜　　스산히 깊은 골목 고요하고
寂寂掩柴扉　　적적해라 사립짝 닫혀 있네.
日暖鳥相語　　따사론 햇살에 새들 지저귀고
庭空花自飛　　빈 뜨락엔 꽃잎이 절로 날리네.
興濃渾欲醉　　흥취가 짙어지니 흠뻑 취하고저
坐久却忘歸　　오래 앉아 돌아갈 줄 잊었구나.
莫道山家僻　　산골집이 궁벽하다 말들 마소
還誇俗事稀　　세속 일 드문 게 자랑이라오.

정융[97]의 동헌에서
靜戎東軒

亂山斜繞野　　어지런 산들 비낀 채 들판을 에웠고
殘堞迴臨江　　무너진 성첩 멀리 강가에 닿아 있네.
玉露滴寒葉　　옥 이슬은 차가운 잎사귀 적시고
金風鳴破窓　　서녘바람은 부서진 창문서 우네.
別懷尤不盡　　이별의 회포는 더욱 다하지 않는데
秋思更難雙　　가을 심사마저 다시 지니기 어려워.
何時故園酒　　어느 때나 고향의 술을 가지고
得使此心降　　하여금 이 마음을 다독여 볼까.

두공부[98]의 시에 차운하다 2수
次杜工部韻 二首

野曠江流遠　　들이 광활하니 강물 멀리 흐르고
軒高眼界賒　　마루가 높으니 시야가 아득하구나.

97)　**정융(靜戎)** : 평안도 순천군(順川郡)의 고호(古號)이다.

風和汀畔草　　바람은 물가 풀잎에 온화하고
日暖岸頭花　　햇살은 언덕 꽃들에 따사로웁네.
片片林鶯度　　띄엄띄엄 숲엔 꾀꼬리 지나가고
雙雙海鷰斜　　오손도손 바다제비는 비껴 나네.
淸遊無定所　　맑은 놀이는 정한 곳이 없는 법
不必訪山家　　굳이 산속을 찾아갈 까닭 없다오.

江郊雲乍斂　　강 들녘에 구름 잠간 걷히자
水檻雨初晴　　물가 난간에 비 막 개였구나.
月出山頭白　　달 떠오르자 산마루 훤하고
風來席上淸　　바람 이니 앉은 자리 청량해.
祗須供口腹　　그저 구복이나 채우면 그만이지
何必取功名　　굳이 공명을 취할 필요 있으랴.
老病休浮念　　늙고 병든 몸 뜬생각일랑 마소
怡愉過此生　　기쁜 마음[99] 이 삶을 보낼 일.

가을 밤
秋夜

葉落風威急　　잎이 지니 바람 위세 세차고
窓開曙色微　　창을 여니 새벽빛 희미하구나.
暗林懸露潤　　어둔 숲은 맺힌 이슬 촉촉하고
淸宇列星稀　　맑은 하늘엔 별들도 드물구나.
鷄唱行人起　　닭이 울자 나그네 잠에서 깨고
風驚宿鳥飛　　바람 일자 자던 새 나니누나.

---

98) **두공부(杜工部)** : 당나라 시인 두보(杜甫)를 가리킨다. 숙종(肅宗) 때에 검교 공부 원외랑(檢校工部員外郎)으로 있었으므로 일컬음. 그의 시(詩)는 웅혼(雄渾)·침통(沈痛)·충후(忠厚)하여, 이백(李白)과 함께 당대 시인의 쌍벽(雙壁)을 이뤘다.

99) **기쁜 마음** : 원문의 '이유(怡愉)'는 어버이를 옆에서 모시면서 기쁘고 즐겁게 해 드리는 것을 말한다.

關山三載別　관산으로 떠나온 지 삼년이라
江漢幾時歸　강한에는 어느 때나 돌아가리.

두공부의 시에 차운하다
次杜工部韻

小雨荒城暮　가랑비 속 황량한 성에 해 저무는데
凉風碧樹秋　시원한 바람 푸른 나무 가을을 맞네.
不禁瞻北闕　대궐을 우러르는 마음 금할 수 없건만
空自滯西州　속절없이 그대로 서주에 머무른다오.
輕靄襲長珮　가벼운 아지랑이 긴 패옥에 어리고
薄寒侵獘裘　엷은 추위는 헤진[100] 옷을 파고드네.
我生何獨苦　이 내 삶이 어찌 유독 괴로운가
微草亦忘憂　여린 풀마저도 망우초[101]로고.

서쪽 누각에 밤에 앉아
西閣夜坐

雨過安國峽　빗줄기 안국[102] 협곡을 지나가니
秋晩靜戎城　가을빛 정융[103]의 성에 짙어가네.
露重花猶在　이슬 무거우나 꽃은 오히려 남았고
雲深月不生　구름이 깊으니 달빛은 보이지 않네.
關西爲客恨　관서엔 나그네 된 한스러움만 있고
漢北未歸情　한수 북쪽으로 돌아가지 못한 정뿐.
凄凉吟短句　처량타 짧은 시구나 읊조리며
寂寞依疎楹　쓸쓸히 성근 기둥에 기댔어라.

---

100) 헤진 : 원문의 ‘폐(獘)’는 ‘폐(敝)’와 통용됨.
101) 망우초(忘憂草) : 원추리를 가리킨다. 새로 돋은 속잎을 따서 나물로 만들어 먹으면 마치 취한 것처럼 모든 근심을 잊게 된다는 풀이름이다.
102) 안국(安國) : 평안도 안주목(安州牧)을 이른다.
103) 정융(靜戎) : 각주 97)번 참조.

두공부의 시에 차운하다 7수

次杜工部韻 七首

江漢家千里　강한이라 집은 천 리 밖인데
風霜地一隅　풍상 속 한 모퉁이에 있다네.
客懷南去盡　나그네 회포 남으로 가면 다하고
鄕信北來無　고향 소식은 북쪽으로 와도 없네.
水冷羣鷗起　물이 차웁자 뭇 갈매기 일어나고
松寒獨鶴呼　소나무 썰렁해 외론 학 우는구나.
不嫌秋葉亂　가을 낙엽 어지러운 건 싫지 않으나
還嘆歲華徂　도리어 좋은 시절 지나감이 한일레.

渺渺臨淸漢　아득만 한 맑은 한수에 이르니
遑遑愧老儒　경황없이 늙은 선비 부끄럽네.
林疎虫語少　숲속이 휑해져 벌레 소리 드물고
露重鶴鳴孤　다북한 이슬 학의 울음 외롭네.
永夜秋懷苦　기나긴 밤 가을 심회 괴로웁고
深盃渴肺蘇　깊은 술잔에 마른 폐 소생하네.
邇來安素分　이즘엔 내 분수에 안주하나니
何必嘆窮途　하필 궁한 처지를 탄식하리오.

古城仍白霧　옛 성엔 이내 뽀얀 안개 끼었고
空舘正黃昏　텅 빈 관소는 황혼 속에 드누나.
細草靑侵坐　여린 풀잎 자리에 푸른 빛 스미고
垂楊綠陰門　수양버들 문가에 초록 그늘 이뤘네.
疎雲過絕壁　성근 구름은 절벽에 떠 흘러가고
獨鳥度孤村　외론 새는 쓸쓸한 마을 지나가네.
近覺靜中味　요즘 고요함 속의 맛 깨달았나니
翛然幽興存　초연하나마 그윽한 흥취야 있다오.

落日仍垂釣　저물녘 여전히 낚싯대 드리우고
寒汀獨繫舟　차가운 물가에 외론 배 매어두네.
鴈啣秋恨去　기러긴 가을의 한을 머금고 가고
江漾月華流　강물은 달빛에 일렁이며 흘러가네.
淥酒還堪酌　맛좋은 술은 도리어 마실 만하나
浮生可少休　떠도는 인생살이 쉬는 일이 적네.
微風飜岸芷　실바람 언덕의 지초에 나부끼자
淸韻起沙鷗　맑은 소리에 모래 갈매기 깨난다.

結構依丹壑　붉은 산골짝[104]에 집을 지으니
軒楹俯碧江　마루의 기둥 푸른 강물 굽어보네.
嵐光淸潤榻　산아지랑이 맑게 탁자에 빛나고
竹影翠當窓　대 그림자 푸르게 창을 마주했네.
岸雜柳千樹　언덕엔 천 그루 버들 섞여 섰고
沙眠鷗一雙　모래펄엔 졸고 선 갈매기 한 쌍.
不因家釀倒　가양주를 기울이지 못한다면
那得客愁降　나그네 시름을 어이 달래랴.

故人新舍靜　친구의 새로운 집 고요도 한데
幽客獨尋時　그윽한 길손 혼자 찾아갈 때라.
楣揭龍蛇字　현관 위엔 꿈틀대는 글씨 걸렸고
壁懸錦繡詩　벽에는 비단 같은 시가 매달렸네.
石潭澄似鏡　돌못은 거울인 양 하 맑고
銀膾細如絲　은빛 회는 가늘기 실 같구나.
勝景自無厭　승경이란 실증남이 없나니
淸遊重與期　맑은 놀이 거듭 기약하노라.

---

104) **붉은 산골짝** : 원문의 '단학(丹壑)'은 붉은 빛이 어린 산골짜기로, 전하여 선경(仙境)을 뜻한다.

碧蘚緣高砌　　푸른 이끼 높은 섬돌 따라 퍼렇고
黃花護短墻　　노란 꽃송이 낮은 담장 에둘렀구나.
洞深雲影遠　　골 깊으니 구름 자욱 멀리 떨어지고
天闊鴈聲長　　하늘 넓으니 기러기 소리 길기도 해.
暫煮秋蓴弱　　가을 순채 여린 불에 살풋 데쳐내고
新炊晩稻香　　늦벼로 향긋한 밥을 새로 지어내네.
長吟酬勝節　　길게 읊조리며 좋은 시절 수창하니
好月散淸光　　좋은 달빛은 맑은 광채 발산하누나.

가을 심사
秋思

策策風鳴葉　　설렁설렁 바람은 나뭇잎 울리고
悠悠客倚楹　　유유한 나그네 누대에 의지했네.
村鷄催曉色　　마을 닭들은 새벽빛을 재촉하고
寒鴈報秋聲　　찬 기러기는 가을소식 알려주네.
可惜朱顔改　　애석구나 홍안은 어디로 가고
難堪白髮生　　난감키도 해라 느는 백발이여.
故園何處是　　어디라던가 내 고향산천은
空抱未歸情　　공연히 못가는 정만 안고 떠도네.

띳집에서
茅屋

茅屋臨江靜　　초가집 강가에 임해 고요하고
竹扉竟日關　　대사립은 종일토록 닫혀 있네.
陶潛元愛菊　　도잠은 본디 국화를 사랑했고[105)]
謝眺不嫌山　　사조는 종요론 산을 좋아했지.[106)]

---

105) **도잠(陶潛)은 …… 사랑했고** : 송(宋)나라 주돈이(周敦頤)의 〈애련설(愛蓮說)〉에 "진나라 도연명은 유독 국화를 사랑했다.[晉陶淵明獨愛菊]"라고 한 데서 온 말이다.

水暖游魚樂　물이 따사하니 노는 물고기 즐겁고
林幽宿鳥還　숲이 그윽하니 잘 새가 둥지로 든다.
清吟傾白酒　맑아히 읊조리며 막걸리 기울이자니
紅翬上蒼顏　발그레한 빛[107] 늙은 얼굴에 오른다.

달밤 배 안에서
月夜舟中

塞外秋深處　변방 밖 가을 깊은 곳
江邊日落時　강변에 해 저물어갈 때.
片帆歸正急　조각 돛배 정히 돌아가기 급한데
孤月上猶遲　외론 달은 외려 떠오름이 더디네.
千里獨爲客　천 리 밖에 홀로 나그네 되어
故園空負期　돌아갈 기약 공연히 저버렸네.
醉中雖暫樂　술 취할 때는 잠시나마 즐겁지만
醒後更多悲　깨고 나면 문득 부대는 슬픔이여.

강촌에서
江邨

臨江奇絶處　강가의 기이하게 절경인 곳
依竹兩三家　대숲에 묻힌 두서너 집이여.
洞霽雲容淡　골짝 개이니 엷은 구름 떠가고
山明日脚斜　산이 맑게 개자 햇발 비끼었네.
雙雙鷗浴浪　쌍쌍이 갈매기 물결에 멱 감고

---

106) **사조(謝眺)는 …… 좋아했지** : 주로 집 주위의 멋진 산 경치를 표현할 때 쓴다. '사조'는 남제(南齊)의 시인으로, 종산(鍾山) 아래 동산에 별장을 지어놓고 노닐면서 〈유동원(遊東園)〉이라는 시를 남기기도 하였다. 매우 섬세한 감각으로 청신(清新)한 시를 지어 이백(李白)으로부터 극찬을 받았는데, 이백의 〈제동계공유거(題東溪公幽居)〉 시에 "청산에 가까운 집 사조와 같고, 푸른 버들 드리운 문 도잠과 흡사하네.[宅近青山同謝朓 門垂碧柳似陶潛]"라는 표현이 있다.

107) **빛** : 저본에는 '翬(휘)'로 되어 있으나, 전사의 오류로 보고 '暈(훈)'으로 번역하였다.

點點鴈眠沙　　점점이 기러기 모랫벌에서 조네.
春興寧須負　　봄의 흥취 어찌 모로매 저버릴까
村醪正可賖　　정녕 촌 막걸리라도 받아올까보다.

가을 밤 나그네 회포
秋夜客懷

瑟瑟虫聲急　　소슬한 풀벌레 소리는 급하고
寥寥客意微　　쓸쓸한 나그네 뜻도 아늑하네.
亂蛩床下咽　　귀뚜리들 침상 아래서 울어대고
孤鴈月中飛　　외로운 기러기 달밤에 날아가네.
栗烈增寒氣　　되우 추워져 한기 더욱 느끼고
蒙戎奈弊衣　　다 해져 낡아버린 옷 어찌 할꼬.
韶顔今已變　　젊던 얼굴 지금 벌써 쇠해져가니
壯志自相違　　장한 뜻 절로 서로 어그러진다네.

그윽이 살면서
幽居

幽居小塵事　　한적하게 사니 속된 일이 적고
徐步訪林皐　　천천히 거닐며 숲 언덕 찾노라.
但賞烟霞趣　　안개와 노을의 정취를 감상할 뿐이니
寧辭跋涉勞　　산 넘고 물 건너는 수고쯤이야 마다랴.
地僻人跡斷　　지역이 궁벽하니 인적 끊어지고
天遠鴈飛高　　하늘 높아 기러기 가뭇이 나네.
晩入花村月　　늦게 드니 꽃핀 마을 달이 떠오르고
丹絲換濁醪　　붉은 실[108]이라도 막걸리와 바꿔야겠네.

---

108) **붉은 실** : 저본의 '丹絲(단사)'는 靑絲(청사)'의 오기인 듯하다. 이백의 〈대주부지(待酒不至)〉 시에 "옥술병에 푸른 실을 매달았는데, 술 사 오는 것이 어찌하여 이리 더딘고.[玉壺繫靑絲 沽酒來何遲]"라고 하였는데, '청사'는 품질 좋은 백금(白金)이라고도 한다.

우연히 읊조리다

偶吟

西塞一千里　　서쪽 변방 일천 리 밖에
東風三月時　　동녘바람 부는 삼월이라.
岸花紅爛熳　　언덕 꽃들은 붉게 흐드러졌고
溪柳綠參差　　냇가 버들은 초록빛 일렁이네.
縱有烟光好　　비록 봄날 좋은 풍광이 있지만
那堪世事違　　세상일 뜻 어긋남 어이 견딜까.
孤吟憑石榻　　돌 평상 의지해 홀로 읊조리니
竟日掩柴扉　　날이 다하도록 사립짝 닫혔다오.

밤에 앉았다가 우연히 짓다

夜坐偶成

悠悠懷遠想　　유유히 아득한 생각에 잠겨
寂寂坐深更　　고요하게 깊은 밤 앉아 있네.
月到窓前白　　달이 이르니 창 앞이 훤하고
風來席上清　　바람 불어들자 자리가 맑아해.
高歌慰壯志　　높이 노래하며 장한 뜻 위로하고
獨酌任閒情　　홀로 잔질하며 한유한 정에 맡기네.
徒倚一回首　　기댄 채[109] 고개 돌려 바라보니
烟郊十里平　　안개 낀 들판이 십리나 넓고야.

남녘 길 따라

南陌

披襟渡北溪　　옷깃 헤치며 북쪽 시내를 건너
杖策登南陌　　지팡이 짚고 앞 밭둑길 오르네.

109)　기댄 채 : 저본의 '徒倚(도의)'는 '徙倚(사의)'의 오기로 보이며, 자리를 옮겨 누대에 기대어 있음을 뜻한다.

山鳥語猶驕　산새는 지저귐 마냥 아름답고[110]
岸花光更澤　언덕 꽃들은 빛깔이 더욱 차지네.
江拕十里靑　십리 밖으로 흐르는 강물 푸르고
石起千尋白　천길 우뚝한 바위 하얗게 섰구나.
誰遣柳眉黃　누가 버들눈 샛노랗게 하였느뇨
不禁郊面碧　들녘의 푸른빛 금하지 못하누나.

攢靑雨後嵐　푸른빛 자욱하니 비 온 뒤 산 빛이요
流翠風前麥　비취빛 넘쳐나니 바람 탄 보리순일레.
物色自津津　물색은 저마다 물씬 넘쳐나는데
客懷何脉脉　객의 그리움은 어쩌라고 고동치나.
關河三載留　관하[111]에서 삼 년 동안 머무르니
雲樹幾重隔　운수는 몇 겹이나 가로막혔던가.[112]
戀弟嘯烟朝　아우 그리워 내 낀 아침 길게 한숨 쉬고
思家吟月夕　고향집 생각에 달밤에는 시를 읊조리네.

竟無酒滌腸　속내를 씻어낼 술마저 끝내 없어
空有愁盈膈　부질없이 수심만 가슴에 가득해라.
莫制歲華催　가는 세월의 재촉이야 막을 수 없고
那得人事易　사람 일이란 어찌도 그렇게 변하는가.
回首憶舊遊　머리 돌리자 옛적 노닐던 일 생각나고
轉步成陳迹　걸음을 옮기자 묵은 자취가 되었구나.
向夜返虛堂　밤이 들어 텅 빈 집으로 돌아와
達晨凭半壁　새벽이 되도록 벽에 기대어 있네.

---

110) **아름답고** : 저본에는 '驕(교)'로 되어 있으나, 전사의 오류로 보고 '嬌(교)'로 번역하였다.
111) **관하(關河)** : 산과 강의 뜻으로, 주로 먼 지방을 가리키는 말로 쓰인다.
112) **운수(雲樹)는 …… 가로막혔던가** : 멀리 떨어진 가족과 벗을 생각하는 간절한 심경을 표현한 말이다. 두보가 이백을 생각하며 "위수 북쪽은 봄날의 나무, 장강 동쪽은 해 지는 구름[渭北春天樹 江東日暮雲]"이라고 한 데에서 비롯된 것이다.

작은 서재에서 두 아우와 함께 읊다.

小齋 與兩弟共吟

小齋臨絶澗　　작은 서재 외딴 시냇가에 있어
長嘯依脩楹　　길이 읊조리며 기둥에 기댔노라.
月色三更白　　달빛은 삼경에 훤하고
松聲萬□淸　　솔바람 소리 □ 맑아라.
生涯唯有酒　　생애에는 오직 술만 있을 뿐
世事更無情　　세상사엔 다시 뜻이 없다네.
客睡自難着　　나그네 잠이 저냥 이루기 어려우니
疎鐘何時鳴　　성근 종소리 어느 때나 울려오려나.

다시 앞의 시운으로 짓다

再用前韻

寒宵不能寐　　차가운 밤 잠 못 이루고
寂寂倚前楹　　적적하게 기둥에 기댔어라.
竹影風邊亂　　대 그림자 바람에 어지럽고
鐘聲月下淸　　종소리는 달빛 아래 맑아라.
深杯添逸興　　큰 술잔은 멋진 흥취를 더하고
浪吟引閑情　　낭랑히 읊조리자 한유한 정 이네.
回首孤峯外　　외론 산봉우리 밖으로 머리 돌리니
無心獨鶴鳴　　외론 학 울음소리 무심하게 들려온다.

강가 정자에서 2수

江亭 二首

石鼎烹茶後　　돌솥에 차를 달여 마시고
江亭縱目初　　강변 정자에서 한껏 바라보네.
鳥啼春意暵　　새가 우니 봄기운 따사롭고
花發岸容□　　꽃이 피니 언덕 풍경은 □하네.

鷗鷺盟還密　구로의 맹약[113]은 되레 잦아지고
城湮跡漸疎　도성의 발걸음 점차 성글어지네.
有時乘野艇　때때로 거룻배 타고서
終日釣潭魚　진종일 못의 물고기 낚네.

野雨初晴後　들녘에 내리던 비 막 개이자
江天欲暮時　강가 하늘은 저물려는 때로다.
烟鎖沙岸遠　안개 어리자 모래언덕 아련하고
潮落釣船稀　조수가 밀려가니 낚싯배들 드무네.
鸂鶒眠猶熟　비오리는 졸음이 외려 익숙하고
鸕鷀浴政遲　가마우지 멱은 정녕 길기도 해라.
漁村有新釀　어촌에 새로 빚은 술이 있다하니
莫惜典春衣　봄옷 전당 잡힘을 아까워 마시게.

그윽이 살면서

幽居

揉木以爲屋　나무를 휘어서 집을 만들고
背山因作園　산을 등지고 동산 가꾸었네.
坐能鋪樹葉　자리야 나뭇잎 펼쳐 놓으면 되고
睡便倚松根　잠은 편한 대로 솔뿌리를 벤다네.
已隔風塵鬧　시끄러운 세상과 이미 멀어졌나니
猶嫌水石喧　수석의 훤다한 소리조차 마뜩잖네.
幽居眞味在　그윽한 삶 참다운 맛 여기에 있으니
難與外人言　바깥사람에게 말로 하기 어렵다마다.

---

113) **구로의 맹약[鷗鷺盟]** : '구로(鷗鷺)'는 갈매기와 백로를 가리킨다. 곧 '구로와의 맹약'은 갈매기와 백로를 벗으로 삼고 세상일에 간여하지 않고 강호에 은거하겠다는 결심을 말한다. 송(宋)나라 육유(陸游)의 〈숙흥(夙興)〉 시에 "학의 원망은 누구를 의지해 풀리나. 갈매기와의 맹서 이미 식었을까 염려되네.[鶴怨憑誰解 鷗盟恐已寒]"라고 하였다.

그윽한 회포를 읊다

幽懷

幽懷難自寫　　그윽한 회포 쓰기 어려워
獨坐小囱前　　작은 창 앞에 홀로 앉았어라.
夜久疎烟斂　　밤이 이슥하자 성근 안개 걷히고
天空片月懸　　텅 빈 하늘에 조각달이 걸렸어라.
風枝鳴宿鳥　　바람 탄 가지엔 자던 새가 울고
石澗韻流泉　　돌 시내에는 샘물소리 운치로워라.
朗咏不能寐　　낭랑하게 읊조리며 잠 못 이루니
故園淸漢邊　　고향 동산 맑아한 한강 물 갓이라오.

서쪽 동산

西園

淸宵無一寐　　맑은 밤 한 숨도 잠 못 이루고
散步訪西園　　산보하며 서쪽 동산을 찾아가네.
孤鴈叫天末　　외론 기러기 하늘 끝에서 울고
亂蛩吟草根　　귀뚜리는 풀뿌리에서 읊조리네.
高秋夜更急　　높아진 가을 밤이 다시 짧아지고
老樹鳥相喧　　고목의 산새들 요란히 떠드누나.
對北空多感　　북녘 마주하자 괜스레 감회 일어
含情獨不言　　정을 머금은 채 홀로 말을 삼간다.

가을밤에

秋夜

月臨小院淸　　달은 작은 동산에 떠올라 밝은데
露滴疎簾濕　　이슬은 성근 발을 눅눅히 적셨네.
落葉檻前飛　　지는 잎은 난간 앞으로 흩날리고
寒蛩床下入　　찬 풀벌레는 침상 아래로 드누나.

烋深鴈影孤　가을 깊자 기러기 그림자 외롭고
夜靜砧聲急　밤 으슥하니 다듬이 소리 급하구나.
病客短長懷　병든 나그네의 이런 저런 감회들
況吟悄悵立　객쩍이 읊조리며 스산히 섰도다.

작은 동산에서

小園

幽居深巷裡　그윽한 마을서 적막하게 지내며
散步小園中　작은 동산 속을 천천히 거니노라.
弱柳和烟綠　여린 버들은 이내와 어울려 푸르고
繁花得雨紅　번화한 꽃들은 비를 맞아 붉구나.
山禽啼暖日　산새는 따사로운 햇살 기꺼워하고
海燕舞輕風　바다제비 산들바람에 춤을 추어라.
勝節寧客負　좋은 계절 어찌 나그네 저버리랴
清罇亦不空　맑아한 술동이 또한 비지 않았느니.

한적한 마음

閒意

閒居常掩戶　한적하게 살면서 늘 문을 걸어두니
清景自難收　맑은 경치 제냥 거두기 어려워서라.
簾捲孤樓夕　발을 걷으니 외론 누대의 저녁이요
風凉七月秋　바람 서늘하니 칠월 이른 가을이네.
路槐蟬更咽　길가 홰나무엔 매미 다시 울어대고
池柳鳥初投　못가 버드나무엔 새가 막 날아드네.
寓興眞堪樂　흥을 붙이면 진실로 즐길 만하니
何須作遠游　굳이 멀리 찾아 노닐 필요 있으랴.

강촌에서 막내아우와 함께 읊다.

江村 與季弟共吟

短艇江浦迫　　쪽배 타고 강 포구에 정박하니
深秋蘆荻花　　깊은 가을이라 갈대꽃 피었구나.
炊烟連宿霧　　밥 짓는 내는 묵은 안개와 잇대고
酒店接漁家　　주막은 어부의 집들과 맞붙어 있네.
灘淺潮聲壯　　여울이 얕으니 조수 소리 크고
風高鴈陣斜　　바람 높으니 기러기 떼 비꼈네.
遙看吹笛處　　아련히 젓대 소리 쪽 바라보니
野老釣汀沙　　시골 늙은이 물가서 낚시로세.

가을밤의 나그네 회포 막내아우와 함께 읊다.

秋夜客懷 與季弟共吟

海上秋風至　　바닷가에 가을바람 불어오니
山中暑氣清　　산속의 더위 기운 서늘해지네.
疎鐘來遠寺　　성근 종소린 먼 절에서 들리고
淡月照空城　　맑은 달빛은 텅 빈 성 비추네.
落葉羣鴉起　　잎이 지니 뭇 까마귀 일어나고
天高一鴈鳴　　하늘 높이 외론 기러기 우네.
小齋無興味　　자그만 집에 아무런 흥미 없으니
孤客不堪情　　외론 나그네 정 감당키 어려워라.

나그네 감회 막내아우와 함께 읊다.

旅懷 與季弟共吟

十載長爲客　　십년이나 오랜 나그네 되었는데
秋風復遠征　　갈바람에 다시 멀리 떠나야 하네.
夢魂歸故國　　꿈속의 넋은 고향으로 돌아가고
馬首向邊城　　말머리는 변방의 성을 향한다네.

野店烟中迥　　들 주점은 안개 속에 아득하고
江雨郊外平　　강 비는 교외 들판에 흩뿌리네.
此時愁正苦　　이때의 수심이야 정녕 괴로우니
孤鴈更悲鳴　　외론 기러기 다시 슬피 우누나.

다시 앞 시의 운자를 써서
再用前韻

數年爲北客　　몇 년 내내 북녘의 나그네 되니
何日賦南征　　언제 남으로 가는 글[114] 읊으랴.
夜久烟沉樹　　밤 깊으니 나무숲에 안개 잠기고
山空月滿城　　산이 비니 성에 달빛만 가득하네.
壯心終不變　　웅장한 마음 끝내 변치 않았거늘
幽憤自難平　　깊은 울분 제냥 다스리기 어렵네.
獨坐悲秋處　　홀로 앉아 가을 슬퍼하는[115] 곳에
寒蛩到曉鳴　　차운 귀뚜리 새벽까지 울어대누나.

당시에 차운하다 막내아우와 함께 읊다.
次唐詩韻 與季弟共吟

渺渺松江岸　　아득한 소나무 강가 언덕에
寥寥獨宿愁　　쓸쓸히 수심 속에 홀로 자누나.
天風吹永夜　　하늘 바람은 긴 밤을 불어대고
木葉隕高秋　　나뭇잎은 높은 가을에 떨어지네.

---

114) 남으로 가는 글 : 원문의 '부남정(賦南征)'은 송나라 형거실(邢居實)의 〈남정부(南征賦)〉를 두고 한 말이다. 형거실은 〈남정부〉를 지어 이름이 크게 났는데, 소식(蘇軾)은 그 글을 읽어 보고는 탄복하기를, "이는 옛사람의 글솜씨를 빌려 온 것이다."라고 하였다. 이 밖에 남조(南朝) 양(梁)나라 장찬(張纘)의 〈남정부(南征賦)〉와 우리나라 동주(東州) 이민구(李敏求)의 〈남정부(南征賦)〉 등이 있는데, 여기서는 남쪽 고향으로 돌아가고픈 심정을 빗대어 한 말이다.

115) 가을 슬퍼하는 : 굴원(屈原)의 뒤를 이어 초사(楚辭)의 대가로 일컬어지는 송옥(宋玉)의 〈구변(九辯)〉 중 가을의 서글픈 정서를 잘 노래한 〈비추(悲秋)〉에 "슬프다! 가을의 기운이여.[悲哉 秋之爲氣也]"라 하였기에 이렇게 말한 것이다.

去歲離山舘　지난 해에는 산관을 떠났고
今年泊海洲　올해에는 해주에서 정박하네.
長爲問津客　오래도록 나루를 묻는 나그네 되니[116)]
空羨弄波鷗　괜스레 물가에 노니는 갈매기 부러워라.

다시 앞 시의 운자를 써서 3수
再用前韻 三首

扁舟江上泊　강가에 조각배를 대자니
難慰客中愁　객지의 수심 달래기 어렵네.
潮落三更夜　조수가 밀려가니 밤이 삼경이요
風凉八月秋　바람이 서늘하니 팔월 가을이라.
漁家依蓼岸　어촌은 여뀌꽃 언덕에 의지했고
酒店傍烟洲　주점은 이내 낀 물가 곁이로세.
獨坐彈長劒　홀로 앉아 긴 칼 두드리니[117)]
閒眠羨白鷗　한가히 조는 백구 부러워라.

寥寥宿江口　쓸쓸히 강어귀에서 묵자니
脉脉動羈愁　끝없는 나그네 시름 고동치네.
草際虫吟夜　풀숲에선 벌레들 밤 들어 울고
雲間鴈報秋　구름 사이로 기러기 가을 알리네.
漁人喧近岸　어부들 근처 기슭에서 떠들썩하고
潮水沒中洲　조수는 물 가운데 모래섬 잠그네.
觸物自多感　눈에 닿는 물상마다 감회도 많으니
忘機那及鷗　세상일 다 잊기사[118)] 갈매기에 미치랴.

---

116) 나루를 …… 되니 : 이곳저곳으로 자주 떠돌아다니는 사람을 말한다. 공자께서 제자들을 데리고 천하를 주유(周遊)하다가 초나라에 들렀을 때 은자인 장저(長沮)와 걸닉(桀溺)이 짝을 지어 밭을 갈고 있는 것을 보고는 자로(子路)에게 나루터가 어디 있는지 물어보게 했던 고사가 《논어》 〈미자(微子)〉에 나온다.
117) 긴 칼 두드리니 : 각주 69)번 참조.
118) 세상일 다 잊기사 : 원문의 '망기(忘機)'는 세상일을 모두 잊고 은퇴하여 담박한 생활 즐김을 말한다.

短艇長江夜　쪽배는 밤에 긴 강물에 대 놓고
孤燈獨客愁　외론 등불 아래 나그네 시름겹네.
澄波涵素月　맑은 파도에는 하얀 달 잠겨 있고
翠浪漾淸秋　푸른 물결 맑은 가을에 일렁이네.
露濕靑沙岸　이슬은 푸른 모래 기슭 적시고
霞空白鷺洲　노을은 백로 나는 물가에 휑하네.
愀愀動漁笛　스산한 어부의 젓대 소리 울리니
處處起眠鷗　예서제서 졸던 갈매기 놀라 깨네.

당시에 차운하다

次唐詩

暫尋綠草蹊　잠시 초록빛 풀길을 찾았다가
因訪淸江曲　이참에 맑은 강굽이 들려보네.
細浪起深潭　잔잔한 물결 깊은 못에서 일고
涼風來翠竹　서늘바람 푸른 대밭서 불어오네.
塵世謝喧囂　속세에선 시끄러움 멀리 하였고
林泉成願欲　임천에선 바라는 바를 이루었네.
怡愉頤性情　편한히 성정을 뜻대로 기르니
嘯傲度炎燠　마음껏 읊조리며 더위를 보내리.

막내아우가 그 자리에서 원언인에게 지어준 시에 차운하다

次席上季弟走筆贈元彦仁

北闕承綸日　북쪽 대궐에서 윤음[119]을 받잡던 날
西州駐節初　서녘 고을에서 처음 부절 멈추었네.[120]
壯懷元自許　장대한 포부는 원래 기약한 터이고
豪氣未全除　호방한 기개는 다 없어지지 않았네.

《열자(列子)》 황제편(黃帝篇)에, 기교심(機巧心)이 하나도 없는 바닷가의 주민에게 갈매기가 수도 없이 날아와 함께 노닐었다는 '구로망기(鷗鷺忘機)'의 이야기가 전해 온다.

握手論肝膽　　손 맞잡고 속마음 터놓고 토로하며
今看祗爾子　　이제사 너나들이 하는 것을 보누나.
不嫌投瓦礫　　거리낌없이 와력[121]을 던져버리고
唯欲得琪琚　　오직 기거[122]를 얻고자 한다오.

객지 밤중에 누각에 기대어
客夜倚樓

遠客耿無寐　　먼 길 떠도는 나그네 단잠 이루지 못해
清晨猶倚樓　　맑은 새벽 오히려 누대에 기대섰노라.
亂砧千戶月　　다듬이 소리 요란한 천여 가호의 달밤
孤鴈五更秋　　외로운 기러기 나는 오경의 가을이라.
別恨苦難制　　한스런 이별이 괴로워 가누기 어렵고
羈愁空自悠　　나그네 수심 부질없이 제냥 아득하네.
數年滯遼郡　　수년 동안 요산 고을서 머무느니
何日到秦州　　어느 날에 서울에 이르게 되려나.

수안[123]에서 계수와 함께 서울로 향하며
自遂安偕季收向洛陽

五月歸遼邑　　오월에 요산 고을에서 돌아와
今朝向洛城　　오늘 아침에야 서울로 향하네.
如何別離日　　어쩌자고 이별하는 이 날
復此風露清　　이같이 바람 이슬이 맑은가.

---

119) **윤음(綸音)** : 백성이나 신하에게 내리는 임금의 말이나 글월을 총칭한다. 임금의 말씀 혹은 명령을 이르는바, 윤발(綸綍)이라고도 함. 《예기》 〈치의(緇衣)〉에 "임금의 말은 실과 같아도 그 나오는 것이 굵은 실[綸]과 같고, 임금의 말은 굵은 실과 같아도 그 나오는 것이 동아줄[綍]과 같다.[王言如絲 其出如綸 王言如綸 其出如綍]"라는 말에서 유래하였다.

120) **부절(符節) 멈추었네** : 원문의 '주절(駐節)'은 부절을 멈춘다는 뜻으로 관원이 임무를 띠고 지방에 나가 머무르는 일을 가리킨다. 곧 부임지에 도착함.

121) **와력(瓦礫)** : 깨진 기왓장과 자갈이란 뜻으로, 매우 보잘것없는 자신의 시문을 겸사로 말한 것이다.

122) **기거(琪琚)** : 보배로운 구슬로 상대방의 시문을 뜻한다.

愁緒縈千匝　수심의 가닥 천 타래로 엉키고
頭蓬白數莖　쑥대머리 허연 몇 가닥뿐이네.
暮投空舘宿　저물녘 빈 관소에 투숙하자니
階下草虫鳴　섬돌 아래서 풀벌레 울어대네.

신계[124]에서 묵으며

宿新溪

薄暮投空舘　어스름 저녁 관사에 유숙하여
黃昏倚小楹　황혼에 작은 기둥에 기대노라.
樹林含露潤　나무숲 이슬 머금어 빛나고
河漢入秋淸　은하수는 가을 들어 맑아라.
一志今猶壯　한 뜻 아직도 장대하나
孤懷自不平　회포는 마냥 평온치 않네.
長吟無限意　길게 읊조리는 가없는 이 마음
千里遠遊情　천 리 밖 멀리 떠도는 심정이로세.

신계 가는 길에서

新溪道中

遠客言旋日　먼 나그네 돌아오는 날
秋風七月中　갈바람 이는 칠월이라오.
行裝猶草草　행장은 오히려 초라하고
歸心更悤悤　돌아갈 마음만 서두를 뿐.
鞍馬身長困　말타기에 몸은 늘 지치고
關河路不窮　관하의 길은 멀기만 하네.

123) **수안(遂安)** : 황해도 수안군(遂安郡)으로, 동쪽으로 곡산군(谷山郡) 경계까지 45리, 남쪽으로 신계현(新溪縣) 경계까지 25리, 서흥부(瑞興府) 경계까지 34리, 서쪽으로 동부(同府) 경계까지 35리, 북쪽으로 평안도 상원군(祥原郡) 경계까지 48리, 삼등현(三登縣) 경계까지 91리요, 서울과의 거리는 420리이다. 요산(遼山)으로도 불렸다. 각주 38)번 참조.

124) **신계(新溪)** : 황해도 신계현(新溪縣)으로, 북쪽으로 수안군 경계까지 46리이고, 서울과의 거리는 348리이다.

家鄉緲何許　　고향은 아득해라 어디쯤인가
去去向東南　　가고 가며 동남쪽을 향하노라.

우봉 가는 길에서 즉흥으로 읊다
牛峯道中口號

峽裏秋光晚　　골짝 속은 가을빛 저무는데
溪邊日氣凉　　시냇가 날씨는 서늘도 하네.
殘童盡憔悴　　꾀죄한 아이들 모두 초췌하고
倦馬更玄黃　　지친 말은 다시 비루먹었구나.
漠漠歸程遠　　막막타 돌아갈 길은 멀기만 하고
悠悠別恨長　　아득타 작별의 한은 길기만 하네.
遼陽何處是　　요양 땅은 어디메라던가
回首斷中腸　　고개 돌리자 애가 끊어진다.

새벽길에서
曉行

暮入水村宿　　저물녘 물가 마을에 들어 묵고
曉尋山路行　　새벽녘 산길 찾아 길을 나서네.
溪流松下咽　　냇물은 소나무 아래서 오열하고
螢火草間明　　반딧불은 수풀 사이에서 빛나네.
白髮傷秋鬢　　백발에 허해진 귀밑털 슬프고
枯腸惜別情　　석별의 심정에 애간장 탔었네.
亂峰雲外疊　　구름 밖 봉우리들 첩첩하니
何處是秦城　　어느 곳이 서울 땅이라던가.

금교 주막에서 묵으며
宿金郊酒幕

杳杳歸路遠　아득해라 돌아갈 길이 머니
蕭蕭征馬悲　쓸쓸해라 가는 말도 슬퍼하네.
村烟初起後　마을 연기는 막 피어오른 후
山日欲沉時　산마루 해는 잠기려는 때로다.
倦客求宿晚　지친 길손 묵을 집 찾기 늦어
殘童炊飯遲　초라한 동복은 밥 짓기 더디네.
明朝將早發　내일 아침 일찍 출발하고자
頻問夜何其　밤이 얼마쯤 되었나 자주 묻네.

청석 가는 길에서 즉흥으로 읊다
青石途中口號

客窓無夢寐　객창이라 잠을 이루지 못한 채
晨起理行裝　새벽에 일어나 행장을 꾸렸네.
已聽鵲頻唱　이미 때까치 소리 자주 들리는데
誰言夜未央　누가 밤이 새지 않았다 하는가.
倦童愁跋涉　게으른 종놈은 먼 길 걱정하고
羸馬喜顚僵　여윈 말은 자빠짐을 기뻐하네.
少憩淸溪上　맑은 냇가에서 조금 쉬었다가
徐驅指漢陽　천천히 말 몰아 한양을 향하노라.

개성 도중에 삼각산을 보고 기뻐서 쓰다
開城途中見三角山喜題

侵晨始治行　동틀 무렵 비로소 행장을 꾸리고
策馬更登程　말을 채찍질하여 다시 길에 오르네.
白露千林潤　하얀 이슬은 일천 수풀에 빛나고
青烟一壑平　파란 연무는 온 구렁에 펼쳐졌네.

秋光猶滿眼　가을빛은 오히려 눈에 가득하니
病客獨多情　병든 길손 유독 정감도 많아라.
喜見三山近　가까워진 삼각산 기뻐 바라보니
山前是洛陽　산 앞이 바로 그리던 서울이라오.

임진강에서
臨津

朝餐孤驛裏　외딴 역참에서 아침밥 먹고
晚到大江中　저물녘 큰 강가에 이르렀네.
落鴈三竿日　기러기 설핏한 햇살에 내려앉고
扁舟千里風　쪽배는 천 리 바람을 타고 가네.
山圍平野盡　산들은 평야 끝머리에 에둘렀고
木接碧天窮　나무들 푸른 하늘에 맞닿았네.
不作片時賞　잠시라도 감상하지 못했나니
只緣歸思忽　그저 돌아갈 마음 급할 따름.

파주 촌사에서 묵으며 느끼는 바가 있어
宿坡州村舍有感

野店臨溪靜　시냇가 들 주막은 고요한데
柴扉向水開　사립문은 물을 향해 열렸네.
汀喧知鴈集　모래톱 소란스러우니 기러기 모여들었겠고
萍動覺魚來　부평초가 일렁거리니 물고기 떼 왔으렷다.
落日釣初罷　해 떨어지니 낚시질 막 끝내고
秋風醪又酤　가을바람 부니 막걸리 또 거르네.
羨渠村興洽　저 시골의 넉넉한 흥취가 부러웁나니
愧我客懷催　서두르는 나그네 심회 부끄러울 뿐.

집에 돌아와 우연히 읊다

歸家偶吟

洛下秋風至　서울에는 가을바람 불어오는데
天涯病客廻　떠돌던 병든 나그네 돌아왔네.
丹楓隨意晩　붉은 단풍은 천성대로 물들었고
柴菊滿階開　들국화는 뜰에 가득 피어 있구나.
老姉炊新稻　늙은 누이는 햅쌀로 밥을 짓고
殘婢潑舊醅　계집종은 묵은 술을 뜨는구나.
此時幽興洽　이런 때 그윽한 흥취 흡족해
休笑玉山頹　옥산이 쓰러진다[125] 웃지 말길.

오조천[126] 가는 길에 읊다

吾助川途中口占

薄薄驅羸馬　이랴 낄낄 파리한 말 몰아서
悠悠向遂城　아득히 수성[127]을 향하노라.
細泉氷下咽　가녀린 샘물 얼음 밑에 울고
幽草雪中青　그윽한 풀은 눈 속에 푸르네.
觸物成離恨　보이는 것마다 이별의 한 일고
無人慰客情　나그네 정 위로해줄 이 없어라.
黃昏投野店　황혼녘 들 주막에 유숙하니
淡月照風楹　담담한 달빛 바람기둥 비추네.

---

125) 옥산(玉山)이 쓰러진다 : 원문의 "옥산퇴(玉山頹)"는 술에 취해서 몸을 가누지 못하는 것이다. 《세설신어(世說新語)》 〈용지(容止)〉에 "혜강(嵇康)의 자태가 마치 외로운 소나무가 홀로 선 것처럼 빼어나 그가 술에 취해서 넘어지면 옥으로 된 산이 무너지는 것과 같았다." 하였다.

126) 오조천(吾助川) : 황해도 금천(金川) 서쪽 30리에 있는 개천으로, 성거산(聖居山)에서 발원하여 저탄(猪灘)으로 흘러들어간다.

127) 수성(遂城) : 평양 남쪽 경계에 있는 지명인데, 여기서는 황해도 수안(遂安)을 지칭한 것으로 보인다.

겨울밤 나그네의 심회

冬夜客懷

冬夜自漫漫　　겨울밤 제냥 길기만 한데
旅囱何寂寂　　객창은 이다지도 적적한가.
淸霜壁上凝　　맑은 서리 벽 위에 엉겼고
白雲庭中積　　흰 구름은 뜰 안에 쌓였네.
廢堗冷如氷　　망가진 온돌 얼음장 같은데
尖風善知隙　　찬바람은 틈새를 잘도 아네.
人誰不覺寒　　사람 뉜들 추위를 모르랴만
獨此離家客　　유난히 집 떠난 나그네라니.

衣綻耐膚呈　　터진 옷 생살 드러남 견디고
袴穿從脚赤　　구멍 난 바지 맨살 드러나네.
酸辛語則長　　고생으로 말하자면 하 길고
疾病旹相迫　　몸의 병은 때로 괴롭게 하네.
故舊別離多　　옛 친구들과 이별이 잦아지고
兄弟南北隔　　형제들도 남북으로 떨어져 있네.
歡心日寂寥　　기쁜 마음은 날로 적막해지고
愁緖纏胸膈　　시름거리만 가슴에 얽혀드네.

耿耿睡難成　　까막까막 잠들기 어려운데
悠悠思轉劇　　아득아득 심사만 더욱 많아라.
孤燈冉冉殘　　외론 등불 가물가물 희미해지고
兩鬢蕭蕭白　　두 귀밑머리는 희끗희끗 세었어라.
未得越關山　　언제나 관산을 넘어갈 수 있으련
安能生羽翮　　어찌 날개를 돋게 할 수 있으련.
深盃且可斟　　큰 술잔에 우선 부어 마시지만
浮念終無益　　허튼 상념 끝내 도움이 되리까.

추위에 고생하며

苦寒

關外凝沍甚　　짱짱 얼어붙은 관문 밖
客中心事違　　객중 일이 뜻과 어긋나.
雪風凄凜凜　　눈보라 차가워 으스스하고
簷日短暉暉　　처마 햇살은 짧게 빛날 뿐.
觸手氷稜利　　손 닿자 얼음 모서리 날카롭고
圍爐火氣微　　낀 화롯불도 불기 있으나마나.
苟非憑酒力　　정히 술의 힘을 빌리지 않으면
難以却寒威　　한기의 위세 물리치기 어려울 터.

겨울밤 나그네의 심회

冬夜旅懷

嶺上陰雲重　　고개 위 음산한 구름 캄캄한데
囱前密雪飄　　창 앞에는 함빽한 눈발 날리네.
離懷空寂寞　　이별의 회포 부질없이 적막하고
急景自蕭條　　급한 풍광 절로 쓸쓸키만 하네.
北地朋親少　　북녘 땅이라 가까운 벗도 적고
南鄕道路遙　　남쪽 고향 땅은 가는 길 멀어라.
孤燈終不負　　외론 등불 끝내 저버리지 못해
永夜伴無聊　　긴긴 밤 무료와 짝을 하는구나.

빈 객관에서

空館

絕域長爲客　　이역에서 오랫동안 나그네 되니
窮冬獨掩扉　　한겨울 내 홀로 사립문 가리네.
破窓風亂射　　찢진 창으론 바람 매섭게 쏘아들고
空館雪飄飛　　텅 빈 객관엔 눈발 표표히 날리네.

故舊洛中遠　친구들은 멀리 서울에 있고
音書關外稀　편지 소식 관문 밖에 드물다.
旅懷須莫說　나그네 감회 말하지 말지니
浮世自多違　뜬 세상사 어긋남[128] 절로 많아라.

요서에서
遼西

滯跡遼西久　요서에서 오랫동안 체류하며
回頭漢北遙　서울을 바라보니 멀기만 하네.
冬深寒夜永　겨울이 깊으니 추운 밤 길고
風亂小燈搖　바람이 사나워 등불 요동하네.
愁緖空縈繞　갖은 시름만 공연히 얽히고
興心轉寂寥　흥겨운 마음 점차 적료해지네.
孤吟無夢寐　홀로 시만 읊다 잠 못 이루니
還使羡漁樵　되려 어옹과 초부가 부러워라.

시름을 풀려고
解愁

棲遑仍老病　바쁘게 떠돌자니 늙고 병만 들어
旅泊尙夷猶　객지살이 되레 이력이 났나 보네.
軒敝月窺戶　집이 낡으니 달빛이 문틈을 엿보고
箔踈風滿樓　주렴 성그니 바람이 다락에 가득하네.
五更歸夢斷　오경이라 돌아갈 꿈조차 끊어지고
千里客程脩　천릿길 나그네 여정은 멀기만 하네.
長醉非關酒　술을 가리지 않고 길이 취하렴은
深憑要解愁　깊이 의지해 수심을 풀기 위해서지.

128) 어긋남 : 저본에는 '遠(원)'으로 되어 있으나, 전사의 오류로 보고 '違(위)'로 번역하였다.

추운날 밤에

寒夜

破堗霜凝壁　　깨진 온돌 벽에는 서리가 서렸고
空庭氷閣石　　빈 뜨락 누각 돌은 얼음이 얼었네.
風光冷益淸　　풍광은 냉랭할수록 더욱 맑고
月色寒逾白　　달빛은 백지보다 시리도록 싸늘해.
冬夜空自長　　겨울밤은 부질없이 길기만 하고
客懷苦難釋　　나그네 심회 풀기 정히 어렵구나.
燈前眠不成　　등불 앞에 잠 이루지 못하는데
窓外雪盈尺　　창밖엔 눈이 한 자나 쌓였구려.

사립문

柴扉

洛北別來久　　서울에서 떠나온 지 오래되니
遼西書到稀　　요서에는 오는 서찰 드물구나.
誰能憐老物　　누가 이 늙은일 가여워하랴
獨自掩柴扉　　홀로 사립문 닫아 놓고 있네.
雪榻書燈冷　　눈 책상[129]엔 등불마저 싸늘코
風簷宿鳥飛　　바람 처마엔 잘 새들 날아드네.
永懷仍不寐　　이런저런 생각에 잠 못 이루니
落月淡無輝　　지는 달 빛을 잃고 흐릿해진다.

입춘절에

立春

故園音書絕　　고향의 소식 끊어졌는데
他鄉歲月遒　　타향의 세월만 흘러가네.

---

129) 눈 책상 : 원문의 '설탑(雪榻)'은 옛날에 강필(江泌)이 집이 가난하여 밤에 등불을 켜지 못하고 눈에 비춰서 글을 읽었다는 고사에서 나온 말이다.

溪氷頑不釋　　냇가 얼음 단단해 풀리지 않고
逕草漸細抽　　길가 풀싹 차츰 뾰족 돋아나네.
老去心猶壯　　늙어가도 마음은 아직껏 웅장하고
春來興更幽　　봄이 오니 흥취 다시 그윽해지네.
韶光行爛熳　　봄빛이 점차 흐드러지면
勝日可遨遊　　좋은 날 노닐 수 있겠지.

달현에서
獺峴

夜宿牛峰月　　밤에 우봉의 달빛에 묵고
曉行獺峴春　　새벽 달현서 봄 길 나선다.
鶯歌驚遠客　　꾀꼬리 노래 멀리 갈 길손 놀래키고
鷰語勞幽人　　제비 지저귐 숨어사는 이를 위로하네.
面目山川舊　　산천의 면목은 옛 모습 그대로고
風烟景物新　　풍광 속 경물은 새롭기만 하네.
離懷此時苦　　이별의 회포 이때가 괴로운데
獨立倍傷神　　홀로 섰으니 배로 서글퍼진다.

광주로 가는 길에
廣州途中

疋馬單童客　　필마에 종 하나로 가는 나그네
危橋險路間　　높다란 다리 험한 길을 가누나.
烟郊花淡淡　　내 낀 들판에는 꽃들이 담담하고
石澗水潺潺　　돌 시내엔 맑은 물이 졸졸 흐르네.
鄕信幾時到　　고향 소식은 어느 때나 이를까
別懷今夕艱　　이별의 회포는 오늘 밤 힘들겠지.
長歌聲更苦　　길게 읊다 소리 다시 애처로워
雙鬢一分斑　　양 귀밑머리 한 푼씩 세어진다.

신계에서 묵으며

宿新溪

野橋風浩浩　　들 다리에는 바람이 거센데
山館月娟娟　　산관의 달빛은 곱고 고와라.
鬢自愁中變　　귀밑털 절로 수심에 변하고
身長馬上懸　　몸은 늘상 말 위에 얹혀 있네.
樹喧驚宿鳥　　나무숲 소란하니 자던 새 놀라고
庭暗鎖寒烟　　뜰이 어둑하니 찬 안개 잠겼어라.
老衲棲高寺　　노승이 높은 절에 거하고 계시니
幽閒覺汝賢　　깊고 한가하여 현명한 줄 깨닫네.

화학루[130] 현판의 운을 따라 짓다 막내아우와 함께 읊다.

次化鶴樓板上 季弟共吟

層層起朱閣　　층층으로 붉은 누각 솟아 있고
曲曲繞雕墻　　굽굽이 아로새긴 담장은 둘러 있네.
風靜落花小　　바람이 고요하니 떨어지는 꽃잎 적고
洞深流水長　　골짝이 깊으니 흐르는 물이 아득하네.
嶺雲引疎雨　　고갯마루 구름은 성근 비 불러오고
庭樹納微凉　　뜰의 나무는 서늘한 기운 맞이하네.
斗覺多眞趣　　문득 참된 흥취 많음을 깨닫겠으니
渾忘在異鄕　　타향에 있음을 온전히 잊게 하누나.

130) **화학루(化鶴樓)** : 황해도 수안군(遂安郡)에 있는 누각이다. 허균(許筠, 1569~1618)의 〈화학루 중수기(化鶴樓重修記)〉에 "……화학루는 과연 훤하니 트이고 구조는 치밀하였다. 체제가 사치하지도 않았지만 비루하지도 않았으며, 지세에 의거하여 매우 발랐다. 난간과 미주(楣柱)도 규격에 맞아 틀리지 않았다. 동쪽에는 충천각(沖天閣)이 있고 북쪽에는 학선당(學仙堂)이 있는데, 추울 때는 따뜻하고 더울 때는 서늘하여 머물러 살 만하고 쉴 만하였다.……"라고 하였다.

봄추위
春寒

南國韶光晚　　남국에는 봄빛이 저물 터인데
西關日候寒　　서쪽 관문에는 날씨가 춥다네.
繁霜凝株杪　　더북한 서린 나무 끝에 엉겼고
密雪撲簷端　　빽빽한 눈발 처마 끝을 때리네.
悄悄風聲緊　　을씨년스런 바람소리 거세차고
寥寥客興闌　　쓸쓸하여 나그네의 흥 사라지네.
不須思酩酊　　한껏 취하기는 바라지 않나니
聊以慰辛酸　　그저 쓰디쓴 심정만 위로하길.

늦봄에 감회가 있어
暮春有感

津津春色暮　　흐드러진 봄빛은 저물어 가는데
寂寂竹扉關　　적적해라 대사립문 걸어 놓았네.
樹合繁陰綠　　나무숲 모였으니 짙은 그늘 푸르고
花殘軟蘂斑　　꽃이 이우니 연한 꽃술이 얼룩지네.
天時三月變　　하늘의 절기는 삼월이면 변하는데
人事幾時閒　　사람의 일은 어느 때나 한가할까.
落日坐空舘　　지는 햇살 빈 객관에 앉아 있자니
浮雲生遠山　　뜬 구름이 먼 산에서 피어오른다.

두공부의 시에 차운하다 13수
次杜工部韻 十三首

乍尋花下路　　잠시 꽃 아래 길을 찾았다가
還渡柳邊橋　　문득 버들 주변의 다릴 건너네.
小閣臨淸澗　　작은 누각 맑은 시내에 닿아 있고
高欄切紫霄　　높은 난간 붉은 하늘에 솟구쳤네.

村醪寧待熟　어찌 촌 막걸리 익길 기다리랴
隣舍競相招　이웃에서 다투어 서로 부른다오.
自愛居處靜　본래 고요한 거처 좋아하나니
誰嫌城市遙　누가 성시의 멂을 혐의하리오.

路入竹林靜　길은 고요한 대숲으로 들어가고
亭臨溪水淸　정자는 맑은 시냇물에 닿아 있네.
高低飛鷰鷰　높고 낮게 제비들은 나닐고
遠近語鶯鶯　예서제서 꾀꼬리들 지저귄다.
玉稻黃粱飯　옥 같은 쌀 누런 기장 밥에다
銀蓴碧藕羹　은빛 순채 나물 푸른 연뿌리 국.
箇中幽興洽　그 속에 그윽한 흥취 흡족하니
何必作山行　어찌 굳이 산행할 필요 있으랴.

閒亭塵不滓　한적한 정자 티끌에 물들지 않았고
幽谷興難支　깊은 골짝은 흥을 가누기 어려워라.
綠竹侵高砌　푸른 대나무 높은 섬돌에 침노하고
淸溪入小池　맑은 시내 작은 연못으로 흘러드네.
誰想念同賞　뉘 함께 감상하려 생심이나 할까
祇猶心自知　다만 이내 마음만 알 뿐이라네.
細雨徒全濕　가랑비에 온통 축축이 젖으니
寒蓑任半披　찬 도롱일 반쯤 풀어 헤치네.

別墅依深巷　별장은 깊은 골목에 의지해 있고
奇松對異花　기이한 솔 예쁜 꽃들과 마주했네.
樓題泣神鬼　누제는 귀신을 울릴 만하고[131]

131) **누제(樓題)는 …… 만하고** : '누제'는 누대에 걸어놓은 제영(題詠)한 시구를 말한 것으로, 곧 시문의 뛰어남을 형용한 말이다. 당(唐)나라 주규(朱逵)의 〈회소상인초서가(懷素上人草書歌)〉에 "절묘하기는 마

亭額動龍蛇　　정액은 용과 뱀이 요동치네.[132)]
雨洗苔庭靜　　비에 씻긴 이끼 낀 뜰은 고요롭고
烟開野望賒　　안개 걷힌 들판 아득키만 하구나.
何須求福地　　어디서 모로매 복된 터를 찾으료
卽地乃仙家　　여기가 바로 신선의 집이로구나.

水會雙溪合　　물은 두 시내가 모여 흘러가고
山分一壑開　　산은 한 골짝으로 나눠 열리네.
雨中生綠竹　　빗속에 푸른 대나무 자라나고
風裏落靑梅　　바람결에 푸른 매실 떨어지네.
海鷰將雛去　　바다제비는 새끼를 데려 가고
林禽喚友來　　숲속의 새는 짝 불러 날아드네.
此時多野趣　　이런 때인즉 시골 정취 많나니
終日坐靑苔　　온종일 퍼런 이끼 깔고 앉았네.

峽裏收陰雨　　산협에 음침한 빗줄기 걷히니
岩間噴玉泉　　바위 새 옥 같은 샘물이 솟네.
花紅羞比錦　　꽃은 붉어 비단에 비할 만하고
絮白迥過綿　　새하얀 버들개지 솜보다 낫고야.
旁舍暫開席　　이웃이 곧장 자리를 마련하니
濁醪寧用錢　　막걸리야 어찌 살 필요있겠는가.
誰知幽僻處　　누가 그윽하고 궁벽한 곳에

땅히 귀신도 울게 하니, 최채의 그윽한 혼 다시 마음에 죽네[妙絶當動鬼神泣 崔蔡幽魂更心死]"라고 하였고, 두보가 〈이백에게 이십 운을 지어 부치다[寄李十二白二十韻]〉라는 시에서 이백의 시를 평하여 "붓을 들고 글을 지으면 풍우를 놀라게 하고, 시가 이루어지면 귀신을 울렸네.[筆落驚風雨 詩成泣鬼神]"라고도 하였다.

132) **정액(亭額)은 …… 요동치네** : 정액은 정자 위에 걸어놓은 편액을 말하는데, 여기서는 정액에 쓴 글씨가 마치 용이나 뱀이 굼틀거리는 듯 힘찬 글씨임을 표현한 것이다. 참고로 두보의 〈이조팔분소전가(李潮八分小篆歌)〉에 "팔분 한 글자는 백금의 값이 나가니, 교룡이 서려 있는 듯 근육이 억세어 보이누나.[八分一字直百金 蛟龍盤拏肉屈強]"라고 하였다.

還有好山川　　좋은 산천이 있는 줄 알리오.

江上新亭好　　강가의 새로 지은 정자 좋고
門前早稻香　　대문 앞에는 올벼가 향긋하네.
嶺升松月白　　고개엔 솔 위로 달이 오르고
軒引竹風凉　　마루에는 대숲 바람 불어오네.
蛺蝶花房宿　　나비는 꽃 속에서 묵어가고
鶬鶊柳幕藏　　꾀꼬리 버들 숲에 몸을 숨겼네.
夜窓還寂寂　　한밤 창가는 되려 고요한데
烟樹更蒼蒼　　안개 낀 수풀 더욱 짙푸르네.

路細去淸澗　　오솔길 따라 맑은 시내 향해 가고
軒高俯綠池　　마루 높은 데서 푸른 못 굽어보네.
紅花藏遠峀　　붉은 꽃들 먼 봉우리에 감춰 있고
綠竹護疎籬　　푸른 대는 성긴 울 감싸 안았네.
沽酒邀旁舍　　술을 받아다 이웃 사람들 맞이하고
摘梅與穉兒　　매실을 따서 아이들에게 나눠주네.
寥寥深巷裏　　적적하게 깊은 산마을 속이라지만
日日閒興隨　　나날이 한가로운 흥 좇아 노닌다네.

洞口飛疎雨　　골 어귀에는 성근 빗발 흩날리고
溪頭起密雲　　시내 위로는 먹장구름 일어나네.
沉沉微樹影　　날씨 침침하니 나무 그림자 희미하고
靄靄暗峰文　　안개 자욱하니 산 모습도 어둑해지네.
酌酒春將盡　　술잔 기울이니 봄은 다하려 하고
彈琴夜欲分　　거문고 타자니 밤은 깊어만 가네.
竹園白淸靜　　대나무 뜰은 해맑고 고요하건만
塵世謾繽紛　　티끌세상은 공연히 분분키만 해.

一院殊深僻　　집 하나 자못 깊숙하고 궁벽하니
幽人興若何　　숨어사는 사람의 흥이 어떠할까.
蕭蕭塵事少　　소연하여 속세의 일 드물고
浩浩清興多　　거침없어 맑은 흥취 많다네.
醉則發長嘯　　거나히 취하면 길게 읊조리고
醒時吟短歌　　술이 깨면 짧은 가락 읊노라.
有時南郭老　　때론 남쪽 성곽의 노인 있어
携酒亦來過　　술병 들고 역시 찾아온다오.

野橋因岸曲　　들녘 다리는 언덕 따라 굽어 있고
江路傍巖斜　　강가 길은 바위 곁에 비기어 있네.
地僻少塵事　　땅이 궁벽하니 세속의 일이 적고
春深多物華　　봄이 깊으니 갖은 물색 많다네.
青雲生澗石　　푸른 구름 시내 바위에서 생기고
白鳥下汀沙　　흰 새는 물가 모래톱에 내려앉네.
勝日除清景　　좋은 날 맑은 경광이 없다면야
平城有幾家　　평성에는 몇 집이나 있을까나.

湖上亭初落　　호숫가에 정자가 막 낙성되니
亭前客偶過　　정자 앞을 나그네 우연히 들려보네.
竹深栖翡翠　　대숲 우거져 비취새가 깃들고
松老因藤蘿　　소나무 늙어 등덩굴 뒤얽었네.
勝概塵間少　　좋은 경개는 풍진 사이에 드물고
閒情物外多　　한유한 정취는 세상 밖에 많다네.
朗吟恣賞玩　　낭랑히 읊조리며 마음껏 완상하니
清興更如何　　맑게 이는 흥이야 또 어떠하겠는가.

淡泊張公子　　담박했던 장공자[133]는

江湖舊主人　　강호의 옛 주인이었다네.

城闉寧側足　　성시로 어찌 발을 내딛겠는가

水月任安身　　물과 달에 몸 편히 맡겼다네.

逕草春深綠　　길가의 풀이야 봄 깊자 푸르고

階苔雨後新　　섬돌 이끼는 비온 뒤에 새롭네.

自今登眺慣　　이제 버릇처럼 올라가 조망하니

休怪往來頻　　잦게 다닌다 괴이여기진 마시게.

신경 스님[134]에게 주다

贈信冏上人

小齋無俗事　　옹색한 집이라 속세 일 없어

終日對禪僧　　종일토록 선승과 마주한다오.

但取心事靜　　다만 마음 속 고요함을 취할 뿐

寧論面目曾　　어찌 면목의 미움[135]을 논하리오.

月峰青琬琰　　달빛 젖은 봉우리는 푸른 홀[136] 같고

楓岳玉崚嶒　　단풍든 산은 옥빛으로 우뚝하다네.[137]

遍覺師休詑　　새삼 스님 자랑함 없는 줄 알겠느니

清遊我亦能　　맑은 흥취 즐김이야 나 역시 능타오.

---

133) **장공자(張公子)** : 당나라 사람으로 궁사(宮詞)에 능하여 유명했던 장호(張祜)를 가리킨 것으로 보인다. 두목(杜牧)의 〈등지주구봉루기장호(登池州九峰樓寄張祜)〉 시에 "어느 누가 우리 장공자 같은 이 있으랴, 일천 수의 시로써 만호후를 가벼이여기는 걸.[誰人得似張公子 千首詩輕萬戶侯]"이라는 시구가 있다.

134) **스님** : 원문의 '상인(上人)'은 승려를 높여 이르는 말이다.

135) **면목(面目)의 미움** : 원문의 '증(曾)'은 '증(憎)'의 오자로 보아 수정 번역하였다. 따라서 얼굴에 미움이 나타남. 남들로부터 질시 받는 것을 이른다. 한유(韓愈)의 〈송궁문(送窮文)〉에, 지궁(智窮), 학궁(學窮), 문궁(文窮), 명궁(命窮), 교궁(交窮)의 다섯 궁귀(窮鬼)가 자신을 괴롭히는 행위를 지적했는바, 그 대략에 "다섯이 각기 주장한 바가 있고 사사로이 이름자를 세워서, 내 손을 비틀어 뜨거운 국을 엎지르게 하고, 입을 열었다 하면 남의 기휘를 저촉하게 하여, 나로 하여금 면목을 가증스럽게 하고 언어를 무미건조하게 하는 것이 모두 그대들의 뜻이다.[各有主張 私立名字 捩手覆羹 轉喉觸諱 凡所以使吾面目可憎 語言無味者 皆子之志也]"라고 한 데서 온 말이다.

136) **홀** : 원문의 '완염(琬琰)'은 완규(琬圭)와 염규(琰圭)로, 완규는 끝이 둥그스름한 홀(笏)이고 염규는 끝이 날카로운 홀이다.

137) **우뚝하다네** : 원문의 '능증(崚嶒)'은 산이 우뚝하게 솟음의 형용이다.

객지의 밤

客夜

宿霧沉靑嶂　　자욱한 안개 푸른 산봉 잠그고
淸風吹碧林　　맑은 바람 푸른 숲에서 부누나.
溪喧依旅枕　　요란스런 냇물소리 길손 목침 에돌고
月出動村砧　　휘황한 달밤 다듬이 소리 울려오네.
故國歸何日　　고향산천 돌아가는 날 언제일런고
他鄕滯至今　　이제까지 타향에 머물러 있다네.
自憐相識少　　가련타 서로 아는 이도 드문데
殘燭伴孤吟　　이운 촛불 짝 삼아 읊조리누나.

밤에 작은 누각에 앉아

小閣夜坐

小閣三更夜　　삼경 깊은 밤 작은 누각에 올라
長吟獨倚楹　　길게 읊조리며 기둥에 기댔노라.
初春留洛浦　　이른 봄날엔 낙포[138]에 머물렀고
溽暑滯遼城　　무더운 여름 요성에서 체류하네.
心擾風中纛　　마음은 바람맞은 깃발처럼 흔들이고
形浮水上萍　　이 몸은 물에 뜬 부평초처럼 떠도네.
故人猶在夢　　벗들은 꿈에서나 볼 수 있으려니
攲枕勿須驚　　자리에 누었다고 놀라지들 마시게.

이경저를 꿈꾸고

夢李景著

策馬指長途　　말을 채찍질해 장도에 오르며
含情離故人　　정 머금은 채 벗과 헤어졌다오.

---

138) **낙포(洛浦)** : 한강 포구 또는 낙동강 포구. 여기서는 전자를 지칭한 것으로 보인다.

推擠過一夏　떠밀리 듯 여름 한 철 지나고
倏忽送三春　잠간 새 삼춘[139]마저 보냈다네.
獨以心思切　홀로 마음속 그리움 간절터니
猶能夢見頻　오히려 꿈에서나 자주 보았지.
歸期應不遠　돌아갈 날 응당 멀지 않으리니
相訪定無巡　서로 찾는 일 아무렴 잦고말고.

가뭄 2수

旱 二首

一旱連三月　한 번의 가뭄 석 달을 이으니
千原斷百□　산밭마다 온 물길[140] 끊기었네.
田皆龜坼遍　논은 온통 거북등처럼 갈라지고
穀盡火燒然　곡속은 모두 불에 타버린 듯해.
已見夏無雨　내린 비 전혀 없는 여름을 보겠고
難期秋有年　올가을 가을수확 기대하기 어렵네.
九重勤六責　대궐에선 육책[141]에 바쁘시려니
甘霪佇陽天　하늘이 단비 내리시길 기다릴 뿐.

商林慳一霈　상림[142]에선 큰비 한번 아끼셨고
周旱有三春　주나라도 삼년이나 가뭄 있었다네.
陌上無靑草　밭두렁에는 푸른 풀조차 없고

---

139) **삼춘(三春)** : 맹춘(孟春)·중춘(仲春)·계춘(季春) 등 봄의 세 시기를 지칭하는데, 봄철의 세 번째 시기인 모춘(暮春)을 지칭하기도 한다.

140) **물길** : 이 작품의 운자가 하평성의 '先' 자이므로, 이 운목에 속하되, 윗구의 '月' 자와 대(對)가 될 만한 자로 '川·泉' 등을 짐작할 수 있다. 따라서 '물길'로 해석하면 무난할 듯하다.

141) **육책(六責)** : 여섯 가지 책망으로 상림육책(桑林六責)을 말한다. 상(商)나라 탕 임금 때에 7년 동안 큰 가뭄이 들었는데, 탕 임금이 몸소 자신을 희생으로 삼고 상림(桑林)에서 여섯 가지 일로 기도하기를, "정치가 절도가 없어서입니까? 백성들이 생업을 잃어서입니까? 궁실이 높아서입니까? 여인들의 농간이 많아서입니까? 뇌물이 성행해서입니까? 참소하는 사람이 많아서입니까?" 하니, 말을 마치기도 전에 큰비가 내렸다. 《十八史略》

142) **상림(商林)** : 상나라의 상림(桑林)을 말한다.

田中漲赤壁　　갈라터진 논바닥 숱한 붉은 벽.
龍愁江海渴　　용은 강해 마를까 시름하고
民泣飢饉臻　　백성들 기근 들까 눈물짓네.
漆室憂何補　　칠실의 걱정[143] 무슨 도움이 되리오
長吟坐達晨　　길게 읊조리다 앉은 채 새벽을 맞네.

단비에 기뻐서
喜雨

漠漠陰雲起　　가뭇이 캄캄한 구름 일더니
濛濛好雨來　　부슬부슬 단비가 내리누나.
隨風纔入戶　　바람결에 집안으로 들이칠 듯하고
逐靄忽滿臺　　아지랑이 따라 홀연 누대에 가득해.
野色青猶徧　　들판의 푸른 풀빛 한껏 더하고
山光翠欲頹　　산 빛은 푸른색 무너질 지경이네.
夜囱聲不歇　　밤 창가에 빗소리 그치지 아니하니
江客興難裁　　강가 나그네 흥은 가누기 어렵고야.

안악 동헌의 시에 차운하다
次安岳東軒韻

獨訪松間逕　　홀로 소나무 사이의 길 찾아가
多憑水上樓　　자주 물가 누각에 기대곤 하네.
風歸黃葉落　　바람이 휘돌아 단풍잎 떨구고
雨歇白雲浮　　비가 그치자 흰 구름만 떠도네.
勝景凌三島　　좋은 경치 삼도[144]를 능가하고

143) **칠실(漆室)의 걱정** : 분수에 지나친 근심을 이른다. 춘추시대 노(魯)나라의 칠실이란 읍(邑)에 과년한 처녀가 자신이 시집가지 못하는 것은 걱정하지 않고 임금이 늙고 태자가 어린 것을 걱정하여 기둥에 기대어 울자, 이웃집 부인이 비웃으며 "이는 노나라 대부가 할 근심이니 그대가 무슨 상관인가?"라고 하였다. 《列女傳 漆室女》

144) **삼도(三島)** : 삼신산(三神山), 즉 신선이 살고 있다는 봉래산(蓬萊山), 방장산(方丈山), 영주산(瀛洲山)을 가리킨다.

奇觀擅九州　　기이한 경관 천하에서 으뜸이라.
願除城市累　　성시의 잡사일랑 다 잊고서
長作放浪遊　　길이 유람이나 즐기고 지고.

국화

菊

青青數叢菊　　푸르디푸른 두어 떨기 국화
艶艶滿枝開　　곱디곱게 가지 가득 피었네.
香酷宜薰佩　　향기 짙어 향주머니에 차기 알맞고[145]
體輕好泛盃　　꽃잎 가벼워 술잔에 띄우기 좋구나.
苦心同野竹　　고뇌의 마음 들녘 대나무와 같고
清韻勒江梅　　맑은 운치는 강가 매화 능가하네.
獨秀風霜日　　모진 풍상 겪는 날에 홀로 빼어나니
風霜詎敢摧　　풍상인들 어찌 감히 꺾을 수 있으리.

입석 가는 길 막내아우와 함께 읊다.

立石道中 季弟共吟

白髮青衫客　　백발에 청삼[146]의 나그네
窮村落照中　　외진 촌락 석양에 떠도네.
朔風來不歇　　삭풍은 불어와 그치지 않는데
關路去無窮　　변방 길은 가도 끝이 없어라.
別恨自難寫　　이별의 한 스스로 풀기 어렵고

145) **향주머니에 차기 알맞고** : 《예기》 〈내칙(內則)〉 남녀미관계자조(男女未冠笄者條)에 "향주머니를 매고 모두 용취를 차고서 동틀 녘에 부모님을 뵙는다.[衿纓 皆佩容臭 昧爽而朝]"라고 하였고, 《초사(楚辭)》 〈이소(離騷)〉에 "강리와 벽지를 몸에 걸쳐 입고, 가을 난초를 꿰어서 허리에 찬다.[扈江離與辟芷 紉秋蘭以爲佩]"라는 내용이 보인다.

146) **청삼(青衫)** : 푸른 적삼이라는 뜻으로, 품계가 낮은 관원의 복장을 가리킨다. 여기서는 서생(書生) 또는 유생(儒生)을 의미한다. 두보의 〈도보귀행(徒步歸行)〉 시에 "청포 입은 조사 중에 가장 빈곤한 나는, 백발의 습유로서 도보로 돌아가노라.[青袍朝士最困者 白頭拾遺徒步歸]"라고 하였다.

孤懷誰與同　　외론 회포는 뉘와 함께 할까나.
晩投山舘宿　　날 저물어 산속 관사에 묵자하니
松月夜窓空　　솔에 걸린 달빛 텅 빈 밤 창이여.

다시 〈입석 가는 길〉의 운자를 사용하여 막내아우와 함께 읊다.

再用立石道中韻 季弟共吟

疎烟山郭外　　산 성곽 밖에 성근 안개 피어나고
古木水邨中　　강 마을 한가운데 고목이 서 있네.
客久愁難盡　　객지생활 오래가니 수심 다하기 어렵고
家貧恨不窮　　집안이 빈한하니 한스러움 그지없어라.
嶺湖三載別　　영호의 사이에서 삼 년을 헤어졌나니
詩酒幾時同　　시주를 함께 할 날 그 언제쯤일런가.
獨立吟殘照　　홀로 서서 낙조 속에 읊조리노라니
孤鴻叫遠空　　외론 기러기 먼 하늘에서 우짖누나.

가을 상념

秋思

幽人抱遐想　　숨어사는 이 저 멀리 그리움 안고서
朗咏倚脩楹　　낭랑히 읊조리며 높은 기둥에 기댔어라.
月竹枝枝影　　달 아래 대나무는 가지가지 그림자 지고
風林葉葉聲　　바람 맞은 수풀엔 잎새마다 소리 이네.
他鄕三載滯　　타향에서 삼 년을 체류하니
白髮數莖生　　백발 몇 가닥이 자라났구나.
絡緯動秋思　　풀벌레 소리에 가을 상념 울렁이는데
凄凄床下鳴　　처량하여라 침상 아래서 울고 있구나.

대숲 정자

竹亭

竹間亭隱見　　대숲 사이로 정자 숨었다 보였다 한데
岩下路高低　　바위 아래로는 높고 낮은 샛길이로다.
紅樹粧秋峽　　붉게 물든 나무들 가을 골짝 장식했고
白鷗湲夕溪　　흰 갈매기는 저녁 시내에서 멱을 감네.
鐘鳴烟寺遠　　종소리 울리니 안개 속 절은 멀 테고
犬吠水村迷　　개가 짖으나 물가 마을은 아득하리라.
勝景知多少　　좋은 경관 응당 많을 터이니
長吟自品題　　길게 읊조려 스스로 품평하리.

달밤

月夜

落日蕭蕭下　　지는 해 스산히 떨어지고
凉風陣陣生　　서늘바람 사르르 불어오네.
雲歸楓嶂宿　　구름은 단풍든 산에 묵자 들고
月入竹樓明　　달은 대숲 누각으로 들어 밝구나.
艸際亂蛩咽　　풀잎에는 어지러이 귀뚜리 목메고
天邊孤鴈鳴　　하늘엔 외로운 기러기 울며 나누나.
淸宵無與唔　　청량한 이 밤 함께할 이 없이
獨坐不勝情　　홀로 앉았자니 외론 정이여.

작은 누각에서

小閣

小閣囂喧息　　작은 누각에 시끄러움 잦아들고
閒宵景物淸　　한적한 밤이라 경물이 청아로워.
湘簾篩月影　　대발은 달그림자 채로 거른 듯
寒鴈報秋聲　　찬 기러기는 가을소리 알리누나.

酒熟何須貰　　술이 익음에 굳이 술 받아올까
詩成不用評　　절로 얻은 시에 평이 필요하랴.
林泉多有趣　　임천[147]에는 흥취거리 많으나
塵世轉無情　　풍진세상 점점 정이 사라지누만.

누대에 올라

登樓

百年多病客　　한평생 병도 많던 나그네가
千里獨登樓　　천 리 밖 홀로 누대에 오르네.
樹密青烟合　　나무가 빽빽하니 푸른 이내 모이고
山深翠靄浮　　산이 깊으니 푸른 아지랑이 떠도네.
老懷元忽忽　　늙은이 감회야 본디 서글퍼하고[148]
羈思謾悠悠　　나그네 심사는 부질없이 끝없어라.
夜久人聲絕　　밤이 깊어가니 사람 소리 끊기고
天邊月影流　　하늘가에는 달무리만 흐르누나.

나그네 심회

客懷

默默獨多思　　묵묵히 홀로 생각이 많은데
寥寥空掩扉　　쓸쓸히 괜스레 사립문 걸어 놓네.
溪風來浩浩　　계곡 바람은 넘실넘실 불어오고
野鳥去遲遲　　들녘의 새는 더디더디 날아가네.
地僻人誰到　　땅이 외지니 사람인들 뉘 올까
天寒客未歸　　날 추워지자 나그네 가지 못해.
支頤坐終日　　턱을 고이고 온종일 앉았으며

---

147) 임천(林泉) : 산림천석(山林泉石)의 준말로, 즉 은자(隱者)의 생활공간을 말한다.
148) 서글퍼하고 : 원문의 '홀홀(忽忽)'은 급하거나 정신이 혼미하여 분명하지 않은 모양 또는 실의한 모양을 형용하는데, '총총(悤悤)'의 오자로도 볼 수 있다.

排悶寫新詞　　번민을 달래고자 새 시구 뇐다.

가을날 이경저를 생각하며
秋日懷李景著

大地金風遍　　대지에는 가을바람 두루 불고
空庭白露垂　　빈 뜨락에는 흰 이슬 드리웠네.
崖楓光爛熳　　벼랑의 단풍은 빛깔 난만하고
澗菊氣芳菲　　시냇가 국화 꽃내음 향긋하네.
勝賞固難遇　　좋은 계절 감상 정히 만나기 어렵고
淸遊宜及時　　맑은 놀이 마땅히 때에 맞아야 하네.
因思故園友　　불현듯 고향의 벗이 그리웁거늘
幾處扶醉歸　　어디서 취한 몸 가누며 돌아가랴.

봉미정에 올라
登鳳尾亭

淸秌憑逸興　　맑은 가을날 멋들어진 흥치에 겨워
薄暮上高亭　　저녁 어스름 드높은 정자에 오르네.
水色開明鏡　　물빛은 밝은 거울인 양 열려 있고
山光列錦屛　　산 빛은 비단병풍을 펼쳐 놓은 듯.
淡烟生野樹　　뿌연 이내는 들녘 숲서 피어나고
疎鴈落沙汀　　성근 기러기 모래 벌에 내려앉네.
勝節寧辜負　　이 좋은 계절 어이 등질 수 있으랴
長歌任醉醒　　길게 노래하며 마냥 취했다 깨리라.

가을밤에 숙정과 계수 그리워
秋夜懷叔正季收

悽遑爲遠客　　스산한 먼 나그네 되었으니
寂寞滯遼城　　적막하게 요성에서 머무누나.

峽深秋氣早	산협이 깊어 가을 기운 빠르고
風靜月華清	바람이 고요하니 달빛 맑구나.
白露垂疎柳	흰 이슬은 성근 버들에 내리고
青烟鎖古營	푸른 연무는 옛 병영을 감쌌네.
有懷人不見	그리운 아우들 만나질 못하니
達曙夢難成	동이 트도록 잠 못 이루노라.

가을날 심회

秋懷

一夕秋風起	하룻밤 새 갈바람 일어나더니
孤懷轉不平	외로운 회포 되려 편치 못하네.
烟籠村樹暗	안개는 마을 나무에 서려 어둡고
月掛郡樓明	달은 고을 누각에 밝게도 걸렸네.
幾洒感時淚	시절에 감개해 얼마나 눈물 뿌렸나
難堪爲客情	나그네 된 회포를 견디기 어렵구나.
夜深人語靜	밤이 깊어가니 사람 소리 고요한데
床下草虫鳴	침상 아래에는 풀벌레 울어댄다.

석담에서

石潭

石潭明似鏡	석담은 거울인 양 맑기도 한데
松逕曲如蛇	솔 숲길은 구불구불 뱀 같구나.
鴈叫橫雲漢	기러기는 은하수 비껴날며 울고
鷗眠坐岸沙	갈매기는 모래 무지에 앉아 조네.
楓丹霜後葉	단풍은 서리 내린 뒤라 더 짙고
菊紫雨前花	자줏빛 국화 비 오기 전 피었네.
景物添秋興	경물마다 가을의 흥취 더해지니
留連至日斜	해 기울도록 못 떠나고 서성이네.

밤에 앉아

夜坐

天晴雲四卷　　하늘 개니 사방 구름 걷히고
野濶鴈孤征　　들판 넓어 기러기 외로이 나네.
淡淡月華冷　　맑고 맑은 달빛은 서느렇고
蕭蕭風氣晴　　소슬한 바람기운 청량도 해라.
傷時頻掩淚　　때를 아파해 자주 눈물 훔치고
恨別獨含情　　이별을 한해 홀로 정을 머금네.
昨日靑雙鬢　　어제도 검푸르던 두 귀밑머리
今宵白數莖　　오늘 밤 백발 몇 가락 돋았구만.

초저녁에

薄暮

惻惻窮秋日　　뉘엿뉘엿 가을해 다하고
冥冥薄暮時　　어둑어둑 초저녁 때로다.
殘花猶粲粲　　남은 꽃 외려 반짝이고
落葉自披披　　낙엽은 제냥 팔랑거리네.
曲欄風來急　　굽은 난간에는 바람 급하고
平沙鴈下遲　　모래펄엔 기러기 나릿 내리네.
異鄕無晤語　　타향이라 정담 나눌 벗 없으니
誰復慰羈思　　뉘라서 나그네 심사 위로하리오.

양중실에게 봉정하다

奉呈楊仲實

吾觀楊仲實　　내 양중실을 살펴보자니
卓犖出羣中　　탁월하여 뭇사람에 뛰어나네.
敢較年先後　　구태여 나이의 선후를 따지랴
要看志異同　　뜻이 같은가 다른지가 중요하지.

綴詩驚韻絕　　시를 엮으면 운율의 절묘함에 놀라고
論學歎心通　　학문을 논하면 내심 통달함에 감탄하네.
自喜得良友　　스스로 좋은 벗님 만남이 기쁘니
寧嫌趨下風　　어찌 아래에서 따름을 저어하랴.

자리에서 입으로 시를 불러[149] 한준유[150]사고에게 드리다

席上口占奉贈韓浚愈師古

西海幾年別　　서해에서 이별한지 몇 해던가
淸尊今夕同　　좋은 술로 오늘 밤 함께 하누나.
疎慵非舊質　　등한하고 못남 예전 기질 아니고
衰謝是新容　　쇠하고 시든 몸 낯선 얼굴이로세.
舞亂盃頻倒　　요란한 춤사위 술잔 거듭 기울이고
歌狂曲未終　　맘껏 노래함에 곡조가 끝나지 않네.
歸心須莫促　　돌아가고픈 마음 재촉하지 말지니
浮世更難逢　　뜬세상에서 다시 만나기 어려워라.

한사고에게 주다

贈韓師古

洛城爲一別　　서울에서 한 번 이별하고는
遼邑偶相逢　　요읍[151]에서 우연히 만났구려.
握手傷秋鬢　　손 맞잡으니 허연 살쩍에 마음 아프고
論情到曉鐘　　정을 논하노라 새벽종 울 때에 이르렀네.
幾年滯蠻瘴　　몇 해나 오랑캐 땅 독기 속에 체류했던가
萬事坐疎慵　　세상만사 용렬하고 게을렀기 때문이라네.

---

149) 자리에서 …… 불러 : 원문의 '구점(口占)'은 초고도 없이 입으로 불러 받아쓰게 하는 것이다.
150) 한준유(韓浚愈, 1545~?) : 본관은 인천, 자는 사고(師古)로, 조산대부(朝散大夫) 한희서(韓希瑞)의 아들이다. 1570년(선조 3)에 식년시에 입격하였다.
151) 요읍(遼邑) : 황해도 수안(遂安)의 이칭이다.

同閈更無計　　한 동네 살기를 다시 기약할 수 없으니
不堪恨□胸　　가슴 가득한 한스러움 견딜 수 없어라.

자리에서 붓을 달려 한사고에게 드리다
席上走筆奉呈韓師古

天涯少相識　　하늘 끝에 서로 아는 이 드물어
難可慰愁胸　　시름겨운 가슴 달래기 어려웠네.
道路綿千里　　길은 천 리에 이어져 있고
山川□幾重　　산천은 몇 겹이나 막혔던가.
臨風自多感　　바람 맞는 속에 절로 감회 많았고
對月若無悰　　달을 마주해도 즐거움이 없었다네.
誰料高樓會　　누각의 모임을 생각이나 했던가
故人偶此從　　친구를 우연히 이렇게 만났구려.

상산으로 돌아가는 한사고를 전송하며 2수
送韓師古還象山 二首

他鄕復送客　　타향에서 다시 길손을 보내자니
此夜難爲情　　이런 밤 심정 걷잡기 어렵다네.
老淚燈前落　　늙은이 눈물은 등잔 앞에 떨어지고
羈愁笛裡生　　나그네 수심 젓대 소리에 잠겼구나.
露深孤鶴警　　이슬이 짙으니 외론 학 놀라고
風急亂蛬鳴　　바람이 급하니 귀뚜리 울어대네.
明日象山路　　날 밝아 상산으로 떠나가는 길에
蹇驢嘶不行　　저는 나귀 울면서 나가지 못하리.

塵埃一分散　　티끌 먼지[152] 속에서 헤어진 뒤로

---

152) **티끌 먼지** : 원문의 '진애(塵埃)'의 뜻으로, 풍진세상(風塵世上) 곧 진세(塵世)를 말한다.

歲序幾遷移	계절이 그 몇 번이나 옮겼던가.
隻字亦難續	편지도 계속하기 어려웠는데
聯床曾不期	침상 맞댈 것을[153] 기대나 했을까.
挑燈同酌酒	등불 심지 돋워 술잔 마주 기울이고
對月共題詩	달을 바라보며 함께 시를 논하누나.
預怕明朝別	내일 아침에 이별이 미리 겁나느니
頗教白駒維	자못 백구를 잡아매게[154] 하리라.

차운하여 한사고에게 주다
次贈韓師古

已見齒多豁	이가 많이 듬성해진 것 보겠고
難禁頭漸童	머리 점점 벗겨짐[155] 어찌하리오.
容雖隨歲變	얼굴은 비록 세월 따라 변한대도
氣尙射天雄	기상이야 하늘을 찌를 듯 웅장하지.
字愧蚯蚓拙	글씨는 지렁이 같아 졸렬해 부끄럽고
文慚雕篆工	문장은 작은 재주[156] 부려 스스럽네.[157]
自憐無處用	스스로 쓸모없음을 안타까워하니
潦倒竟成翁	영락해서 마침내 노인이 되었구려.

---

153) **침상 맞댈 것을** : 원문의 '연상(聯床)'은 형제나 벗이 서로 침상을 잇대 놓고 잠자리를 함께하며 많은 대화를 나누는 것을 뜻한다.

154) **백구(白駒)를 잡아매게** : '백구'는 현자가 타는 망아지로, 곧 현자(賢者)를 붙든다는 뜻이다. 《시경》 〈백구(白駒)〉에 "희고 깨끗한 망아지가 우리 마당의 풀을 먹는다 하여 발을 묶고 고삐를 매어 오늘 아침 내내 있게 하여 이른바 그분이 여기에서 소요하게 하리라. …… 희고 깨끗한 망아지가 저 빈 골짜기에 있다. 싱싱한 풀 한 다발을 주노니 그 사람은 옥처럼 맑도다.[皎皎白駒 食我場苗 縶之維之 以永今朝 所謂伊人 於焉逍遙 …… 皎皎白駒 在彼空谷 生芻一束 其人如玉]" 하여 어진 이를 떠나지 못하게 만류하는 뜻을 노래하였다.

155) **이가 …… 벗겨짐** : 한유의 〈진학해(進學解)〉에 "두동치활(頭童齒豁)" 곧 머리가 벗겨지고 이가 빠졌다는 글귀가 있다.

156) **작은 재주** : 원문의 '조전(雕篆)'은 조충전각(雕蟲篆刻)의 준말로, 벌레 모양이나 전서(篆書)를 조각하듯이 미사여구(美辭麗句)로 문장을 꾸미는 작은 기예(技藝)를 말한다. 곧 문장이나 시를 짓는데 있어 큰 솜씨가 못 되고 겨우 새기고 그리는 정도라는 말이다.

157) **스스럽네** : 저본의 '漸(점)'은 '慚(참)'의 오자로 보고 수정 번역하였다.

객지에서 우연히 읊다

客中偶吟

恨自愁相接　　한은 제냥 시름 속에 이어지고
心猶事與違　　마음 되려 일과 서로 어긋나네.
客來關外久　　나그네 관외에 온 지 오래고
人去漢中稀　　누구도 서울로 가는 이 드무네.
野店炊烟起　　들 객점엔 밥 짓는 연기 피어나고
山城木葉飛　　산 성곽에는 나뭇잎 흐날리누나.
幽懷何處寫　　그윽한 회포 어디다 풀어내랴
終日掩柴扉　　진종일 사립문 닫아 걸렸구나.

즉석에서 구점하여 서울 가는 구대원을 전송하다

席上口占送具大源還京

遼邑同爲客　　요읍에서 함께 나그네 되었더니
君先向洛城　　그대 먼저 서울로 향하는구려.
天空孤鴈影　　휑한 하늘에 기러기 몰골 외롭고
露重亂蛬聲　　무서리 내리자 귀뚜리 요란하여라.
別恨終難寫　　이별의 한 끝내 형언하기 어렵고
寒眠轉不成　　스산한 밤잠인들 들 리 있으리오.
明朝分袂處　　내일 아침 작별의 마당에서
征馬亦哀鳴　　역마도 차마 애잔히 울리라.

나그네의 심회

旅懷

洛中音信斷　　서울 소식이 끊어지니
遼外夢魂驚　　요외에서 꿈속 혼도 놀라네.
客思夜偏苦　　나그네 심사 밤에 유독 괴롭고
風聲秋更淸　　바람소리 가을이라 더욱 맑아라.

孤鴈鳴水國　　외론 기러기는 강마을에서 우는데
一犬吠山城　　한 마리 개 산성에서 우짖는다.
寂寂寒囱下　　괴괴한 찬 객창 아래 앉았자니
蕭蕭白髮□　　희끗희끗 센 머리털만 흩나누만.

누대에 올라 우연히 읊다
登樓偶吟

六載長爲客　　여섯 해 긴 세월 나그네 신세로
三更獨倚樓　　삼경에 홀로 다락에 의지하네.
鷄鳴山店雨　　닭은 비 내리는 산 주막에서 울고
鴈叫海天秋　　기러긴 해변 가을 하늘 울며 나네.
老樹葉頻落　　해묵은 고목은 잎새 자주 떨구고
疎簾螢亂流　　성근 발엔 반딧불 어지러이 나네.
莫起西歸思　　서쪽으로 돌아갈 생각이랑 말지니
空添此夜愁　　부질없이 이 밤 수심만 더한다네.

밤 창가에서
夜牕

蕭蕭秋峽裡　　쓸쓸타 가을 골짝에
寂寂夜囱前　　적적타 이 밤 창가여.
風送犬遙吠　　바람은 멀리서 개 짖는 소리 보내오고
月生人未眠　　달은 잠 못 드는 나그네에게 떠오르네.
空庭聞落葉　　텅 빈 뜨락 잎 지는 소리 들리고
曠野見疎烟　　넓은 들판엔 성근 안개 퍼져나네.
坐到寒漏盡　　앉은 채 차가운 밤 다하노라니
心歸淸漢邊　　마음은 맑은 은하로 돌아드누나.

숙정과 함께 앞 시내로 걸어가니 가을경치가 볼만하여 입으로 율시 두 수를 읊다
與叔正步往前川 秋景可賞 口占二律

小齋乘逸興　작은 서재에서 이는 흥을 타고
徐步俯清川　천천히 걸어가 시내를 굽어보네.
石起湍聲急　바위가 우뚝하니 여울소리 급하고
沙崩岸勢偏　모래톱 휩쓸리니 언덕 모양 외지네.
游魚依翠藻　유영하는 물고기는 마름에 의지하고
候鴈上青天　철 맞은 기러기는 하늘 높이 나누나.
耽賞忘歸思　완상에 취해 돌아갈 생각 잊노라니
□村鎖夕烟　온 마을 그새 저녁연기 에워쌌구려.

列坐淸溪上　맑은 시냇가에 나란히 앉았자니
西風落照中　가을바람은 낙조 속에 불어오네.
砧鳴山郭靜　다듬이 소리 고요한 산곽 울리고
鴈度海天空　기러긴 넓은 바다 하늘 건너네.
露菊叢叢紫　이슬 젖은 국화는 송이마다 붉고
霜楓葉葉紅　서리 맞은 단풍 잎새마다 발갛네.
秋光今未晩　가을 풍광 아직도 다하지 않아
逸興自無窮　빼어난 흥취 저냥 그지없구려.

망암정
望巖亭

一石千尋起　바위 하나 천 길로 우뚝 솟고
羣峰四面圍　사방으로 뭇 봉우리 에둘렀네.
抱村溪屈曲　마을을 껴안고 시냇물 굽이치고
緣岸路逶迤　언덕 따라 난 길은 구불도 하네.
眼底烟郊遠　눈 아래론 안개 낀 들판 가뭇하고
吟邊水鳥飛　읊조리는 이 곁으로 물새 나니누나.

清尊酬勝景　　맑은 술에 좋은 경치 감상하며
盡日寫幽思　　해 종일 그윽한 심정 읊조리네.

객지의 밤
客夜

寂寂疎欞下　　적적한 성긴 창살 아래서
悠悠遠客眠　　유유히 먼 나그네 잠 청하네.
小階松盖偃　　작은 섬돌에는 솔가지 드리웠고
深樹露珠圓　　깊숙한 숲엔 이슬방울 둥글구나.
野店鳴寒杵　　들 주막엔 찬 절구소리 울려나고
山城羃翠烟　　산성에는 파르란 연기 덮었구나.
異鄕悲白髮　　타향에서 머리 세어감 슬프노니
何日是歸年　　어느 날쯤 고향으로 돌아가려나.

한사고를 보내며
送韓師古

去去韓公子　　가고 또 가는 한 공자여
遑遑幾日程　　황황하게 며칠의 노정인가?
板橋人跡斷　　널다리에는 인적이 끊어지고
茅店月華明　　초가 주막에는 달빛이 밝구나.
對榻悲無語　　탑상 마주해 슬픔에 말이 없고
携杯惜不傾　　잔 들고 아쉬워 기울이지 못하네.
與君同閈久　　그대와 한 마을서 오래 살았느니
知我此宵情　　이 밤의 이 내 심정 잘 알 테지.

오래 떠도는 신세

客久

客久衣裳弊　　객지생활 오래니 옷은 해어지고
關深道路難　　관문이 깊으니 도로가 험난하네.
羈懷愁夜永　　나그네 회포 밤이 긴 것이 걱정이고
病骨㥘冬寒　　병약한 몸은 겨울의 추위가 겁나네.
石鼎藥初沸　　돌솥엔 약물이 끓기 시작하고
金爐香已殘　　쇠 화로에는 향이 잦아들었네.
六年留絶域　　육 년 내내 먼 변방서 머무르니
何日到長安　　어느 날에나 장안에 이르를까.

겨울밤 나그네의 심회 막내아우와 함께 읊다.

冬夜客懷 季弟共吟

朔風何贔屭　　삭풍은 어찌 그리 기세를 부리는가
寒氣轉嚴凝　　추운 날씨 갈수록 매섭게 얼어붙네.
野雪飄銀屑　　들녘 눈발은 은가루인 양 나부끼고
簷氷掛玉繩　　처마 고드름은 옥동아줄 매달린 듯.
凍肥渾栗栗　　언 살적은 온통 덜덜덜 떨리고
羸骨自稜稜　　여윈 뼈마디는 절로 어석거리네.
綠酒誰頻酌　　좋은 술 자주 기울이는 이 누구인가
玄威竟不勝　　겨울의 위엄을 끝내 이길 수 없구나.

앞 시에 차운하여 막내아우가 읊은 〈유거〉 시에 화답하다

次用前韻 和季弟咏幽居

幽齋大猶斗　　그윽한 서재 크기가 말[158]만 한데
竟日坐如凝　　해 다하도록 얼어붙은 듯 앉아 있네.

---

158) 말[斗] : 자루가 긴 말. 여기서는 작음을 의미한다.

石榻瓦爲枕	돌 평상에 기왓장으로 베개를 삼고
蓬門樞用繩	봉문[159] 지도리는 새끼줄로 매었네.
逢人不言過	사람을 만나도 허물을 말하지 않으니
觸處寧患稜	간 곳마다 어찌 모남[160]을 근심할까.
浩浩心長足	한없이 드넓어 마음이 늘 만족스러우니
怡怡樂詎勝	화락하여[161] 즐거움을 어이 다하리오.

나그네의 회포 막내아우와 함께 읊다.

客懷 季弟共吟

客枕眠初罷	나그네 베갯머리에서 막 깨나자
悠然意轉漫	유연하게 뜻은 더욱 부질없더라.
漏隨殘燭盡	물시계 쇠잔한 촛불 따라 다하고
風射破囱寒	바람은 깨진 창으로 들이쳐 차갑네.
病骨稜多觸	병약해진 몸 부딪는 일이 하 많고
羈思耿不安	나그네 심사 이래저래 편치 않네.
何時故園醉	어느 때나 고향 동산에서 취해
剩得此心寬	능히 이 마음 너그러워 지려나.

159) 봉문(蓬門) : 쑥대를 얽어서 만든 문으로 빈천한 자의 오막살이를 비유한다.
160) 모남 : 원문의 '릉(稜)'은 능각(稜角)으로 모나고 꼿꼿한 성격을 말한다.
161) 화락하여 : 원문의 '이이(怡怡)'는 서로 온화하고 화기가 있는 모양이다.

육언절구六言絶句

낮잠에서 깨어

睡起

日暖紅桃岸上　햇살은 복사꽃 붉은 언덕에 따사롭고
風來綠柳枝間　바람은 푸른 버들가지 사이로 불어오네.
午睡誰敎喚起　낮잠 자는 이를 누가 불러 깨우나
一聲啼鳥間關　한 소리 새의 지저귐[162]만 들리네.

홀로 마시며

獨酌

落花階上階下　꽃잎은 섬돌 위아래에 떨어지고
啼鳥院南院西　새는 동산 앞뒤에서 울어대누나.
九十春光欲暮　아흔의 봄날도 저물어만 가는데
滿尊綠酒宜携　좋은 술 그득한 술잔이나 듦세나.

부질없이 쓰다

漫題

柴門永日猶閉　사립문 긴긴 한낮 내내 걸어 놓았고
竹逕淸風自來　대숲 길에 맑은 바람 절로 불어오네.
滿目物華可賞　눈에 가득한 물색을 감상할 만하니
一樽村酒初醅　한 동이 시골 탁주 막 익어 가누나.

162) 지저귐 : 원문의 '간관(間關)'은 새의 우는 소리를 형용한 의성어이다. 백거이(白居易)의 〈비파행(琵琶行)〉에 "꽃 아래 매끄러운 꾀꼬리 소리처럼 어여쁘고.[間關鶯語花底滑]"라고 한 시구가 있다.

칠언절구七言絶句

이별 뒤에 홀로 앉아

別後獨坐

客窓無夢夜初深	잠 못 이루는 객창의 밤 깊어만 가는데
誰遣幽禽叫碧林	뉘 정한의 새 보내 깊은 숲서 울게 하나.
不盡離懷除未得	다함없는 이별의 정회 가셔지질 않으니
却將淸怨寄長琴	되레 맑은 원망[163] 거문고 시울에 부친다.

패강[164]을 건너며

渡浿

一蓑又帶關山雨	한 도롱이에 또 관산의 비 띠고 가노라니
雙袂猶存嶺海塵	옷소매엔 아직도 영해[165]의 티끌 남아 있네.
日暮津亭人喚渡	해 저문 나루서 뱃사공 불러 물을 건너자니
數聲胡鴈滿江春	북녘 기러기 외마디 소리 봄 강에 가득하네.

누선[166]에서 정 사간의 시[167]에 차운하다 2수

樓船次鄭司諫韻 二首

柳意花容雨後多	비 온 뒤라 버들 피고 꽃도 활짝 피었는데
烟洲沙岸聽漁歌	안개 낀 물가 언덕에는 어부의 노래 소리.

---

163) 맑은 원망 : 원문의 '청원(淸怨)'은 처절하고 깨끗한 가운데 깊은 원한이 서려 있는 것을 형용한 말이다. 전기(錢起)의 〈귀안(歸雁)〉 시에 "소상강에 무슨 일로 무심히 돌아왔나, 물 파랗고 모래는 깨끗하며 강가엔 수초가 있는데. 25현 달밤에 타니, 원망을 못 이기고 다시 돌아왔어요.[瀟湘何事等閒回 水碧沙明兩岸苔 二十五絃彈夜月 不勝淸怨卻飛來]"라고 하였다. 《唐詩選》

164) 패강(浿江) : 대동강의 옛 이름이다.

165) 영해(嶺海) : 도성에서 멀리 떨어진 변경 지방. 또는 산과 바다라는 일반적인 의미로 풀어도 무방하다.

166) 누선(樓船) : 다락이 있는 2층의 배를 이른다.

輕舟盪漾中流去　　가벼운 배는 일렁이며 강 복판으로 떠가니
錦繡山光醮碧波　　비단에 수놓은 산 빛 푸른 물결에 잠겼어라.

空江風定暮烟多　　빈 강에 바람 자고 저녁 연기 자욱한데
扣枻聲中欸乃歌　　노 두드리는 소리 맞춰 뱃노래 하누나.
落盡蘋花春□老　　마름 풀꽃 다 떨어지고 봄빛은 저물건만
美人何處唱凌波　　미인은 어디쯤서 능파곡[168]을 부르는가.

다시 앞의 시의 운을 쓰다 둘째 아우와 함께 읊다. 2수
再用前韻 仲弟共吟 二首

玉面青娥曲水濱　　굽이친 물가에 옥 같은 얼굴의 미녀
凌波羅襪動香塵　　물결 밟는 비단 버선 향긋한 티끌 이네.[169]
尋訪何處人如玉　　어디에서 옥 같은 사람을 찾을 손가
岸柳江花空自春　　버들언덕 강변 꽃은 덧없이 봄빛이로세.

新粧明媚浿江濱　　패강 가에 새 단장한 아리따운 여인
羅襪生香動網塵　　비단버선 향기 가벼운 티끌이 이는구나.
極目蘋洲無限恨　　마름 핀 물가 바라보는 끝없는 한은
芳心欲暮不勝春　　꽃다운 마음 저무는 봄 이기지 못함일레.

---

167) 정 사간(鄭司諫)의 시 : 고려 때 사간을 지낸 정지상(鄭知常, ?~1135)이 지은 시 〈송인(送人)〉을 말한다. 그 시에 "비 갠 긴 둑에 풀빛 푸르른데, 남포에서 그대 보내며 슬픈 노래 부르네. 대동강 물 언제 마를는지, 해마다 이별 눈물 푸른 물결에 더하네.[雨歇長堤草色多 送君南浦動悲歌 大同江水何時盡 別淚年年添作波]"라고 하였다.

168) 능파곡(凌波曲) : 사곡(詞曲) 이름. 《태진외기(太眞外記)》에 "당 명황(唐明皇)이 동도(東都)에서 낮잠을 자다가 꿈속에, 능파지(凌波池)에 산다는 용녀(龍女)의 청으로 능파곡을 지었는데, 능파궁(凌波宮)에 여러 문무(文武)를 모아 놓고 물가에서 이 신곡(新曲)을 연주하자 물결이 모두 솟구쳤다."라고 하였다.

169) 물결 밟는 …… 이네 : 삼국시대 위(魏)나라의 조식(曹植)이 낙수(洛水) 가에서 자신의 옛날 정인이었던 견비(甄妃)를 그리워하면서 지은 〈낙신부(洛神賦)〉에서 온 말이다. 그 부에서 "물결을 타고 사뿐사뿐 걸으니, 비단 버선에 먼지가 이네.[凌波微步 羅襪生塵]"라고 하였는데, 견비를 낙수(洛水)의 복비(宓妃)에 견주어 그 신녀가 낙수 물 위를 사뿐사뿐 걸어오는데, 버선에 물이 묻은 것이 아니라 오히려 먼지가 난다고 형용하였다.

다시 앞의 시에 차운하다 둘째 아우와 함께 읊다. 4수

再用前韻 仲弟共吟 四首

大堤春日麗人多　큰 둑에는 봄날이라 고운 이들 많고

岸上相携競踏歌　언덕에선 서로 끌며 다투어 노래하네.[170)]

客子風情深似海　나그네 풍류론 정감 바다같이 깊어

從敎游女賣秋波　놀러 나온 아낙들[171)] 추파를 던지게 하네.

日暮空江麗景多　날 저문 빈 강에 고운 경치 많은데

停舟時復聽菱歌　배를 멈추자 다시 채릉가[172)] 듣노라.

春風無限王孫恨　봄바람 속에 한없는 왕손의 한은[173)]

蘋滿汀洲水自波　마름 가득한 물가에 절로 이는 파랑이여.

南浦東風送客多　봄바람 부는 남포에 손님 전송이 허다하니

晩船離恨一聲歌　저물게 떠나는 배 한스런 이별가 소리로다.

三盃無復停歸棹　석별의 술에 가는 돛배 멈출 수야 없으나

斷眞深情乃此波　진실로 깊은 정 끊어내는 이 물결이고야.

芳醑盈尊旨且多　동이에 넘치는 술 맛도 좋고 많기도 해

---

170) **노래하네** : 원문의 '답가(踏歌)'는 여인들이 서로 손을 잡고 늘어서서 발로 땅을 굴러 박자를 맞추면서 노래 부르는 것이니, 여기서는 행락객 노랫소리 정도로 볼 수 있다.

171) **놀러 나온 아낙들** : 《시경》〈한광(漢廣)〉에 "한수(漢水)에 놀러 나온 여자가 있으니, 구할 수 없도다.[漢有遊女 不可求思]"라는 구절이 있다.

172) **채릉가(採菱歌)** : 원문의 '능가(菱歌)'는 채릉가로, 마름을 따면서 부르는 노래이다. 양무제(梁武帝)의 〈채릉곡(採菱曲)〉에 "강남의 소녀가 팔목에는 진주를 감고, 황금 비취로 머리 꾸미고 고운 얼굴로 일어나, 조용히 계수나무 노 저으며 채릉을 노래하네. 채릉을 노래해도 마음이 기쁘지 않아, 비단 소매로 얼굴 가리고 그리운 님을 바라누나.[江南稚女珠腕繩 金翠搖首紅顔興 桂棹容與歌採菱 歌採菱 心未怡 翳羅袖 望所思]"라고 하였다. 《樂府詩集 淸商 江南弄》

173) **봄바람 …… 한(恨)은** : '왕손(王孫)'은 귀공자로, 송별의 대상을 지칭한다. 당나라 왕유(王維)의 〈송별(送別)〉 시에 "봄풀은 내년에도 푸를 텐데, 왕손 그대는 찾아오실런가.[春草明年綠 王孫歸不歸]"라는 시구가 있다. 참고로 송(宋)나라 구준(寇準)의 시 〈강남춘(江南春)〉에 "강남에 봄 다하도록 이별의 간장이 끊어지는데, 마름이 물가에 가득한데도 사람은 돌아오지 않네.[江南春盡離腸斷 蘋滿汀洲人未歸]"라고 하였다.

美人狎坐嬌唱歌　　가까이 앉은 미희들 교태롭게 노래하네.
春情浩蕩深如海　　춘정이야 호탕하여 바다같이 깊나니
擊楫空明揚素波　　상앗대로 달빛물결 저어[174] 흰 파도 친다.

배 안에서 적선의 시[175]에 차운하다 둘째·막내 두 아우와 함께 읊다. 5수

舟中次謫仙韻 仲季兩弟共吟 五首

日暮寒江生白烟　　해 저문 싸늘한 강엔 뽀얀 안개 피어나고
錦鱗游躍鏡中天　　하늘 담은 거울 수면 비단 물고기 뛰노네.
滄浪歌罷無餘事　　창랑의 노래[176] 마치자 남은 일 없으니
鷗鷺同眠水岸邊　　백로와 갈매기 물가 언덕서 함께 조누나.

輕撓短棹泝寒烟　　살며시 짧은 노 저어 찬 안개 속을 거스르니
孤鶩殘霞落滿天　　외론 따오기 지는 노을 하늘 가득 내려앉네.
採盡綠蘋人不見　　푸른 마름 다 캐간 자리 사람은 뵈지 않고
小風時拂柳花邊　　하늘 한 바람이 무시로 버들개지를 스친다.

一區形勝足風烟　　명승의 한 구역이라 좋은 경치가 많아
方信壺中別有天　　바야흐로 호리병 속 별천지[177]라 하리.

---

174) **상앗대로 …… 저어** : 원문의 '공명(空明)'은 달빛이 물에 비치어 텅 비고도 밝은 모습 곧 물속에 비치는 달그림자를 형용한 것이다. 달빛이 부서져 내리는 투명한 강물 빛을 의미하기도 한다. 소동파(蘇東坡)의 〈적벽부(赤壁賦)〉에 "계수나무 노와 목란 상앗대로 공명을 치며 물결을 거슬러 오른다.[桂棹兮蘭槳擊空明兮泝流光]"라고 하였다.

175) **적선(謫仙)의 시** : '적선'은 하늘에서 인간 세상으로 귀양 온 신선이란 뜻으로, 이백(李白)을 가리킨다. 이 시는 그의 〈陪族叔刑部侍郎曄 及中書賈舍人至 遊洞庭〉 5수 중 둘째 시 "南湖秋水夜無煙 耐可乘流直上天 且就洞庭賒月色 將船買酒白雲邊"에 차운한 것이다.

176) **창랑(滄浪)의 노래** : 창랑가(滄浪歌)를 말한다. 춘추시대에 한 어린애가 노래하기를 "창랑의 물이 맑거든 나의 갓끈을 씻고, 창랑의 물이 흐리거든 나의 발을 씻으리라.[滄浪之水淸兮 可以濯我纓 滄浪之水濁兮 可以濯我足]"라고 한 데서 온 말로, 전하여 세속을 초월해서 고결한 지조를 지키는 데에 비유한다. 《孟子 離婁上》 또한 굴원(屈原)의 〈어부사(漁父辭)〉에서도 이 〈창랑가〉를 인용하였다.

177) **호리병 속 별천지** : 선경(仙境)을 말한다. 후한(後漢)의 비장방(費長房)이 시장에서 약을 파는 어떤 노인을 따라 그의 호리병 속으로 들어갔더니, 그 안에 해와 달이 걸려 있고 별천지가 펼쳐져 있었다고 한다. 《後漢書 方術列傳 費長房》

□世無如閒適樂　　세상에 한적한 즐거움만한 것 없나니
生涯永矢水雲邊　　생애를 길이 물과 구름가[178]에서 살리.

風搖岸柳散靑烟　　바람이 언덕 버들 흔드니 안개 흩지고
月破江雲上碧天　　달은 강 구름 헤치며 푸른 하늘로 오르네.
任彼漁舟歸去遠　　저 고깃배 멀리 가는대로 맡겨두니
一般淸興自無邊　　한결같은 맑은 흥취 끝이 없구나.

江山自隔世間烟　　강산이 제냥 속세와 안개로 막혔으니
風月長淸物外天　　바람과 달은 길이 세상 밖 하늘에 맑아라.
向晩移舟垂柳下　　날 저물어 배를 수양버들 아래로 옮기면서
不禁飛絮落衣邊　　날리는 버들꽃 옷에 흩어짐을 막지 않노라.

지는 꽃을 탄식하다

落花歎

霏霏紅雨覺稍多　　부슬부슬 붉은 꽃비[179] 점점 잦아가니
玉碎珠摧不奈何　　옥 부서지듯 진주가 꺾이듯[180]함 어쩌랴.
自是人間今古恨　　애초 세상사 이게 고금의 한이었나니
莫敎吹送馬嵬坡　　마외파[181]로 불어 보내지나 마소서.

---

178) **물과 구름가** : 원문의 '수운(水雲)'은 수운향(水雲鄕)을 말한다. 물이 흐르고 구름이 떠도는 풍경이 맑고 그윽한 곳을 말하는 것으로, 전하여 은자(隱者)가 사는 곳을 의미하기도 한다.

179) **붉은 꽃비** : 이하(李賀)의 〈장진주(將進酒)〉에 "하물며 지금은 봄철이 저무는 때라, 흩뿌리는 복사꽃 붉은 비가 오는 것 같네.[況是靑春日將暮 桃花亂落如紅雨]"라는 시구가 있다. 《古文眞寶 前集》

180) **옥 …… 꺾이듯** : 비를 맞아 꽃잎이 떨어지고 꽃가지가 꺾이는 것을 형용한 것이다.

181) **마외파(馬嵬坡)** : 당 현종(唐玄宗)이 안녹산(安祿山)의 반란으로 촉(蜀) 땅으로 피난해 가다가 군사들의 강청(强請)으로 총희(寵姬) 양귀비(楊貴妃)를 사사(賜死)한 곳. 당나라 시인 백거이의 〈장한가(長恨歌)〉에 "마외파 아래 흙더미 속에 묻혀, 옥안은 볼 수 없고 허무하게 죽은 곳만 남았다오. 군주와 신하 서로 돌아보고 모두 눈물로 옷깃 적시니, 동쪽으로 도성문 바라보고 말가는 대로 돌아왔네. 돌아오니 연못과 동산은 모두 예전 그대로라, 태액지엔 부용꽃 피었고 미앙궁엔 버들가지 드리웠네. 부용꽃은 귀비의 얼굴 같고 버들잎은 귀비 눈썹 같아, 이를 마주하고 어찌 눈물을 떨구지 않겠는가.[馬嵬坡下泥土中 不見玉顔空死處 君臣相顧盡霑衣 東望都門信馬歸 歸來池苑皆依舊 太液芙蓉未央柳 芙蓉如面柳如

이풍애의 시에 차운하다

次李楓崖

手開精舍臨小池　　조그만 못가에 손수 정사[182] 지어 열고
醉則狂歌歌則詩　　취하면 한껏 노래하고 노래하면 시로라.
不有淸風與明月　　맑은 바람과 밝은 달이 있지 않았다면
此翁心事誰得知　　이 늙은이의 심사를 뉘 알아주리오.

관가에서 빚은 술 마시며

飮官酒

問酒胡能使面紅　　묻노니 술이여 어찌하여 얼굴을 붉게 만드뇨
面紅非是醉因紅　　얼굴이 붉게 됨은 술에 취해 붉은 게 아니라네.
忘身沉酗誠爲愧　　일신을 잊고 술에 만취함 정히 부끄런 일이니
愧出中心面自紅　　심중에서 부끄럼 느끼면 얼굴 절로 붉어진다오.

텅 빈 서재에서

空齋

耿耿孤燈亦已殘　　가물가물 외론 등불도 하마 스러져가는데
悠悠萬恨自難寬　　유유한 갖은 시름 제냥 관대키는 어렵구나.
朔風不念畸人苦　　삭풍은 괴팍한 이의 괴로움 생각 아니하고
吹打空齋徹夜寒　　빈 서재로 몰아쳐 밤새도록 떨게 하는구나.

생양관[183]에서

生陽館

渺渺西州此遠遊　　멀고 먼 이곳 서주[184]에서 떠도니
客懷離思共悠悠　　나그네 회포 이별의 그리움 아득하여라.

眉 對此如何不淚垂]"라고 하였다.

182) 정사(精舍) : 별장 서재.

183) 생양관(生陽館) : 평양부(平壤府)에서 남쪽으로 얼마 떨어져 있지 않은 중화군(中和郡)의 역관(驛館)이다.

無情一片天邊月　　무정하고 무정한 한 조각의 하늘가 달은
添却寒囪夜半愁　　찬 창가에서 한밤의 수심만 더하게 하네.

외론 나그네의 밤

客夜

獨坐長吟夜未央　　홀로 길이 읊조려봐도 밤은 다하지 않고
金風玉露氣初凉　　서녘바람과 찬 이슬에 서늘한 가을 기운.
誰知咽咽寒蠻響　　뉘 알리오 목메는 차가운 벌레 소리에
巧斷悠悠遠客腸　　유유한 나그네의 애 끊어지는 줄을.

가을밤에

秋夜

柴扉寂寂人蹤絕　　적적한 사립문에는 사람 발길 끊기고
竹院沉沉螢火流　　침침한 대숲 뜰에는 반딧불만 흐르네.
千里他鄉長爲客　　천 리 타향에서 오래도록 나그네 되니
一年秋色空成愁　　한 해의 가을빛 공연한 시름뿐이로세.

작은 동산

小院

小院沉沉獨坐時　　어둑어둑 작은 동산에 홀로 앉았을 때
輕雲漠漠月生遲　　막막히 낀 얇은 구름에 달 더디 뜨누나.
無端數曲孤村笛　　괜스레 몇 곡조 외론 마을 피리 소리는
添殺幽人一夜思　　그윽한 사람 하룻밤 그리움만 더해주네.

---

184) 서주(西州) : 관서(關西 평안도) 지방의 고을들을 지칭한 것으로 보인다.

차를 끓이며

煮茗

輕風淡淡小囱涼	산들산들 바람에 작은 창 시원하고
綠樹陰陰白日長	그윽한 푸른 숲속 하루 해 길어라.
午睡初醒機事靜	낮잠에서 깨어 일 없어 고요하니
自燒松葉煮茶鐺	자연스레 솔잎 사루어 찻물 끓이네.

젓대 소리 듣자니

聞笛

漢頭別處梅花落	이별하는 한강머리 매화꽃 지더니
關外歸時柳絮飛	관외로 돌아올 땐 버들꽃 흩나네.
斜日小庭春寂寂	해 비낀 작은 봄 뜨락 적적도 한데
一聲長笛思悠悠	한 가락 젓대 소리에 그윽한 심사여.

그윽한 마루에서

幽軒

幽軒日永午眠酣	그윽한 마루 해는 길어 달게 낮잠 자니
小塢風淸語鳥喃	작은 언덕 바람은 맑고 산새들 지저귀네.
三尺素琴時浪撫	석 자 거문고 때로 부질없이 어루만지니
一般淸興更難堪	이처럼 맑은 흥취 다시 감당키 어려워라.

이끼 낀 뜰에서

苔庭

散步苔庭日欲斜	이끼 낀 뜰 해 저물도록 산보하니
山光野色此時多	산 빛 들 빛은 이때가 아름답구나.
靑絲換得前村酒	푸른 실[185]로 앞마을서 술을 바꾸어

185) 푸른 실 : 원문의 '청사(靑絲)'는 품질 좋은 백금(白金)으로 풀이하기도 한다. 각주 108)번 참조.

醉後長吟浩浩歌　　거나히 읊조리며 호탕하게 노래하네.

우연히 짓다
偶成

花開小院傷心嫩　　작은 동산에 꽃피어 상한 마음 달래고
月上高樓盡意明　　달은 높은 누각에 떠올라 한껏 밝구나.
此景此時難再得　　이런 경개와 정취 다시 얻기 어려우니
長吟長醉寫出情　　길게 읊조리고 취해 정을 다해 쓰노라.

흥겨워
漫興

晝簾輕揭午風涼　　주렴을 살짝 걷으니 낮 바람 시원한데
深院無人白日長　　찾는 이 없는 깊숙한 집엔 해가 길구나.
醉睡醒來無箇事　　술에 취해 졸다 깨다 별다른 일이 없어
一聲長嘯傲侯王　　한가락 길게 읊으니 왕후가 따로 있나.[186)]

늦봄에 우연히 짓다
暮春偶成

三月東風欲暮時　　춘삼월도 봄바람 속에 저물어 가는데
一年歸思更無涯　　내 돌아가고픈 생각 더욱 끝이 없네.
何當縮地斯須裡　　어찌하면 축지술[187)] 부려 잠깐 새
說盡今朝鄭重思　　이 아침 삼가 그리움 다 사뢰리오.

---

186) 왕후(王侯)가 따로 있나 : 남송의 시인 육유(陸游)의 〈미치광이[狂夫]〉에 "광부는 세상과는 본래 어울리기 어렵지. 취하여 왕후도 우습게 보니 또한 아니 장대한가.[狂夫與世本難諧 醉傲王侯亦壯哉]"라고 하였다.

187) 축지술(縮地術) : 땅을 주름잡듯 줄여서 먼 거리를 가깝게 하는 술법을 말한다.

청심당[188]에서 달밤에 짓다 막내아우와 함께 읊다. 2수

清心堂月夜卽事 季弟共吟 二首

中天月色十分清	중천에 솟은 달빛 한껏 청아하고
半壁松聲滿耳清	돌벼랑 솔바람 귀에 가득 맑아라.
無限風光添勝賞	가없는 풍광 좋은 구경 더해주니
不妨傾盡一樽淸	한 동이 술 다 마셔도 무방하리.

高堂何事揭名清	어인 일로 '청' 자로 이름 지어 걸었나
能使詩人意思清	능히 시인의 뜻 맑게 하고자 함이리.
皎皎目華交雪色	교교하게 달빛[189]이 눈빛과 교차하니
今宵剩得十分清	오늘 밤 십분 맑음을 넉넉히 얻는구려.

겨울밤에 막내아우와 함께 읊다.

冬夜 季弟共吟

廢堗荒涼久斷烟	황량하게 이운 온돌 오래 불 지피지 않아
幽人凜冽不成眠	그윽한 이 잔뜩 추워 잠을 이루지 못하네.
淸樽幾處圍紅□	술잔 기울이는 그 어디에 붉은 □ 에워싸고
一夜孤吟抵百年	외로이 읊조리는 한 밤이 백 년만큼 길고야.

정관재[190]에서 우연히 읊다 둘째·막내아우와 함께 읊다. 2수

靜觀齋 偶唫 仲季兩弟共吟 二首

契濶由來經一函	떨어져 지낸 뒤 책 한 상자 읽어온대
應知與世異酸鹹	세상과 취향이 맞지 않음을 알았어라.
靜觀已會天人趣	고요히 관찰타 하늘과 사람의 지취 깨달아

188) 청심당(淸心堂) : 서울 인왕동(仁王洞)에 양곡(陽谷) 소세양(蘇世讓, 1486~1562)이 살던 옛집에 있던 건물 가운데 하나이다.

189) 달빛 : 저본에는 '目華(목화)'로 되어 있으나, 전사의 오류로 보고 '月華(월화)'로 번역하였다.

190) 정관재 : 저본에는 '靜觀再'로 되어 있으나, 《하은선생문집(霞隱先生文集)》에 근거하여 '靜觀齋'로 바로 잡았다.

得失從今付楚凡　　득실을 이로부터 초범에다 부치었다오.[191]

羣書萬軸溢千函　　만 축의 서책이 일천 상자에 넘쳐나지만
汗漫猶難卞淡醎　　한만해 외려 싱겁고 짠 맛 분별키 어렵네.
領得惺惺持敬意　　성성하게[192] 지경[193]의 의미를 받잡으니
靜中眞味迥超凡　　고요 속의 참된 맛 예사 사람을 뛰어넘네.[194]

회포를 쓰다 막내아우와 함께 읊다.
書懷 季弟共吟

平生志願出庸凡　　평생의 품은 소원 남보다 뛰어난들
不過冬裘與夏衫　　겨울 갖옷과 여름 적삼에 불과하네.
依舊狂豪餘習在　　여전히 광호[195]한 버릇이 남아 있어
昂昂難可施鞿銜　　하도 높아 재갈을 물리기 어렵고녀.

추운 밤에 우연히 읊다 막내아우와 함께 읊다.
寒夜偶吟 季弟共吟

娟娟竹月照幽牕　　어여쁜 대숲 사이의 달 그윽한 창 비추고
淅淅松聲來遠谷　　솨솨 솔바람소리 먼 골짝에서 들려오네.

---

191) **초범(楚凡)에다 부치었다오** : 세상사의 득실을 다 허망한 것으로 본다는 뜻이다. 《장자》 〈전자방(田子方)〉에 "초나라의 왕과 범나라의 임금이 같은 자리에 앉아 있었는데, 초나라 왕의 신하가 세 번이나 범나라가 망할 것이라고 말하였다. 그러자 범나라 임금이 말하였다. '범나라가 멸망해도 나는 없어지지 않는다. 범나라가 멸망해도 내가 없어지지 않는다면 초나라가 존재해도 그 존재를 보전할 수 없다. 그렇다면 망한 나라는 망한 적이 없고 초나라는 존재한 적이 없다고 말할 수 있다.'"라고 하였다.

192) **성성(惺惺)하게** : '성성'은 마음과 정신이 밝고 깨어 있음을 이른다. 유가의 수양법인 경(敬)을 말한 것이다. 북송(北宋) 때의 사양좌(謝良佐)가 "경이란 항상 성성하게 하는 법이다.[敬是常惺惺法]"라고 하였다. 《心經附註》

193) **지경(持敬)** : 경(敬)을 견지한다는 뜻으로, 공경하는 마음을 유지하며 항상 지켜나가는 것을 말한다.

194) **예사 사람을 뛰어넘네** : 원문의 '초범(超凡)'은 초범입성(超凡入聖)을 말한다. 초범입성은 범부의 처지를 벗어나 성인의 경지에 들어간다는 뜻이다. 《주자어류》 권8 〈총론위학지방(總論爲學之方)〉에 "이와 같은 도리에 대해서 제대로 투득(透得)한다면, 자연히 초범입성도 가능할 것이다.[就此理會得透 自可超凡入聖]"라는 주자의 말씀이 나온다.

195) **광호(狂豪)** : 방자하고 호탕하다는 뜻으로, 호탕한 기질이나 뛰어난 풍류를 의미한다.

輾轉愁人凛不眠　　이리저리 뒤척이며 시름겨워 잠 못 이룬들
一盃誰慰寒牕宿　　찬 객창서 묵는 날 뉘 한잔 술로 위로할까.

한밤에 앉아 막내아우와 함께 읊다.

夜坐 季弟共吟

寂寂空齋夜欲深　　적적타 텅 빈 서재 밤은 깊어 가는데
悠悠遠客意難禁　　유유타 먼 나그네 뜻은 멈추기 어렵네.
孤吟暫就燈前睡　　홀로 시를 읊다 잠깐 등불 앞에서 조니
片夢先從關外尋　　조각 꿈은 먼저 관문 밖으로 찾아가누나.

다시 '곡(谷)' 자 운으로 짓다

再用谷字韻

落月亭亭滿碧窓　　기우는 달빛 휘영청 푸른 창에 가득하고
微風淡淡生幽谷　　미풍은 사르르 그윽한 골짝에서 일어나네.
疎烟老樹鳥相呼　　성근 이내 속 고목에는 새들 서로 부르는데
半榻寒燈人獨宿　　반쪽 자리 휑한 등불 아래 홀로 잠이 든다.

화학루 현판의 시운[196]을 따라 짓다 2수

次化鶴樓板上韻 二首

千層絶壁聳樓前　　아스란 돌벼랑은 누대 앞에 솟아 있고
數畝方塘引石川　　두어 이랑 못물은 석천에서 끌어왔네.
勝地淸遊君且記　　명승지 맑은 놀이 그대는 기억하는가
時維萬曆十三年　　그때가 만력하고도 십삼 년이었다네.

凌霄傑閣絶埃塵　　하늘 찌를 듯한 누각에 티끌이란 전혀 없고

196) 현판의 시운[板上韻] : 정자나 누각 같은 건물에, 가장 먼저 풍경이나 감회를 시로 읊은 좋은 작품을 새겨서 걸어놓은 것을 말하며, 이런 시는 대개 역사상 유명한 인물들의 것이 많다.

滿壁高詩謝□陳 벽면에 가득한 제영[197]엔 진부한 시 없다네.
盡日登臨探勝賞 해가 다하도록 올라 빼어난 경치 완상하니
一軒風月屬閒人 한 마루의 경개 한가한 풍류객의 차지라네.

이경저에게 부치다
寄李景著

故人何處隔音塵 옛 친구 어드메 있기에 소식이 가뭇한가
回首難堪淚滿巾 감당할 수 없는 옛정 흥건히 흐르는 눈물.
惟有夢魂能不□ 오직 꿈의 넋만 있고 능히 □하지 못하니
中宵飛越得相親 한밤중에나 날아가서 서로 어울릴 수밖에.

금교 가는 길
金郊道中

奴飢馬倦身猶困 종놈 주리고 말도 지쳐 내 몸 역시 피곤한데
岸缺橋崩路不分 언덕 무너지고 다리도 끊겨 길을 분간 못하네.
千里離懷何處最 천 리 길 이별의 회포는 어느 곳이 가장 괴로운가
半天踈雨一溪雲 반쪽 하늘에 비 내리고 구름 드리운 시냇가라네.

우연히 읊다
偶吟

半天微雨細紛紛 한나절 가랑비 보슬보슬 내리더니
睡起西牕日欲曛 잠에서 깨나자 서창엔 설핏 햇살 드네.
彈罷南薰無一事 남훈곡[198] 타기를 마치자 아무 일도 없나니
臥看青嶂變風雲 누워 푸른 멧부리 변하는 풍운을 바라보노라.

---

197) 제영(題詠) : 누각에 걸려 있는 당세 문인들의 제영시(題詠詩)를 이른다.

198) 남훈곡(南薰曲) : 옛날 순(舜) 임금이 궁중에서 거문고를 타며 불렀다는 〈남풍가(南風歌)〉를 말한다. 그 노래에 "따사로운 남풍이여! 우리 백성 불만을 풀어 줄 만하여라.[南風之薰兮 可以解吾民之慍兮]"라고 하였다. 곧 성군의 정치로 태평성대를 누리는 것을 뜻한다.《孔子家語 辯樂解》

누암 막내아우와 함께 읊다.

樓巖 季弟共吟

清江白石小村幽	맑은 강가 흰 바위의 자그만 마을 그윽한데
綠柳紅花蔭兩洲	푸른 버들 붉은 꽃 양 물가에 짙게 드리웠네.
南浦釣魚歸去晚	남포에서 낚시하다 늦은 저녁 돌아가자니
一天明月滿孤舟	하늘의 밝은 달빛 작은 배에 가득하구나.

다시 앞의 시에 차운하다 3수

再用前韻 三首

一帶江流一境幽	한 줄기 강물 흐르고 한 경내 그윽한데
數聲沙鳥下芳洲	재잘대는 물새 꽃다운 물가로 내려앉네.
漁翁欲賭春風醉	어옹은 봄바람과 취하기 내기를 하려나
紅杏村西繫小舟	붉은 살구꽃 마을 서녘에 거룻배 매누나.

一曲清江境轉幽	한 굽이 맑은 강 경내가 더욱 그윽해
沙鷗兩兩下汀洲	모래밭 갈매기 짝지어 물가로 내려앉네.
漁翁慣識春湖興	늙은 어부 으레 봄 호수의 흥취를 아니
疎雨長潭漾小舟	성근 빗속 긴 못가에 작은 배 띄우누나.

此日江樓客興幽	이 날에 강가 다락에 나그네 흥취 그윽하여
杖藜徐步立沙洲	지팡이 짚고 천천히 걷다 모랫둑에 서보네.
箇中詩思清入骨	이런 가운데 시상이 뼛속까지 맑게 드니
疎雨蕭蕭載漁舟	부슬부슬 성근 비 고깃배가 실고 가누나.

탄금대에서 막내아우와 함께 읊다. 2수

彈琴臺 季弟共吟 二首

獨上高臺思渺然	홀로 높은 누대에 오르니 시상이 묘연해
天光水色遠相連	하늘빛과 물빛이 저 멀리 서로 이어졌네.

數聲何處漁村笛　　어디서 몇 곡 어촌 피리 소리 들려오다
吹罷長江十里烟　　긴 가람 십 리 안개 속으로 사라지누나.

雨後長江淸似油　　비온 뒤 긴 강은 기름인 양 말간데
浪吟閒倚木蘭舟　　한가히 배 타고 낭랑하게 읊조리네.
東君亦解遊人興　　봄날도 노는 사람의 흥취를 아는 듯
放盡奇花夾西洲　　서녘 물가에 기이한 꽃 활짝 피워 놓았네.

강변에 고색창연한 바위가 우뚝 솟아 있어 기이하고 가파름이 천연으로 이뤄졌다. 바위 위에 깨끗하게 새로 지은 정사가 사랑스러워 마침내 배를 매어 놓고 올라가 조망하였다. 그 정사의 주인이 누구인지 알 수 없었으나 농막에 몸을 숨기고 나와 보지 않고 어린아이를 보내 구태여 성명을 물어왔다. 그래서 머리 편에 이를 언급하였다. 막내아우와 함께 읊다.

江畔蒼岩斗起 奇峭天成 巖上淨舍瀟洒 新構可愛 遂維舟登眺 主翁不知何許人也 而隱於農幙 不爲出見 遣一小兒 强問姓名 故首篇及之 季弟共吟

百尺巖頭一室精　　백 척의 바위 위에 집 한 채 정갈한데
烟波十里眼中平　　십 리의 안개 물결은 눈 속에 잔잔하네.
空亭只是遊人賞　　빈 정자에서 그저 노니는 이 감상하는데
何必支離問姓名　　굳이 구차히 성명을 묻을 필요 있으랴.

흥원에서 닻줄을 풀면서 2수

興原解纜 二首

渺渺春江漲欲平　　아득한 봄 강물은 불어서 그득한데
飄飄野艇去猶輕　　표표히 들 배는 외려 가벼이 떠가네.
窮源直擬通銀漢　　저 끝 근원은 곧장 은하와 통하려니
更有何人識客星　　다시 누가 있어 객성을 알아볼까.[199]

199) 다시 …… 알아볼까 : '객성(客星)'은 일정한 곳에 있지 않고 일시적으로 나타난 별을 가리킨다. 후한 광무제(後漢光武帝)의 소년 시절 친구인 은사(隱士) 엄광(嚴光)이 광무제가 등극한 이후에 광무제의 간곡

客樓竟日雨如絲　　누대에는 진종일 실비 내리는데
自酌淸樽獨飮時　　술 자작하며 홀로 마시던 때로라.
醉裡不堪幽興發　　취중에 그윽히 펴나는 정 이기지 못해
盡收風景入新詩　　풍경일랑 모두어 새 시 속에 담았다네.

봄날 배 안의 감회
春日舟中有感

暝風遲日三春晩　　따사로운 바람 긴 해에 삼춘은 저무는데
綠柳紅花兩岸圍　　푸른 버들과 붉은 꽃들 두 언덕 에둘렀네.
不盡江山隨處好　　강산 곳마다 좋은 경치 무수히 많건만
那堪人事轉頭非　　인간사 번쩍하면 어긋나니 어이 견딜까.

신륵사 승려의 시축[200]에 차운하다
次神勒寺僧詩軸韻

晩泊扁舟古寺前　　날 저물어 일엽편주 오랜 절 앞에 정박하니
岸花汀柳各爭姸　　언덕의 꽃 물가 버들 제마다 예쁨을 다투네.
疎鐘報曉依然發　　새벽을 알리는 성근 종소리 의연히 울려오고
棹破驪江十里烟　　삿대 저어 여강의 십리 안개를 뚫고 지나가네.

여강에서 뜻을 부쳐 짓다
驪江寓意

獨臨舷上弄江流　　홀로 뱃전에서 흘러가는 강물 바라보니
千頃澄波潑綠油　　천 이랑 맑은 물결 푸른 기름 뿌린 듯.

한 부름도 거절하고 부춘산(富春山) 아래 은거하여 몸소 농사를 짓고 동강(桐江)에서 낚시질을 하면서 살았다. 그가 한번은 광무제의 간청으로 대궐에 들어가 광무제와 함께 옛일을 이야기하고 같이 누워 자면서 광무제의 배 위에 발을 얹기까지 했는데, 그다음 날 태사(太史)가 객성(客星)이 어좌(御座)를 매우 가까이 범했다고 아뢰자, 광무제가 웃으면서 "나의 친구 엄자릉(嚴子陵)과 함께 누워 있었다."라고 하였다. 《後漢書 逸民列傳 嚴光》 여기서는 정관재 자신이 은사로 자유롭게 살고 싶다는 뜻으로 보인다.

200) **시축(詩軸)** : 시(詩)를 적은 두루마리.

何當變作三春酒　　어찌하면 삼춘 술로 변하게 하여
盡滌塵間萬斛愁　　인간사 만곡의 시름 다 씻어낼까.

강 마을에서 2수
江村 二首

數村桑柘夕陽時　　몇 마을 산뽕나무에 석양이 질 때
十里江湖短艇遲　　십 리 강호에 짧은 배가 더디 오네.
猶倚篷囱一回首　　뜸 창[201]에 기대어 한 번 고개 돌리자니
桃花浪靜睡鵁鶄　　복사꽃 물결은 고요해 가마우지 졸고 있네.

一犂微雨初收處　　한 보습 적시는 가랑비 막 걷힌 곳에
萬里長江不盡頭　　만 리의 강물 흘러 흘러 다하지 않아라.
鶴髮漁翁無箇事　　학발의 늙은 어부 아무 일 없어서
白鷗波上弄輕舟　　백구 뜬 물에서 가붓한 배 희롱하네.

배 안에서의 감회
舟中感懷

輕濤細浪雪嵯峨　　잔잔한 파도 가는 물결 눈처럼 겹쌓이고
去艇來舟疾若梭　　가는 배 오는 배는 빠르기가 사북 같아라.
緬想舊遊增一慨　　멀리 예 놀던 일 생각자니 개탄함 더하는데
烟洲何處起漁歌　　내 낀 물가 어디서 어부의 노랫소리 이는가.

배 안에서 홀로 잔질하며
舟中獨酌

雙雙落鴈下平沙　　쌍쌍이 나는 기러기 백사장에 내려앉고
兩兩歸舟泝碧波　　짝지어 돌아드는 배 푸른 물결 거스르네.

---

201) **뜸 창[篷窓]** : 뜸을 걸어놓은 배[船]의 창문, 즉 선창(船窓)과 같은 뜻이다. 배에 덮개를 씌워 비바람을 가린 뒤, 밖을 볼 수 있게 내놓은 창문으로 일종의 들창이다.

獨酌深杯吟浩渺　　홀로 큰 잔 기울이며 호탕한 기개 읊자니
一般淸意想如何　　이처럼 깨끗한 마음[202] 생각건대 어떠한가.

광진에서 바로 짓다
廣津卽事

昨夜維舟神勒寺　　지난 밤 신륵사에다 배를 대었다가
今朝解纜廣陵津　　오늘 아침엔 광릉진에서 닻줄 푸네.
一身萬里長爲客　　이 한 몸 만 리 밖에서 오래 나그네 되니
綠柳紅花亦惱人　　푸른 버들 붉은 꽃들도 사람을 번민케 하네.

섣달그믐 밤에
除夜

殘燈耿耿照寒堂　　지는 등불 가물가물 싸늘한 방 비추는데
獨坐中宵意轉傷　　한밤에 홀로 앉았자니 뜻 더욱 서글프네.
可惜鐘鳴鷄唱後　　애석타 쇠북소리 울리고 새벽닭 울고 나면
向來衰鬢益添霜　　앞으로 쇠한 귀밑머리 서리만 더하리니.

다시 앞의 시에 차운하다
再用前韻

一夜淸談會一堂　　하룻밤 한 집에 모여 청담을 나누자니
客心何事轉悲傷　　나그네 심사 무슨 일로 더욱 애상해지나.
光陰鼎鼎眞如水　　세월은 언뜻번뜻 물처럼 흘러만 가느니
鬢髮蕭蕭忽變霜　　터럭과 귀밑머리만 문득 허옇게 변했구려.

202) 이처럼 깨끗한 마음 : 원문의 '일반청의(一般淸意)'는 이와 같은 청량한 경지라는 뜻으로 소옹의 〈청야음(淸夜吟)〉 시에서 원용한 것이다. 각주 30)번 참조.

청량한 경지

清意

風來楊柳清不寒	바람이 버들에 불어오니 맑고도 차지 않아
月到梧桐淡更團	오동나무에 떠오른 달 말갛고도 둥글구나.
默會精眞輸敬裡	정하고 참됨을 묵연히 깨달아 공경하니
絕無查滓點心端	찌꺼기 전혀 없어 마음에 점을 찍누나.

그윽한 흥취 막내아우와 함께 읊다.

幽興 季弟共吟

地偏深洞靜無喧	외진 깊은 고을이라 고요하여 시끄러움 없는데
苔長空庭碧有痕	이끼 낀 빈 뜨락에 푸릇하게 흔적이 남아 있네.
獨倚欄干懷還思	홀로 난간에 의지하니 도리어 그리움 이는데
滿天風雨欲黃昏	하늘에 비바람 가득하고 황혼이 깃들려 하네.

다시 앞 시의 운을 써서 막내아우와 함께 읊다. 3수

再用前韻 季弟共吟 三首

數村桑柘絕囂喧	뽕나무 자라는 몇 집 마을에 떠들썩함 없고
一逕莓苔記泥痕	한 길의 이끼에는 발자국 흔적이 남아 있네.
滿酌松醪機事靜	솔 막걸리 가득히 잔질하니 만사가 고요한데
獨憑藤枕醉眠昏	홀로 베개에 기대어 혼혼하게 취해 잔다네.

囪前綠樹受風喧	창 앞의 푸른 나무는 바람 맞아 소란한데
石上蒼苔過雨痕	바위 위 푸른 이끼는 비 내린 자국 남았네.
萬慮盡消無擾擾	온갖 근심 다 사라지고 요란스러움 없으니
一樽經醉任昏昏	한 동이 술에 취하여 곤히 잠들어 있구려.

苔庭竟夜雨聲喧	이끼 낀 뜨락 밤새 빗소리 시끄럽더니
野渡應多水漲痕	들 나루에는 물 불어난 흔적이 많겠네.

耿耿孤吟眠不得　　말똥말똥 홀로 읊조리며 잠 못 이루고
秋風飄拂曉雲昏　　가을바람 몰아치고 새벽구름 어둑하네.

밤비 막내아우와 함께 읊다.
夜雨 季弟共吟

千里他鄕作故鄕　　천 리 타향도 고향이 되어가니
一年歸思更茫茫　　일 년이라 돌아갈 생각 망망해라.
蕭蕭窓外忽聽雨　　부슬부슬 창밖의 빗소리 홀연히 듣자니
耿耿燈前空斷腸　　깜박이는 등불 아래 괜스레 애 끊어지네.

다시 앞 시의 운을 써서
再用前韻

白髮三秋客異鄕　　백발로 가을 석 달 타향의 객이 되니
故園千里路茫茫　　천 리 길 고향은 아득하기만 하여라.
離懷自古消魂骨　　자고로 이별의 회포는 넋과 뼈를 녹이나니
幾箇男兒鐵石腸　　남아 중 몇이나 철석같은 창자를 가졌으랴.

겨우 미인과 이별하고 홀로 높은 누대에 앉았으려니 달빛이 곱고 피리 소리 청량하여 감회가 있기에 시를 지어 궤하에 올리다
初別美人 獨坐高樓 月色瀲艶 笛聲淸亮 有感而作 奉呈几下

高樓明月十分明　　높은 누대의 달은 십분 밝기만 한데
何處飛來玉笛聲　　어느 곳에서 옥피리 소리 들려오는가.
吹盡落梅人不見　　낙매곡[203] 다하도록 사람은 보이지 않고
此時難制遠離情　　어저 멀리 이별한 심정을 가누기 어렵고야.

---

203) 낙매곡(落梅曲) : 원문의 '낙매(落梅)'는 매화락(梅花落) 또는 관산낙매곡(關山落梅曲)이라고 하는 악곡(樂曲)으로, 한대의 적곡(笛曲)이다. 이백의 〈여사랑중흠청황학루상취적(與史郎中欽聽黃鶴樓上吹笛)〉에 "황학루 위에서 옥 젓대를 부니, 강성 오월에 매화가 떨어지는구나.[黃鶴樓上吹玉笛 江城五月落梅花]"라고 하였다.

원언인[204]의 시에 차운하다 이때에 원사안 공이 추고 경관[205]이 되어 이 고을에 왕래하였다. 막내아우와 함께 읊다. 2수

次元彦仁韻 時元公士安 爲推考敬官 往來此郡 季弟共吟 二首

秋月臨塘盡意明 가을 달 못물에 떠올라 한껏 밝은데
誰家吹送斷腸聲 어느 집에서 애끊는 소리 보내오는가.
半啓寥寂佳人遠 반쯤 열린 창 적막하고 임은 멀기만 하니
孤客難爲此夜情 어쩌랴 외론 나그네 이 밤의 그리운 정을.

高樓此夜新月明 높은 누각 이 밤 새 달은 밝기만 한데
一陣西風萬樹聲 한바탕 가을바람 온 숲에 소리 내누나.
離恨客愁難自制 이별의 한 나그네 시름 가누기 어려운데
亂蛩孤鴈更多情 풀벌레 외론 기러기 소리 더욱 정겨워라.

자리에서 다시 앞 시의 운을 사용하여 장난삼아 언인에게 주다 2수

席上再用前韻戲贈彦仁 二首

昔□芳盟皦日明 지난날 꽃다운 맹서는 밝은 해처럼 분명한데[206]
幾年回首暗呑聲 몇 해나 머리 돌려 남몰래 슬픈 소리 삼켰던가.
相逢未久還相送 만난 지 오래잖아 다시 전송이라니
御史如今太薄情 지금의 어사는 너무도 박정하여라.

雲盡秋天月色明 구름 다 흩어진 가을하늘 달빛은 밝기만 한데
寒蛩落葉摠愁聲 찬 귀뚜라미와 낙엽 모두 근심[207]의 소리이네.

---

204) 원언인(元彦仁) : 원사안(元士安, 1543~?)의 자이다. 본관은 원주(原州), 자는 언인(彦仁)이다. 아버지는 장수현감 원붕(元鵬)이다. 직강 등을 역임하였다.

205) 추고 경관(推考敬官) : 추고 경차관(推考敬差官)을 이른다. 추고 경차관은 죄를 살피게 하기 위하여 임금의 명으로 중앙에서 파견하는 관원이다.

206) 밝은 해처럼 분명한데 : 《시경》 〈대거(大車)〉에 "나를 믿지 못한다면, 저 환히 밝은 해를 두고 맹세하리라.[謂予不信 有如皦日]"라고 하였다.

207) 근심 : 저본에는 '愁(수)'로 되어 있는데, '秋(추)'의 오기인 듯하나 그대로 번역하였다.

今夜倍覺離懷苦	오늘 밤 이별의 아픔 갑절이나 느껴지니
若道無情也不情	무정하다 말할진댄 도리어 정을 모르리.

다시 앞 시의 운을 사용하여 언인에게 주다 막내아우와 함께 읊다.

再用前韻贈彦仁 季弟共吟

秋天寥廓河漢明	가을 하늘가 적막한 성곽에 은하수 맑은데
露草荒涼絡緯聲	이슬 풀숲 황량하고 풀벌레 소리만 들린다.
獨倚曲欄無限意	홀로 굽은 난간에 기대어 무한한 그리움은
美人千里解携情	천 리 밖에서 헤어진 미인과의 끌리는 정.

호연에게 주다 2수

贈浩然 二首

寥寥空舘遇高僧	쓸쓸한 빈 객관에서 고승을 만나니
亹亹奇談聽不曾	이어지는 기담 일찍이 들어본 게 아니네.
水雲蹤迹□無挽	가는 구름 흐르는 물[208] 붙들 수 없으니
新日青山隔幾層	아침 햇살에 산들이 몇 겹이나 막혔을까.

一生於世愧山僧	세상에 일생토록 산승에 부끄러우니
領畧名區恨未曾	좋은 곳 차지하지 못함이 한이로세.
安得此身超網外	어쩌면 나도 세상 그물 밖으로 벗어나
與渠同踏白雲層	흰 구름 층층한 곳 함께 밟아보려나.

다시 앞 시의 운자를 써서 막내아우와 함께 읊다.

再用前韻 季弟共吟

平生一癖愛山僧	평소 못 버리는 버릇 하나 산승을 친애함인데
似爾淸高見未曾	그대처럼 청고한 이를 일찍이 보지 못하였네.

208) 가는 …… 물 : 원문의 '행운유수(行雲流水)'는 떠가는 구름과 흐르는 물처럼 정처 없이 사방을 돌아다닌다 하여 행각승(行脚僧)을 이른다.

旅館乍逢施作別　　여관에서 잠깐 만나자마자 바로[209] 작별이라
雲巒回首謾層層　　돌아보자니 괜한 구름 멧부리 층층이로고.

澹泊初如入定僧　　담박함은 애초에 입정한 승려[210] 같고
狂悁還俗泝□曾　　광견[211]함은 기욕하려 한 증점[212]이로다.
我生於世皆無用　　나는 세상에 살아도 전혀 쓸모가 없으니
只擬遨遊碧樹層　　나무 층층 드리운 곳에서 노닐고자 할 뿐.

학선정에서 입으로 읊어 짓다 막내아우와 함께 읊다.

學仙亭口占 季弟共吟

朱樓迢遞白雲栖　　화려한 누각 까마득하여 흰 구름이 깃들고
碧樹玲瓏淡月低　　푸른 나무숲 영롱하여 말갛게 달 드리웠네.
遠客倦憑燈下榻　　먼 길 나그네 지친 몸 등불 아래 의지하니
寒聲悽咽雨中溪　　찬 소리 비 오는 냇가에서 처량히 목메누나.

천수정[213]에서

天壽亭

天壽亭前信馬歸　　천수정 앞에서 말 가는 대로 가노라니
蕭蕭黃葉洒秋衣　　우수수 단풍잎 가을 옷섶에 흩뿌린다.
悠悠往事向誰問　　유유한 지난 일들 누구에게 물어보나

209) 바로 : 저본에는 '施(시)'로 되어 있는데, 전사의 오류로 보고 '旋(선)'으로 번역하였다.

210) 입정(入定)한 승려 : 원문의 '입정승(入定僧)'은 불가에서 참선(參禪), 즉 선정(禪定)에 들어가는 것을 입정이라 하고 선정을 끝내고 나오는 것을 출정(出定)이라 하는 데서, 입정승은 곧 선정에 들어간 승려를 가리킨다.

211) 광견(狂狷) : 저본의 '狂悁(광연)'은 狂狷(광견)의 오자로 보인다. 광견은 뜻이 높고 고집이 세어 소소한 예법을 따르지 않고 나쁜 짓을 하지 않는 자를 이른다. 《논어》 〈자로(子路)〉에 "중도의 선비를 얻어 함께할 수 없다면 반드시 광자(狂者)와 견자(狷者)를 취할 것이다. 광자는 진취적이고 견자는 하지 않는 바가 있다.[不得中行而與之 必也狂狷乎 狂者進取 狷者有所不爲也]"라고 하였는데, 주에 "뜻은 지극히 높으나 행실이 말을 가리지 못하는 자를 광(狂)이라 하고, 지식이 미치지 못하나 자조와 행실에 여유가 있는 자를 견(狷)이라 한다."라고 하였다. 또한 《맹자》 〈진심 하(盡心下)〉에 "금장·증석·목피와 같은 자가 공자께서 말씀하신 광자(狂者)이다.[如琴張曾晳牧皮者 孔子之所謂狂矣]"라는 글도 보인다.

兩兩寒鴉銜雨飛　　쌍쌍의 찬 까마귀 빗속을 뚫고 나누나.

우봉 가는 길에서
牛峰道中

嶺嶺凄凄苦易曛　　잿마루마다 싸느랗게 쉬 저물어 고달픈데
松聲淅淅不堪聞　　휘익 휘익 솔바람 소리 차마 듣지 못하네.
蕭蕭疋馬行猶倦　　쓸쓸해라 가는 필마도 지쳐만 가는데
杳杳孤村遠莫分　　외딴 마을 까마득해 분간하기 어렵구나.

추운 서재에서
寒齋

寒齋寂寂小燈殘　　추운 서재 적적하고 등불마저 가물대는데
落月亭亭永夜闌　　휘영청 지는 달빛에 긴 밤도 이슥해지네.
詠罷新詩無睡思　　새 시 읊기를 마치고도 잠은 오지 않고
飜教舊恨惹心端　　되려 묵은 한만 마음 저편서 일 뿐이네.

임진강을 건너며 2수
渡臨津 二首

風帆浪楫渡臨津　　순풍에 돛 달고 노 저어 임진강 건너니
牧笛漁歌惱遠人　　젓대 소리 어부의 노래 먼 길손 괴롭고야.
長作間關千里客　　오래도록 떠돌며 천 리의 나그네 되니
可憐辜負一年春　　안타까워라 한 해의 봄을 저버렸구나.

---

212) **기욕(沂浴)하려한 증점(曾點)** : 저본의 '俗沂(속소)'는 '浴沂(욕기)'의 오자로 보고 수정 번역하였다. 공자의 제자인 증점이 자신의 포부를 말하면서 "늦봄에 봄옷이 만들어지면 갓을 쓴 어른 5, 6명과 동자 6, 7명과 함께 기수(沂水)에서 목욕하고 무우(舞雩)에서 바람을 쐬고서 노래하며 돌아오겠습니다."라고 하자, 공자가 감탄하며 허여(許與)했던 고사가 있다. 《論語 先進》

213) **천수정(天壽亭)** : 경기도 장단군(長湍郡) 진서면 천수원(天壽院)에 있던 정자이다. 천수원(天壽院)은 고려 예종 때 지은 천수사(天壽寺)가 있던 곳에 건립한 역원으로, 개성에서 남쪽으로 내려가는 교통의 요충인지라 조선시대에 이곳에 천수원을 세웠다. 《신증동국여지승람(新增東國輿地勝覽)》 4권 〈개성부상(開城府上)〉 참조.

遠客言旋跡未乾　먼 나그네 돌아와 발자국 마르지 않았는데
揮鞭今又向西關　채찍 휘둘러 이제 또 서쪽 관문을 향하네.
南來北去長遵路　남북으로 오가며 오래도록 길 따라 가노라니
馹吏津夫亦識顔　역참 아전과 나루터 사공이 얼굴을 알아보네.

장단[214] 가는 길
長湍道中

無限奇花滿目斑　끝없는 기이한 꽃들 눈 가득 아롱진데
獨鞭羸馬指遼山　홀로 야윈 말 재촉해 요산을 향해 가네.
臨津西畔長湍路　임진강 서쪽 둔덕 장단으로 가는 길은
盡日崎嶇水石間　종일토록 강과 바위 새 험한 길이라오.

백계현[215]에서
白界峴

馬倦奴飢心索莫　말은 지치고 종은 굶주려 심사는 삭막한데
水重山疊路高低　굽도는 물길 첩첩한 산길 높낮기도 하여라.
西關縹緲遼城遠　서녘 관문 아득하고 요성[216]은 멀기만 하니
界峴逶迤鳥獨啼　백계현 굽은 비탈길에 새만 홀로 우짖누나.

달밤에 2수
月夜 二首

滿庭淸月十分明　호정 가득 맑은 달빛 온통 휘황한데
倚閣長吟絕俗情　누각에 기대 길게 읊조리니 속정 끊기네.

---

214) 장단(長湍) : 경기 북서부의 군(郡)으로, 동쪽은 연천군, 서쪽은 개풍군, 남쪽은 양주시와 파주시, 북쪽은 황해도 금천군과 경계한다. 별칭(別稱)으로 장천성(長淺城), 야야(耶耶), 야아(夜牙), 단주(湍州), 장림(長臨), 임단(臨湍) 등이 있다.

215) 백계현(白界峴) : 황해도(黃海道) 우봉현(牛峯縣)의 동쪽 30리에 있다. 《신증동국여지승람》 제42권.

216) 요성(遼城) : 황해도 수안군의 이칭인 요산(遼山)을 이른다. 《신증동국여지승람》 제42권 황해도 수안군(遂安郡) 제영, 이예(李芮)의 시에 "요산은 하늘이 만든 험지이다.[遼山天作險]"라고 하였다.

眞界不須求恍惚　　모로매 선계의 황홀함 구할 필요 없거니
遼山一面是蓬瀛　　요산의 한 자락 이곳이 봉영[217]이라오.

一抹寒烟繞古城　　한 줄기 찬 운무는 옛 성을 감돌고
隔溪茅店小燈明　　시내 건너 초가 객점 작은 등불 밝네.
曲欄倚遍空惆悵　　굽은 난간에 기대자 괜스레 서글픈데
何處飛來玉笛聲　　어디서 날아드는가 이 옥피리 소리는.

신경 스님에게 주다
贈信冏上人

細澗冷冷石上流　　실개울 차디차게 바위 위를 흐르고
輕嵐藹藹鳥邊浮　　산기운 아련하게 새 나는 데 떠 있네.
何時擺脫紅塵累　　어느 때나 속진의 티끌 떨쳐버리고
隨意遨遊碧樹秋　　맘껏 푸른 나무숲 가을을 노닐런가.

신경의 시축에서 차운하다
次信冏軸中韻

千尋絕壁白雲平　　천 길 절벽에 흰 구름 너른데
一道飛泉萬壑聲　　한 줄기 폭포 온 골짝 울리네.
安得脫身超世網　　어찌하면 이 몸 세망[218]에서 벗어나
秋風結社作山行　　갈바람 불 때 결사[219]맺어 산행할꼬.

화학루의 현판의 〈영용담〉 시에 차운하다
次化鶴樓板上韻 咏龍潭韻

噴珠漱玉細濛濛　　구슬 뿜듯 옥이 튀듯 안개 자욱한데
一道清泉石下通　　한 줄기 맑은 물 바위 밑에 흐르네.

---

217) 봉영(蓬瀛) : 봉래산(蓬萊山)·영주산(瀛洲山) 곧 신선이 사는 선경을 말한 것이다.
218) 세망(世網) : 세상의 그물이라는 뜻으로, 곧 세상의 번거로운 일에 얽매임을 말한다.

塵世曷能測深淺　　속인이 어찌 그 깊이를 헤아릴 수 있으랴
靈源活處有神龍　　신령한 물줄기 생동하는 곳에 용이 있으리.

화학루 현판의 시 운자를 따라 짓다
次化鶴樓板上韻

高樓獨上思悠然　　높은 누각에 홀로 오르니 심사가 유연한데
劇吟淸談記往年　　한껏 읊조리며 청담 속에 지난해 회상하네.
聚散□□江渭濶　　만났다 흩어지는 □□ 강위[220]처럼 머니
不堪怊悵夕陽□　　구슬픈 마음 석양 속에 감내하지 못하리.

단비를 기뻐하며
喜雨

一樓微雨細如絲　　누각에 내리는 보슬비 가늘기 실낱같아
正是三農久旱時　　한창 농사철[221]에 오랫동안 가물었다오.
聖主至誠元不息　　성상의 지극한 정성이야 원래 쉼 없나니
皇天玄澤亦無私　　하늘의 큰 은택 역시 사사로움이 없다네.

회포를 쓰다
寫懷

洛城去日思遼邑　　서울서 떠나던 날엔 요읍을 생각하고
遼邑留時憶洛城　　요읍에 머물 때는 서울을 그렸다오.
長遣一心分兩地　　오랫동안 한 마음 두 곳으로 나눠졌나니
此身隨處自多情　　이 몸 가는 곳마다 자연스레 정겨웠다네.

---

219) 결사(結社) : 원래 승려들이 단체로 모여서 수행하는 것인데, 여기서는 승려와 유자의 모임을 뜻한다.
220) 강위(江渭) : 강수(江水)와 위수(渭水)로 대개 벗을 그리워하는 마음을 상징한다. 두보의 〈춘일억이백(春日憶李白)〉의 "위수 북쪽엔 봄 하늘에 우뚝 선 나무, 강 동쪽엔 날 저문 구름.[渭北春天樹 江東日暮雲]"에서 유래하였다.

그냥 짓다
漫成

獨坐西軒日欲斜	홀로 서녘 마루에 앉았자니 해는 기울려 하고
江雲歸盡碧天賖	강가 구름은 푸른 하늘 아득히 모두 사라지네.
新茶飮罷無餘事	새로 다린 차 다 마시자 달리 할 일 없어
臥看寒鴉帶落霞	누운 채 저녁노을 띤 찬 까마귀 바라보네.

손님이 오다
客至

淸江白石塵寰隔	맑은 강과 흰 바위 세상과 동떨어졌고
竹院苔庭俗事稀	대숲 동산 이끼 낀 뜰엔 세속 일 드무네.
宿客到來門外喚	묵어갈 나그네 문 앞에 이르러 주인 찾으니
棲鴉驚起月中秋	깃든 까마귀 달 뜬 가을밤에 놀라 살피네.

지금[222]에서 우연히 읊다
地錦偶吟

溪邊古木數村同	시냇가 고목의 두어 마을이 비슷한데
雨外疎烟一帶籠	빗줄기 너머로 성근 안개 한 띠가 둘렀네.
網得游鱗多趣味	뛰노는 물고기 투망질도 쏠쏠한 취미인지라
渾忘身在道路中	자신이 나그네 길에 있는 줄 온전히 잊는다오.

221) **농사철** : 원문의 '삼농(三農)'은 봄에 밭을 갈고[春耕], 여름에 김매고[夏耘], 가을에 거두는 것[秋收]을 말함. 또는 언덕과 습지(濕地)와 평지(平地)의 농사를 말한다. 《주례》 〈천관총재(天官冢宰)·태재(太宰)〉에 "삼농에서 아홉 가지 곡식을 생산한다.[三農生九穀]"라고 하였는데, 정현(鄭玄)이 "삼농은 평지와 산과 택이다.[三農平地山澤也]"라고 하였다.

222) **지금(地錦)** : 지명으로 보이다.

독정[223]에서

獨井

凉秋八月葉初飛	사늘한 중추라 낙엽은 막 날리기 시작인데
獨倚蹇驢信轡歸	홀로 저는 나귀 가는대로 의지해 돌아가네.
一聲長笛孤村路	외딴 마을 길가 한 가락 긴 피리 소리 속에
疎雨蕭蕭灑客衣	성근 비 부슬부슬 나그네 옷깃에 뿌려대네.

광탄에서

廣灘

幽溪峻嶺路逾險	깊은 골 높은 산마루 길은 더욱 험한데
瘦馬飢童行苦遲	지친 말 주린 종놈 발걸음 더디기만 해.
病客棲遑何處泊	병든 나그네 어디서 묵을지 허둥대는데
秋風蕭瑟夕陽時	소슬한 가을바람 석양 무렵에 불어온다.

숙정과 이별한 뒤 우연히 읊다

別叔正後偶吟

高秋八月木葉飛	8월이라 깊은 가을 나뭇잎 날리는데
誰家吹送笛聲悲	뉘 집에서 구슬픈 젓대 불어 보내나.
寥寥獨坐燈前夜	쓸쓸히 홀로 등불 앞에 앉아 있자니
脉脉難堪別後思	이별 뒤의 그리운 심사 어이 견딜꼬.

다시 강가 집에서 노닐며 소감을 쓰다

再遊江舍有感

同遊分散各南東	함께 노닐다 남으로 동으로 흩어졌는데
故榻尋來意未窮	예전 자리 다시 찾으니 하염없는 마음.
一曲漁歌江上路	어부의 노래 한 곡조 울리는 강변길에

223) 독정(獨井) : 지명으로 보인다. 참고로 양주(楊州)에 독정리(獨井里)가 있다.

不堪回首立西風　　갈바람에 서서 차마 고개 못 돌리누나.

홀로 잠깨어
獨罷

獨罷寒牕曙色分　　홀로 잠깨니 차가운 창에 동 터오는데
風吹古木葉聲紛　　고목에 바람 불자 나뭇잎 소리 들린다.
長吟靜坐無心累　　앉아 길게 읊조리니 마음에 매임 없어
一炷淸香手自焚　　한 심지 맑아한 향을 손수 사르노라.

고요한 속에
靜中

竹月亭亭雨後明　　우뚝하게 대숲에 뜬 달 비온 뒤 맑은데
鵾絃切切夜深淸　　거문고 소리 절절하고 밤은 깊어 맑구나.
靜中更覺多眞趣　　고요함 속에 다시 진정한 정취 깨달으니
忙裡何須枉此生　　바쁜 중에 어찌 이 삶을 그르치게 하리오.

광탄 가는 길
廣灘道中

陣陣輕風雪後寒　　살랑살랑 이는 바람 눈 온 뒤에 차갑고
蕭蕭細路峽中難　　스산한 산길은 협곡이라 험하기도 해라.
間關客況何須說　　고단한 나그네 신세 어찌 다 이르랴마는
懍慄離懷自不寬　　이별의 감회에 지쳐 제냥 느긋할 수 없네.

다시 〈광탄 가는 길〉 운으로 짓다
再用廣灘道中韻

陰雲漠漠雪風寒　　먹구름 드넓게 드리우고 눈바람은 찬데
倦馬遲遲石逕難　　지친 말 느리고 돌길은 험난키만 하여라.
千里別懷元不歇　　천 리 밖 이별의 회포 원래 다함이 없나니

一年羈恨更誰寬　　일 년 내내 객수에 누가 다시 느긋하리오.

산골 집에서
山齋

山齋落落絶無隣　　산골 집이라 멀리 떨어져 이웃도 없는데
寒氣稜稜易襲人　　찬 산기운 모질게도 쉬 사람을 엄습하네.
坐到五更眠不得　　앉아서 새벽에 이르도록 잠 못 이루나니
心馳千里鬢成綸　　천 리 내닫는 마음 귀밑머리만 희어지누나.

새벽에 앉아
曉坐

邨鴉初唱曉成寒　　시골에 새는 막 울고 새벽 기운 차가운데
楚客無眠蝎燭殘　　초객[224]은 잠 못 이루고 등불 스러져가네.
獨坐疎欞懷遠想　　성근 창가에 홀로 앉아 마음속 먼 생각에
不知何處是長安　　어느 곳이 장안인지 미처 알지 못하겠네.

긴긴 밤에 막내아우와 함께 읊다.
永夜 季弟共吟

永夜漫漫五皷遲　　긴 밤은 느릿느릿 새벽이 더딘데
幽人寂寂獨眠時　　그윽한 사람 적적하게 홀로 잘 때라.
思深漢北歸何日　　서울 그리움 깊어 어느 날에 돌아가나
迹滯遼西鬢若絲　　요서[225]에 체류하니 귀밑머리 희어졌네.

---

224) **초객(楚客)**: 초나라의 충신으로 조정에서 쫓겨나 타향을 유랑한 굴원(屈原)을 가리키는데, 일반적으로 타향에 사는 사람을 지칭하는 말로 쓰인다. 여기서는 타향을 떠돌고 있는 정관재 자신을 가리킨다. 당나라 잠삼(岑參)의 시 〈송인귀강녕(送人歸江寧)〉에 "초객이 고향 집 소식 그리워하는데, 집으로 가자니 호수가 멀어라.[楚客憶鄕信 向家湖水長]"라고 하였다.

225) **요서(遼西)**: 요산(遼山)의 서쪽. 곧 요산을 지칭한 것으로, 요산은 황해도 수안의 고호이다.

앞 시의 운으로 다시 짓다
再用前韻

山齋寂寂午睡遲　　적적한 산골 집 낮잠이 늘어지고
竹戶深深獨閉時　　깊고 깊은 대사립 홀로 닫고 산다네.
觸諱醒來思潤渴　　술 깨고 나면 타는 목 적실 생각뿐
玉壺猶復繫青絲　　옥술병에 다시 청사를 묶어 올까나.[226)]

설재의 〈강천〉 시에 차운하다 막내아우와 함께 읊다. 3수
次雪齋江天韻 季弟共吟 三首

雪晴雲散暮江天　　눈 개이고 구름 걷힌 저녁 강 하늘이라
眼界吟情浩不邊　　눈앞이 탁 트여 시흥이 가없이 펼쳐지네.
釣得游鱗何處向　　낚시로 뛰노는 물고기 잡아 어디로 향하나
青帘飄拂小村前　　작은 마을 앞에 푸른 깃발[227)] 펄럭이누나.

長江雪齋夕陽天　　긴 강가 눈 내린 집 석양 깔린 하늘가
回首滄洲縹緲邊　　고개 돌려 아스라이 창주[228)]를 바라보네.
鶴髮漁翁無所事　　백발의 늙은 어부 달리 할 일이 없거니
持竿獨立片帆前　　낚싯대 들고 조각배 머리에 홀로 서있네.

一年清景一江天　　일 년 내내 맑은 경치의 강이 펼쳐진 곳에
白雪初晴白鳥邊　　하얀 새 나는 하늘가에 흰 눈이 막 그치네.
獨酌松醪沙岸上　　홀로 모래 언덕배기에서 솔 막걸리 마시려니

---

226) **옥술병에 …… 올까나** : 원문의 '청사(青絲)'는 술병을 묶은 푸른 실로 곧 술을 사러 감을 뜻하는데, 여기서는 술 생각이 간절하다는 뜻이다.

227) **푸른 깃발** : 술 파는 집. 술을 파는 집에 푸른 주기(酒旗)를 달기 때문이다. 청패(青旆) 또는 청렴(青帘)이라고도 한다.

228) **창주(滄洲)** : 숨어 살기 좋은 물가의 유벽(幽僻)한 승경(勝景)을 가리키는 시어(詩語)이다. 삼국시대 위(魏)나라 완적(阮籍)이 지은 〈위정충권진왕전(爲鄭沖勸晉王箋)〉의 "창주를 굽어보며 지백에게 사례하고, 기산에 올라가 허유에게 읍을 한다.[臨蒼洲而謝支伯 登箕山而揖許由]"라는 말에서 나온 것으로, 경치 좋은 은자(隱者)의 거처로 쓰이는 말이다. 《文選》

數聲漁笛晚風前　　저녁바람결에 몇 가락 어옹의 피리 울려오네.

〈오강회고〉[229] 시에 차운하다 막내아우와 함께 읊다. 2수
次烏江懷古韻 季弟共吟 二首

烟横古渡夕波驚　　안개 비낀 옛 나루에 저녁 물결 거센데
一陣西風欸乃聲　　한바탕 가을바람에 뱃노래 소리 울린다.
壯士雄威何處去　　장사의 웅위한 기세는 어디로 갔다던가
江流嗚咽獨含情　　오열하는 강물만 홀로 정을 머금었구려.

蓋世英魂劍下驚　　기개세 영웅[230]의 넋은 칼날 아래서 놀라고
江流千古帶悲聲　　천고에 흐르는 강물은 구슬픈 소리 띠었구려.
八季霸業終何用　　여덟 해 세월의 패업은 끝내 어디에 쓰리오.
空使行人倍愴情　　부질없이 행인에게 슬픈 정만 더하게 하네.

화학루 연회 자리에서 즉흥으로 읊다
化鶴樓宴席口占

化鶴高樓入夜凉　　높다란 화학루 밤에 들어 서늘한데
月生東嶺射淸光　　달이 동녘 마루에서 솟아 맑게 비추네.
遊子何知逢勝宴　　나그네 좋은 술자리 만날 줄 어찌 알았으랴
一場歌舞興還長　　한마당 노래와 춤사위에 흥이 한층 무르익네.

---

229) 오강회고(烏江懷古) : 서초패왕(西楚霸王) 항우(項羽)의 고사를 제재로 하여 지은 시로 보인다. 항우가 일찍이 서초패왕(西楚霸王)이 되어 천하를 호령했으나, 뒤에 해하(垓下)에서 한군(漢軍)에게 포위되어 곤경에 처하자, 밤중에 일어나 장중(帳中)에서 우 미인(虞美人)과 함께 술을 마시며 "힘은 산을 뽑을 만하고 기개는 세상을 덮었는데, 때가 이롭지 못하여 오추마가 가지 않는구나. 오추마가 가지 않으니 어떻게 하겠는가. 우미인이여, 우미인이여 너를 어찌하면 좋단 말이냐.[力拔山兮氣蓋世 時不利兮騅不逝 騅不逝兮可奈何 虞兮虞兮奈若何]"라고 노래하였다. 그리고는 오강(烏江)에 이르러 그의 근거지인 강동(江東)으로 건너가 재기하려 하지 않고 그곳에서 자결하여 생을 마감하였다. 《史記 項羽本紀》 참조.

230) 기개세(氣蓋世) 영웅 : 초패왕 항우를 가리킨다. 그가 자신의 용맹을 자랑하며 "힘은 산을 뽑을 만하고, 기운은 세상을 덮을 만하다.[力拔山兮 氣蓋世]"라고 읊었던 고사가 있다. 《史記 項羽本紀》

노수눌경민[231]의 시에 차운하다 둘째 아우와 함께 읊다.

次盧守訥景敏韻 仲弟共吟

畫閣風輕夜拂涼　　단청한 누각 산들바람이 밤에 시원하게 일고
碧天雲盡月增光　　검푸른 하늘 구름 걷히자 달은 광채를 더하네.
金盃到處歌聲細　　금술잔 기울이는 곳마다 노랫소리 가녀린데
玉笛吹時舞袖長　　옥피리 가락에 춤추는 소매 길기도 하여라.

숙정과 이별한 뒤에 우연히 읊다

別叔正後偶吟

蕭蕭落葉秋將晚　　우수수 낙엽지고 가을은 저물어 가는데
耿耿殘燈夜已分　　가물가물 이운 등불 밤은 이미 깊었어라.
千里別懷難自制　　천 리 밖 이별의 회한은 가누기 어렵거늘
滿庭寒雨不堪聞　　뜰에 가득한 찬 빗소리 차마 듣지 못하네.

고신은[232]에서 벽 위의 시 운을 따라 짓다 4수

古新恩次壁上韻 四首

白雲何處是遼山　　흰 구름 떠 있는 어느 곳이 요산이뇨
回首西天眼底看　　고개 돌리니 서녘 하늘 눈앞에 보이네.
落日長程歸思切　　해 저문 긴 여정 돌아가고픈 마음 간절하니
自歎無術縮重巒　　첩첩 멧부리 줄일 재주 없어 절로 한탄하네.

曲曲溪邊面面山　　굽이굽이 계곡에 면면이 높은 산자락
六季曾慣虜中看　　여섯 해 길을 가며 익숙하게 보았었지.
只恨浮生長役役　　떠도는 인생살이 늘 고달픔이 한스럽고

---

231) 노경민(盧景敏) : 경민(景敏)은 노수눌(盧守訥, 1564~?)의 자이다. 현감 노개(盧塏)의 아들로, 선조 39년(1606) 증광시 진사에 3등 6위로 합격하였다. 참고로 노개의 장녀가 졸재공에게 출가하여 신덕자(申德滋)를 낳았다.

232) 고신은(古新恩) : 황해도 신계현(新溪縣) 남쪽 25리에 있는 신은고현(新恩古縣)을 지칭한 듯하다.

筭來猶自愧林巒　　헤어보니 오히려 산림[233]에 부끄럽구나.

茫茫大野枕孤山　　가마득한 들판 외론 산자락 베고 있고
十里風烟屬眼看　　십 리의 바람 안개는 눈 안에 들어오네.
獨策吟驢歸去晚　　읊어가며 나귀 재촉하나 갈 길 저물고
寒雲釀雪過前巒　　찬 구름이 눈을 빚는 앞산을 지나가네.

風日明妍媚遠山　　바람과 햇빛 밝고 좋아 먼 산도 어여뻐
小亭淸景任閑看　　작은 정자의 맑은 경치 느긋이 바라보네.
沉吟愛勝忘歸去　　승경에 빠져 읊조리다 갈 길 잊었거니
不覺斜陽掛後巒　　어느새 지는 해는 뒷산에 걸려 있구려.

차운하여 중실에게 화답하다 둘째 아우와 함께 읊다.
次和中實 季弟共吟

玉斝勸時輸肺腑　　옥 술잔을 권할 때 속내 다 털어놓았고
木瓜投處得瑤琚　　모과를 던져준 곳에선 옥구슬을 얻었네.[234]
連床此日淡論裏　　침상을 나란히 한 이 밤 청담을 나누니
萬斛塵懷盡已除　　만곡의 세상 근심 이미 다 없어졌다오.

---

233) **산림** : 원문의 '임만(林巒)'은 숲과 산봉우리로, 세상을 버리고 은둔하기 알맞은 곳을 비유적으로 이르는 말이다.

234) **모과를 …… 얻었네** : 원문의 '요거(瑤琚)'는 아름다운 옥으로, 상대방의 시문을 이른다. 모과는 목과(木瓜)로, 하찮은 물건을 뜻하며 자신의 시문을 이른다. 《시경》〈위풍(衛風)·모과(木瓜)〉에 "나에게 목과를 던져주었는데, 나는 아름다운 옥으로 보답하였네.[投我以木瓜 報之以瓊琚]"라고 한 데서 온 말이다.

칠언사운 七言四韻

고요히 앉아서
靜坐

茅屋深深傍碧湖	깊숙타 띠로 엮은 집 짙푸른 못가에 있고
閒宵寂寂倚靑奴	적적타 한가한 밤엔 청노[235]에 의지하네.
殘燈壁下影明暗	벽 아래 희미한 등불 밝았다가 어두워지고
細雨林間聲有無	나무숲 사이로 가랑비 소리 있다 없다 하네.
好是幽居長自適	그윽한 처소에서 길이 유유자적하니
余非藥物更何須	약물 말고는 내게 뭐가 더 필요하랴.[236]
溪蔬飯罷松軒靜	나물에 밥 먹고 나니 솔 마루 고요해
儼對爐薰閱聖謨	공손히 향을 사르고 성현의 글 읽네.

오수보와 작별하며 주다
贈吳守甫別

相思何處空惆悵	서로 그리며 이르는 곳마다 부질없는 슬픔에
兩鬢蕭蕭白髮生	두 귀밑머리 듬성해지고 흰머리마저 생겼다오.
半世浮沉三載別	반평생 부침 속에 이별한 지 세 해가 되었고
一燈談笑十年情	등불 가에서 담소를 나누니 십 년의 정이로세.
風寒北郭羣鴉起	찬바람 이는 북쪽 성곽엔 까마귀 떼 일어날고
露重西林獨鶴鳴	흠씬 이슬 내린 서쪽 숲엔 외로운 학이 우네.
聚散紛紛元不定	만나고 헤어짐은 워낙 분분해 일정치 않느니
無妨共對到天明	함께 마주하고 밤 지새운들 무슨 상관있으랴.

235) 청노(靑奴) : 더운 여름철에 서늘함을 취하는 침구(寢具)의 일종인 죽부인(竹夫人)의 별칭이다.

236) 약물(藥物) …… 필요하랴 : 두보의 〈강촌(江村)〉 시 끝부분에, "병 많은 나에게 필요한 건 오로지 약뿐, 늙은 이 몸 이것 말고 더 바랄 게 무엇이랴[多病所須惟藥物 微軀此外更何求]"라고 하였다.

동관음사에 유람하다

遊東觀音寺

青鞋布襪上匡廬　　푸른 짚신 베버선[237] 신고 광려산 오르니
畫棟雕闌切紫虛　　채색 들보며 아로새긴 난간 하늘에 닿았네.
竹下石潭窺洞徹　　대숲 아래 돌못은 물속이 훤히 다 보이고
松間沙岸歷紆餘　　소나무 사이 모래 언덕 꼬불꼬불 지나가네.
孤雲出峀仍成雨　　외론 구름은 산속에서 피어나 비를 만들고
亂瀑穿林便作渠　　세찬 폭포수 숲속 뚫고 흘러 개천을 이뤘네.
爛煮柔蔬多有味　　잘 데쳐 내온 나물반찬 별미 있어 좋으니
寧彈長鋏嘆無魚　　굳이 칼을 두드리며 고기 없다 투정할까나.[238]

작은 서재에서 둘째 아우와 함께 읊다.

小齋 仲弟共吟

山花如錦柳如絲　　산꽃은 비단 같고 버들은 실과 같은데
正時東風欲暮時　　바로 마침 봄날은 저물려 하는 때로다.
何處好禽啼更苦　　어디서 고운 새소리 들려와 더 쓰리게 하며
一輪明月上猶遲　　두둥실 환한 달은 오히려 더디만 오르누나.
除消客恨誰當酒　　나그네 시름 달램에는 술만 한 게 있으랴
模寫春光莫過時　　봄 풍광 시로 옮김엔 때를 잃지 말아야지.
醉倚玉欄眠不得　　취한 채 난간에 기대어 잠 못 이루나니
滿庭雲影亂叅差　　뜰 가득한 떼구름 예기제기 어지럽구나.

---

237) 푸른 짚신 베버선 : 여장(旅裝)을 가리킨 말로, 보통은 은거하는 이의 옷차림을 뜻한다. 두보(杜甫)의 시에 "아, 약야계여, 운문사여. 나만 홀로 어찌하여 진흙 속에 빠져 있나. 짚신에 버선 신고 이제 숨어 살리라.[若耶溪 雲門寺 吾獨胡爲在泥滓 青鞋布襪從此始]"는 구절이 있다. 《杜少陵詩集 奉先劉少府新畫山水障歌》

238) 굳이 …… 투정할까나 : 《전국책》〈제책(齊策)〉에, 풍환(馮諼)의 고사가 있다. 각주 69)번 참조.

두공부의 시에 차운하다 둘째 아우와 함께 읊다.

次杜工部韻 仲弟共吟

舊恨新愁客裡催	묵은 한과 새 근심이 나그네 길 재촉하는데
百年能幾好懷開	한평생 몇 번이나 즐거운 회포자리 열었던가.
青春不禁堂堂去	당당히 가버리는 청춘이야 막을 수 없건만
白髮無堪鼎鼎來	빨리도 오는 백발은 저냥 감당할 길 없어라.
淡淡尖風輕𨋢柳	담담하게 앞선 바람은 늘어진 버들에 살랑이고
微微疎雨暗肥梅	자욱하게 성근 비 살 오른 매실에 살포시 내리네.
綠醽何處醅初發	녹령주[239]는 어느 곳에서 새로 거르는가
酩酊良辰未凝廻	좋은 계절 흠뻑 취해 돌아가질 못하리라.

초가집[240]

茅齋

茅齋新構小城隈	작은 성 모퉁이에 띠집 새로 얽으니
政値東風物色催	마침 봄바람 불고 물색이 바뀌는 때로라.
細草和烟隨處軟	가는 풀 안개와 어우러져 곳곳마다 보드랍고
穠花帶雨滿林開	다복한 꽃들은 비를 띠고 숲속 가득 피어있네.
每牽漫興題詩句	매양 괜히 흥에 겨울 때마다 시구를 지어보고
時逐閒情發舊醅	때로 풍류스런 감정 일면 묵은 술 내온다네.[241]
萬事不求冲適外	세상만사 편안히 지내는 것 외에 무얼 구하랴
百年長擬此徘徊	한평생 길이 여기에 의지해 배회하며 살으리라.

---

239) **녹령주(綠醽酒)** : 명주(名酒)의 이름이다. 상주(湘州) 영호(醽湖)의 물로 빚은 술을 녹령주라고 불리는데, 전하여 미주(美酒)의 뜻으로 쓰인다.

240) **초가집** : 원문의 '모재(茅齋)'는 띠로 엮은 집으로, 누추하고 허름한 집을 비유한다.

241) **묵은 술 내온다네** : 두보의 〈객지(客至)〉 시에, "반찬은 시장이 멀어 여러 가지가 없고, 술은 집이 가난해 오직 묵은 술뿐이라네.[盤餐市遠無兼味 樽酒家貧只舊醅]" 한 데서 온 말이다. 《杜少陵詩集》

높은 누각에서

高閣

千里西關作遠遊	천 리 밖 서관으로 멀리 유람길 가노라니
一登高閣俯淸流	누각에 올라 맑게 흐르는 강물 굽어본다.
雲影縹緲天窮處	구름 그림자는 아스라이 하늘 끝에 닿아 있고
山勢逶迤地盡頭	산의 형세는 구불구불 땅 끝자락에 자리했네.
綠艸東郊去年別	풀빛 다복한 동녘 들판에서 지난 해 이별하고
離家南浦幾時休	집 떠나와 남녘 포구에선 몇 번이나 쉬었던가.
遙聞落日三聲笛	지는 햇살에 아련히 들리는 두세 가락 피리 소리
摠是幽人萬古愁	모두가 세상 피해 사는 이의 만고의 시름이로세.

낮잠 2수

午睡 二首

午睡醒回不喜添	낮잠서 깨고 나니 더 자는 것도 즐겁지 않아
懶憑烏几展牙籤	게을리 오궤[242]에 기대어 책갈피 펼쳐보네.
日移樹影侵珠箔	햇빛이 나무 그림자 옮기니 주렴에 들이치고
風送楊花入畵簷	바람이 버들꽃 날려 채색 처마로 날아드네.
貼水新荷靑點點	수면에 붙여있는 새 연잎은 점점이 푸르고
映階芳艸綠纖纖	섬돌에 비친 방초는 여릿여릿 초록빛이라.
邇來頻覺身無事	근래에는 이 몸 아무 일도 없음을 알겠거니
剩得淸閒一味甜	이제 맑아하고 한가로운 맛만 즐길 뿐이라네.

小壑烟霞雨後添	산골짜기에 비 그치자 안개 노을 더하고
長吟披閱榻邊籤	책상에 장서를 펼쳐 놓고 길게 읊조리네.
鶯兒喚友投深樹	꾀꼬리는 벗을 부르며 깊은 숲에 들이치고
鷰子含泥入短簷	제비는 진흙을 물고 짧은 처마로 날아드네.

242) 오궤(烏几) : 오피궤(烏皮几). 검은 양의 가죽으로 싼 궤안(几案)으로, 앉을 때 기대는 물건이다.

艶艶海棠紅半落　　곱디고운 해당화 붉은 꽃잎 반쯤 떨어지고
依依溪柳綠初纖　　하늘한 냇가 버들은 초록잎 막 가늘어지네.
三竿日暮松軒靜　　한낮의 해 저물고 솔 우거진 마루 고요하니
一枕清風醉睡甜　　맑은 바람에 목침 베고 취하여 달게 자누나.

소나무 우거진 마루에서

松軒

靜坐松軒伴寂寥　　솔 마루에 조용히 앉아 적막과 짝하건만
一春强半絕招邀　　봄의 반이 다하도록 부르고 맞는 일 없네.
苔庭日暎花容麗　　햇살 따스한 이끼 낀 뜨락은 꽃 자태 곱고
竹院風和鳥語嬌　　바람 부드러운 대숲 정원 새소리 교태롭네.
物色欣欣皆自得　　경물은 흔흔하게 모두 저마다 득의한데[243)]
羈愁耿耿獨難消　　나그네 근심 애타 홀로 삭히기 어렵구려.
良辰不可虛抛擲　　이 좋은 절기 헛되이 던져버릴 수는 없어
須把淸樽醉暮朝　　응당 맑은 술잔 기울여 조석으로 취할진저.

서울로 가는 김충언을 보내며

送金忠彦之京

跡滯他鄕歲月遒　　몸은 타향에 체류하여 세월만 흘러가는데
回頭故國道路悠　　고국으로 머리 돌려보니 길은 아득하구나.
鳴鳩近報江村曉　　우짖는 새 가까이서 강마을 새벽을 알리고
候鴈遙傳塞野秋　　철 맞은 기러기 멀리 변방 가을을 전하네.
萬事筭來唯白髮　　만 가지 일을 헤아리자니 오직 백발뿐이나
嘉辰其奈負淸遊　　좋은 절기 청아한 유람을 저버릴 수 있을까.
今朝更送君南去　　이 아침 다시 남으로 가는 그댈 전송하자니

---

243) **경물(景物)은 …… 득의(得意)한데** : 만물이 봄을 맞이하여 제 본성대로 모두 만족해함을 말한 것이다. 정자(程子 정호(程顥))의 〈추일우성(秋日偶成)〉 시에 "고요히 만물을 관찰하니, 모두가 절로 만족하네.[萬物靜觀皆自得]"라고 하였다.

盡日難堪涕自流	진종일 절로 흐르는 눈물 주체할 수 없어라.

그윽한 흥취
幽興

數畝烟霞一壑淸	두어 이랑 안개 노을에 온 산골짝이 맑아
不堪幽興倚疎欞	그윽한 흥 이기지 못해 성근 난간에 기댔네.
夜深小院人初定	밤 깊은 조그만 뜰엔 인적이 막 잦아들고
雲卷長天月轉明	구름 걷힌 높은 하늘에 달빛 더욱 밝아라.
靜撫玄琴吟復嘯	차분히 거문고 타며 시 읊다가 휘파람 불고
閒斟綠酒醉還醒	한가로이 술잔 기울이며 취했다 다시 깨네.
男兒適意眞吾分	남아가 제 뜻에 맞으면 진정 자기 분이거늘
肯爲浮名枉此生	어찌 헛된 명예 때문에 이 삶을 그르치리오.

가을밤에 있는 일 그대로 읊다
秋夜卽事

病客凉凉避世紛	병든 나그네 쓸쓸히 세상의 분란 피하니
幽居寂寂掩柴門	깊숙한 거처 적막하여 사립문 닫아걸었네.
秋聲早著南來鴈	가을소리 남으로 오는 기러기에 일찍 드러나고
別恨空添北去雲	이별의 한은 공연히 북쪽 가는 구름에 더하누나.
白髮數年留紫塞	허옇게 머리 센 사람 수년 동안 변방에서 머무니
黃花何日對香薰	노란 국화는 어느 날에나 마주해 향기를 맡아보나.
中宵睡覺囱前坐	한밤중에 잠깨어 창 앞에 앉아 있자니
何處鐘聲月下聞	어디선가 종소리 달빛 아래 들려온다.

두공부의 시에 차운하다 2수
次杜工部 二首

滿天秋月十分淸	하늘 가득 가을 달은 넉넉히 맑아
半夜寒窓片夢驚	깊은 밤 찬 창가에 조각꿈 놀라 깨네.

獨鶴露枝棲復警	이슬 내린 가지에는 외론 학 깃들다가 살피고
輕鷗風岸睡猶鳴	바람 이는 둔덕엔 가뿟한 갈매기 졸다가 우네.
數年漫下他鄕淚	수년간 타향에서 부질없이 눈물을 흘렸고
千里難堪故國情	천 리 밖에서 고향 그리는 마음 난감했다오.
落帽佳辰明日是	모자를 떨궜다는 좋은 날[244] 바로 내일이러니
要須强飮醉西風	억지로라도 술 마시고 서풍 속에 취하여 보리.

衮衮淸江十里廻	출렁출렁 맑은 강은 십 리를 돌아 흐르는데
蕭蕭黃菊兩邊開	드문드문 노란 국화는 양쪽 가에 피었구나.
叉魚短艇隨風去	고기 잡는 거룻배는 바람 따라 가고
弄水輕鷗逐浪來	물장구치는 갈매기는 파도타고 오네.
野老避人常掩戶	시골 노인은 사람 피해 늘 문 닫고 있거니
村醅引興强登臺	농주가 흥을 돋우면 애써 누대에 오르네.
醺醺一醉歸來晩	거나하게 한껏 취해 느지막이 돌아오자니
渺渺孤城鼓角哀	저 멀리 외론 성에 고각[245]소리 구슬프다.

나그네 회포

客懷

高棟層軒凉氣生	높은 기둥 층진 마루에 시원한 기운 돌고
半天斜日客魂驚	하늘 한쪽 기우는 해에 나그네 넋 놀라네.
嶺松雨後傷心碧	잿길 솔은 비온 뒤 저리듯 푸르고
江水秋來盡意淸	강물은 가을 맞아 마음껏 맑구나.
塞北風霜人自老	변방의 풍상 속에 사람은 절로 늙어만 가고

244) **모자를 …… 날** : 음력 9월 9일 중구절(重九節)을 이른다. 진(晉)나라 맹가(孟嘉)가 중구일(重九日)에 환온(桓溫)을 따라 용산(龍山)에 올라가서 술을 마시고 노닐 적에 흠뻑 취한 나머지 바람에 모자가 땅에 떨어진 것도 모르자, 환온이 좌우 사람들에게 글을 지어 이를 조롱하게 하니, 맹가가 이때 대답으로 지은 글이 매우 훌륭했다고 한다. 전하여 중구일을 낙모지신(落帽之辰)이라고도 한다.《晉書 孟嘉傳》

245) **고각(鼓角)** : 군중(軍中)에서 시간을 알리고 명령을 내리는 데 쓰던 북과 뿔피리를 가리킨다.

湘南消息鴈無情　상수의 남쪽[246] 소식 기러기마저 무정쿠나.
孤吟寂寂倚長劒　혼자 읊조리며 적적하여 장검에 의지하자니
短篴鳴鳴鳴遠城　짧은 젓대 소리 흐느끼듯 먼 성에서 울려오네.

두공부의 시에 차운하다
次杜工部

閒亭結構一江頭　한갓지게 강가에 얽어 지은 정자에
暇日登臨萬事幽　틈을 내어 올라보니 만사가 그윽하네.
濁酒旣能消舊恨　탁주는 묵은 한을 삭여주는 데 능하고
淸波還解滌新愁　맑은 물결은 외려 새 시름을 씻어주네.
窺魚白鳥深深沒　물고기 엿보는 흰 물새 더 깊이 자맥질하고
點水紅花片片浮　물을 찍는 붉은 꽃잎은 한 잎 한 잎 떠가네.
薄暮長吟更回首　어스름 녘에 길게 읊조리다 고개 돌려보니
綠楊洲畔繫漁舟　짙푸른 버들 물가에는 고깃배 매어있구나.

가을 흥취
秋興

曲檻脩欄眺望賖　굽고 긴 난간에 의지해 멀리 바라보며
孤唫獨立意如何　홀로 읊조리며 섰자니 그 마음 어떠랴.
三竿落日碧山小　세 장대쯤 남은 석양 푸른 산 작아지고
一陣西風紅葉多　한바탕 갈바람에 붉은 단풍잎도 우수수.
斷隴高低飛牧笛　끊어진 언덕 위아래로 퍼져나는 목동의 젓대 소리
平洲遠近起漁歌　펼쳐진 모래섬 원근에 아련한 어부의 노랫가락이여.
此時正好酬秋興　이런 때 참으로 가을의 흥취 읊기가 좋으니
何處孤村有酒家　외로운 마을 그 어디 메쯤에 술집이 있느뇨.

246) 상수(湘水) 남쪽 : 원문은 '상남(湘南)'인데, 여기서는 한강(漢江)을 지칭한 것으로 보인다.

두공부의 시에 차운하다
次杜工部

寒夜蒼茫月未生	차가운 밤 창망한데 달은 떠오르지 않고
小軒寂寞夢難成	작은 마루 적막하니 꿈도 이루기 어렵네.
循除澗水冷冷細	섬돌 따라 산골물은 찰랑찰랑 가늘게 흐르고
繞榻爐烟苒苒輕	탑상을 휘감은 화로 연기는 하늘하늘 펴나네.
衰鬢末由回舊綠	희끗한 귀밑머리 검은 옛날로 되돌릴 수 없고
深盃無術注新淸	깊은 술잔엔 새 맑은 술 따를 방법이 없구려.
寄君鄭重數行信	그대에게 정중하게 몇 줄의 서신을 부치나니
知我棲遑千里情	천 리 밖에서 방황하는 이 내 심정 알아주게나.

가을밤
秋夜

風棲峽靜秋光晚	바람 깃든 협곡은 고요하고 가을빛 저무는데
龍住江寒夜氣深	어룡 서린 강은 썰렁하고[247] 밤기운 깊어라.
一陣微風吹古樹	한 줄기 소소리바람은 고목에 불어대고
半天疎雨鎖空林	한나절 성근 비[248]는 빈 숲 에워쌌네.
流螢影下他鄕恨	흐르듯 나는 반딧불 빛은 타향의 시름이요
歸鴈聲邊故國心	돌아가는 기러기의 울음 소리 고향 생각이로다.
客裏更無賢聖飮	객지에서 술[249]조차 마실 길 없어
燈前徒費短長吟	등불 앞에서 길고 짧게 읊조릴 뿐.

247) 어룡(魚龍) …… 썰렁하고 : 두보의 〈추흥팔수(秋興八首)〉 중 네 번째 수에 "어룡이 적막해진 가을 강은 썰렁도 해라, 고국은 평소에 사모하는 바이로다.[魚龍寂寞秋江冷 故國平居有所思]"라고 한 데서 온 말로, 여기서는 늦가을 경관의 적막한 모습을 형용한 말이다. 《杜少陵詩集》

248) 성근 비[疎雨] : 내렸다 그쳤다 하는 비를 이른다.

249) 술 : 원문의 '현성(賢聖)'은 현성주(賢聖酒)를 말하는데, 현인과 성인은 탁주와 청주를 뜻하는 은어이다.

두공부의 시에 차운하다
次杜工部

返照歸雲成暮景　낙조 속에 떠가는 구름 저녁 풍경 이루는데
亂蛩孤鴈吊寒宵　요란한 풀벌레 외론 기러기 찬 밤 달래주네.
鐘聲縹緲風前落　종소리는 아스라이 바람 앞에 떨어지고
樹影叅差月下搖　숲 그림자 들쭉날쭉 달빛 아래 흔들리네.
西塞數年愁跋涉　변방이라 수년 간 수심 속에 두루 다녔고[250]
故國何日樂漁樵　고국에서 어느 날에나 시골생활 즐길 건가.
殘燈半壁空惆悵　반벽 희미한 등불 아래 공연히 서글퍼
露重疎簾更寂寥　이슬 맺힌 성긴 발은 다시 적막해지네.

가을밤 회포를 쓰다
秋夜書懷

悠悠絕塞此身勞　멀고 찬 변방에서 몸은 수고롭기만 한데
耿耿殘燈永夜挑　가물가물 남은 등불 밤새 심지만 돋우네.
野樹蕭騷風陣急　쓸쓸한 들녘 나무에는 세찬 바람 급하고
江天寥廓月輪高　깨끗한 강가 하늘에는 둥그런 달 높아라.
三更客夢家千里　삼경에 나그네 꿈은 천 리 고향에 가 있고
半榻秋懷鬢二毛　걸상 맡엔 가을 회포에 귀밑머리 희끗하네.
細筭生涯元忽忽　곰곰이 따져봄에 나의 생애 원래 휘영하니
無如酩酊任陶陶　술에 취해 한껏 도도해짐만 한 게 없구려.

두공부의 시에 차운하다
次杜工部

一村桑柘暮烟生　한 마을 뽕나무 밭에 저녁 이내 서리고
十里江湖勝槪成　십 리 강 호수는 빼어난 경관 이루었네.
拖雨過雲巖際重　비 끌고 지나는 구름은 바위틈에 쌓이고
得風歸艇浪頭輕　바람 맞아 가는 배는 물결 위에 가뿟하네.

孤洲樹含漁歌遠　　외딴 섬 나무는 먼 어부의 노랫소리 머금고
斷岸霞空牧笛淸　　끊긴 언덕 노을 속 목동의 피리 소리 맑구나.
綠酒數盃催逸興　　맛 좋은 술 두어 잔이 고상한 흥취를 돋우니
長吟終日寫幽情　　길게 읊조리며 온종일 그윽한 정을 쏟노라.

밤에 앉아

夜坐

聲高野樹秋風至　　들녘 나무에 가을바람 소리 높게 불고
色潤園林夕露霑　　윤기 도는 동산 숲은 저녁이슬 무젖네.
小雨微茫飛小院　　가랑비는 자옥하게 작은 동산에 내리고
踈螢歷亂透踈簾　　간간이 반딧불 빛 성긴 발로 비쳐드네.
鏡中不見朱顔住　　거울 속 젊던 얼굴 머뭄을 볼 수 없고
頭上難堪白髮添　　머리 위 백발 늘어남 감당키 어려워라.
晴夜悲吟同宋玉　　맑은 밤 슬피 읊조리자니 송옥[251]과 같고
黃花獨酌愧陶潛　　국화 곁에 술 마시자니 도잠[252]에 부끄럽네.

두공부의 시에 차운하다 2수

次杜工部 二首

無限秋光迷洞壑　　가을 풍광 그지없어 산골짝에 가득한데
獨鞭羸馬過溪橋　　홀로 여윈 말 몰아 시내 다리 지나노라.

---

250) **두루 다녔고** : 원문의 '발섭(跋涉)'은 산을 넘고 물을 건너며 허둥지둥 감을 이른다.

251) **송옥(宋玉)** : 전국시대 초나라의 문인으로 굴원(屈原)의 제자이다. 그는 가을을 슬퍼하는 뜻으로 〈구변(九辯)〉을 노래했던바, 그 대략에 "슬프다, 가을 기운이여. 쓸쓸하여라, 초목은 낙엽이 져서 쇠하였도다. 처창하여라, 흡사 타향에 있는 듯하도다. 산에 올라 물을 굽어봄이여, 돌아가는 이를 보내도다.[悲哉秋之爲氣也 蕭瑟兮 草木搖落而變衰 憭慄兮 若在遠行 登山臨水兮 送將歸]"라고 하였으니, 이것을 흔히 송옥의 〈비추부(悲秋賦)〉라고 한다.

252) **도잠(陶潛)** : 동진(東晉) 때 시인으로, 유독 국화를 좋아하고 술을 즐겼으므로 한 말이다. 그의 〈음주(飮酒)〉 시에 "가을 국화는 빛깔도 좋을시고, 이슬 머금은 그 꽃을 따다가, 시름 잊게 하는 술에 띄워서, 나의 세상 버린 뜻을 더욱 멀리하노라.[秋菊有佳色 裛露掇其英 汎此忘憂物 遠我遺世情]"라는 구절이 있다. 당나라 때 한림학사 위표미(韋表微)가 일찍이 말하기를 "내 장차 송국주인이 되어 도연명에게 부끄럽지 않게 하리라.[將爲松菊主人 不愧陶淵明]"라고 하였다. 《新唐書 韋表微列傳》

悠悠別夢關邊斷　　유유한 이별의 꿈은 변방에서 끊기고
渺渺長安日下遙　　아득한 장안 길은 도성[253]이 요원해.
堪笑祇將衰朽質　　우스워라 다만 쇠해 시든 자질만 있고
自知難報聖明朝　　성명[254]의 조정에 보답하기 어렵다네.
孤吟悵望立沙岸　　혼자 읊조리며 창망히 언덕에 섰자니
一陣西風吹柳條　　한바탕 가을바람이 버들가지에 분다.

落葉蕭蕭日欲西　　우수수 낙엽지고 해는 서쪽으로 지려한데
孤城氣色自凄凄　　외로운 성의 기색은 절로 을씨년스럽구나.
疎雲引鶴歸三島　　성긴 구름 학을 끌어 삼도[255]로 가게 하고
晩雨隨風冪一溪　　저문 비는 바람 따라 한 시내를 뒤덮었네.
菊徑無人秋自老　　국화 핀 길 인적 없이 가을은 저물어 가고
苔庭有樹鳥空啼　　이끼 낀 뜰 나무의 새는 부질없이 우는구나.
天涯此夕堪愁絕　　천애의 먼 곳 이 밤 수심만 깊어가니
樽酒誰能爲我携　　그 누가 날 위해 술병 들고 오실런가.

배 안에서 얼핏 떠오른 대로 읊다
舟中偶吟

南浦秋風泛小船　　남포에서 가을바람에 작은 배를 띄우니
吟情眼界共悠然　　정을 머금은 눈앞에는 모든 게 유연하네.
紅霞影襯孤飛鶩　　붉은 노을은 외로운 따오기와 함께 날고[256]
翠浪光連半壁天　　짙푸른 물결 빛은 하늘 한쪽과 맞닿았네.
落日不禁愁似海　　해는 지는데 바다 같은 수심 금치 못하니

253) **도성** : 원문의 '일하(日下)'는 '해 아래'라는 뜻인데, 여기서는 임금[日]의 아래라는 말로 도성을 의미한다. 왕발(王勃)의 〈등왕각서(滕王閣序)〉에 "장안을 태양 아래에서 바라보다.[望長安於日下]"라고 하였다.

254) **성명(聖明)** : 성군(聖君)의 태평성대를 칭송하는 말이다.

255) **삼도(三島)** : 각주 144)번 참조.

256) **붉은 …… 날고** : 왕발의 〈등왕각서〉에 "엷은 노을은 외로운 따오기와 가지런히 날고[落霞與孤鶩齊飛]"라는 글귀가 있다.

淸樽那堪酒如泉	맑은 술이 샘물처럼 많은들 어이 감당하랴.
遙聞蓼岸漁歌起	멀리 여뀌꽃 핀 언덕에서 어부 노래 들려오고
難看篷窓遠客眠	뜸 창에서 잠 못 드는 먼 길손 보기 난감쿠려.

두공부의 시에 차운하다
次杜工部

淸江澄澈繞門流	푸른 강 맑고 깨끗하게 문 앞 감싸 흐르고
綠樹參差挾逕幽	초록빛 숲은 들쭉날쭉 길을 끼고 그윽하네.
柳絮風輕飛海鷰	버들개지 바람결에 가벼이 제비들과 나닐고
桃花浪細泛沙鷗	복사꽃 물결 따라 촘촘히 갈매기와 떠가네.[257]
深杯倒處月窺戶	큰 술잔 기울인 곳에 달이 집안 엿보고
小雨斜時魚上鉤	가랑비 빗겨 치니 물고기 낚여 오르네.
靜界固知多有趣	고요한 곳에 실로 흥취가 많은 줄 알겠거니
浮名從此不須求	헛된 명예일랑 이제로부터 구하지 않으리라.

9월 9일에 떠오른 대로 읊다
九日偶吟

忽値嘉辰憶舊遊	어쩌다 좋은 절기 만나 옛적을 추억하자니
空搔短髮倚高樓	괜스레 성근 머리 긁적이며 누각에 기댄다.
月殘野店鷄催曉	달 기우는 들 주막에 닭이 새벽을 재촉하고
霜滿江天鴈載秋	서리 가득한 강 하늘 기러기 나는 가을이라.
千里故國猶渺渺	천 리 밖 고향은 외려 아득하기만 하고
一年羈思謾悠悠	한 해 내내 나그네 심사는 유유하여라.
何當揷得葉萸遍	어느 제나 산수유 머리에 두루두루 꽂고서
醉舞終南最上頭	종남산 꼭대기에서 술에 취해 춤춰 보려나.[258]

---

257) 버들개지 …… 떠가네 : 두보의 〈곡강대주(曲江對酒)〉 시에 "桃花細逐楊花落 黃鳥時兼白鳥飛"라는 시구가 있다.

258) 산수유 …… 춤춰 보려나 : 옛날 9월 9일 중양절에 높은 곳에 올라가 수유(茱萸)를 머리에 꽂고 국화

남선초에게 주다 2수
贈南善初 二首

靑燈相對兩衰顔	등불 아래 마주한 쇠한 두 얼굴
白雪初晴午夜寒	흰 눈발 막 그친 한밤이 차구려.
末路紛紛空自險	말년의 길 분잡해 공연히 험하기만 하고
浮生役役幾時閒	떠도는 인생 고달파 어느 때나 한가할까.
愁欺病骨侵常易	수심은 병약한 몸을 속여 쉬이 들이치고
恨挾離懷却更難	한은 이별 회포를 더해 물리치기 어렵네.
萬事傷心那可道	가슴 쓰린 온갖 일들 이루 다 말하랴
要須取醉倒尊前	아무렴 술동이 앞에서 취해 쓰러지리.

千里相思鬢髮華	천 리 밖 서로 그리움에 머리만 허옇게 세더니
一燈同對感歎多	한 등불 아래서 함께하니 감회와 탄식 많구려.
浮生聚散期應在	뜬 인생 만나고 헤어짐은 응당 있는 일이고
半世窮通命也何	반평생의 곤궁과 영달은 운명이니 어찌하리오.
江月上簾流玉彩	강에 뜬 달 주렴에 어리니 옥빛 광채 흐르고
野梅臨水發瓊葩	들의 매화는 물가에서 옥구슬 망울 터트리네.
明朝又向秦城去	밝아오는 아침 또다시 서울을 향해 떠나가면
暗結離愁比亂麻	가슴 깊이 맺힌 이별 시름 엉킨 실타래 같으리.

주를 마심으로써 재액을 물리치고 무병장수할 수 있다는 풍속이 있기에 한 말이다. 당나라 왕유(王維)가 중양절(重陽節)을 맞아 객지에서 산동(山東)의 형제를 그리며 지은 〈구월구일억산동형제(九月九日憶山東兄弟)〉 시에 "홀로 타향에서 나그네로 살다보니, 명절이 닥쳐오면 어버이 생각 배가되네. 아련히 알겠네. 형제들 높은 산에 올라가, 모두 수유 꽂다 보면 한 사람 빠진 것을.[獨在異鄕爲異客 每逢佳節倍思親 遙知兄弟登高處 遍揷茱萸少一人]"이라하였다.

섣달 그믐밤 나그네 심정

除夕旅思

彊扶病質下西州	억지로 병든 몸 이끌고 서주로 내려가니
却喜寒鷄報曉籌	문득 새벽[259]을 알리는 닭 울음 반갑네.
暗路扶氷欺倦馬	어둑한 길은 얼어붙어 지친 말 능멸하고
勁風吹雪襲重裘	거센 바람 눈발 휘날리며 갖옷 파고드네.
金尊何處守今夕	금술잔으로 오늘 밤 어디서 수세[260] 하나
白髮牛囱懷旅愁	허연 머리로 객창에서 나그네 시름 달랜다.
世事筭來堪一笑	세상만사 곰곰이 생각하면 한바탕 웃을 뿐
不如長嘯任閒遊	길이 읊조리며 마냥 한가로이 노닒만 하랴.

제석에 청원 농가에 이르러 우연히 읊다

除夕得達清原農舍 偶吟

獘廬幽寂傍沙汀	허름한 초막 스산하게 모래톱 물가에 있어
衰鬢歸來倚石楹	희끗한 귀밑머리로 돌아와 돌기둥에 기댄다.
雪積小庭依舊白	나직한 작은 뜨락 쌓인 눈 예전처럼 하얗고
風吹疎竹至今淸	성긴 대숲에 부는 바람은 지금도 해맑구나.
年華自逐宵燈盡	한 해는 절로 간밤의 등불 좇아 다해가는데
世事還隨曉日生	세상일은 도리어 새벽 해를 따라 생겨나네.
滿酌屠蘇無量飮	술잔 가득 도소주[261] 따라 무한량 마시자니
醉中忘却客中情	거나해진 취기에 나그네 서러움 문득 잊는다.

---

259) **새벽** : 원문의 '효주(曉籌)'의 籌(주)는 경주(更籌)의 뜻으로, 옛날에 밤의 시간을 알리는 누수(漏水)의 죽첨(竹簽)을 이르는데, 전하여 시각을 가리킨다. 당나라 왕유(王維)의 〈화가사인조조대명궁지작(和賈舍人早朝大明宮之作)〉 시에 "붉은 모자 쓴 계인이 새벽 시각을 알려오자, 상의원에서 막 취운구를 바치누나.[絳幘雞人送曉籌 尙衣方進翠雲裘]" 하였다. 《全唐詩》

260) **수세(守歲)** : 제석(除夕)날 밤새도록 잠을 자지 않고 새해 아침이 밝아 오는 것을 기다려 맞는 것을 말하는데, 이것을 해를 지킨다[守歲]고 한다.

261) **도소주(屠蘇酒)** : 설날에 마시는 약주(藥酒) 이름이다. 새해 아침에 가족 모두가 의관을 정제하고 모여서 차례로 도소주 술잔을 어른에게 올린 뒤에 나이 어린 사람부터 일어나서 나가는 풍습이 있었다. 《荊楚歲時記》

화학루 현판의 시운을 따라 짓다
次化鶴樓板上韻

樓觀誰遺破天慳　누가 하늘이 아낀[262] 이곳에 누대를 지었나
爽塏還如御翠鸞　시원스레 툭 터져 푸른 난새 타고 나는 듯해.
畵棟平臨靑四野　채색 기둥은 푸르른 사방 들판을 굽어보고
雕櫳遠挹碧千山　아로새긴 누대는 멀리 주위 산들을 누르네.
當年鶴去空遺柱　그 옛날 학은 떠가고 텅 빈 기둥만 남아[263]
此日人來獨倚欄　이날 사람이 와서 홀로 난간에 기대보네.
漸覺淸風生兩腋　맑은 바람 두 겨드랑이에 이는 걸 깨닫자니[264]
始知仙境在塵間　비로소 진세에도 선경이 있는 줄을 알겠네.

여강 새벽에 배를 띄우고
驪江曉泛

峽口長江雨後肥　협곡 어귀 긴 강에 비 그치자 물 불어나
風頭短艇疾如飛　바람결에 작은 배는 나는 듯이 빠르구나.
澄波受月琉璃動　맑은 물결은 달빛 받아 유리가 일렁이고
絕壁逢春錦繡圍　봄을 맞은 절벽은 수놓은 비단 둘러쳤네.
千里客懷空惝怳　천 리 나그네의 회포라 속절없이 심란한데
一年佳節更芳菲　한 해의 아름다운 절기는 다시 꽃답구나.
明朝定到東湖泊　내일 아침이면 동호에 이르러 묵으리니
紅杏花村可典衣　붉은 살구꽃 마을서 옷을 잡혀야 하리.[265]

---

262) 하늘이 아낀 : 원문의 '천간(天慳)'은 하늘이 비장(秘藏)하여 아껴 둔 땅이라는 뜻으로, 범상한 인간의 눈으로는 쉽게 찾을 수 없는 길지(吉地)나 명소(名所)를 가리킨다.

263) 그 옛날 …… 남아 : 당나라 최호(崔灝)의 〈황학루(黃鶴樓)〉 시에 "옛사람 이미 황학 타고 가버려, 이곳엔 부질없이 황학루만 남았구나. 황학은 한번 떠나 다시 돌아오지 않고, 흰 구름만 천년토록 유유하게 떠다니네.[昔人已乘黃鶴去 此地空餘黃鶴樓 黃鶴一去不復返 白雲千載空悠悠]"라고 한 시구를 원용한 말이다.

264) 두 …… 깨닫자니 : 선경에 들어와서 나도 몰래 두 겨드랑이에 날개가 돋아 신선세계로 날아감을 뜻한다. 당(唐)나라 때 시인 노동(盧仝)의 〈다가(茶歌)〉에 "첫째 잔은 목과 입술을 적셔 주고, 둘째 잔은 외로운 시름을 떨쳐주고, …… 일곱째 잔은 미처 다 마시기도 전에 두 겨드랑에서 맑은 바람이 솔솔 일어남을 느끼게 된다.[五椀肌骨淸 六椀通仙靈 七椀喫不得 唯覺兩腋習習淸風生]"라고 한 데서 온 말이다.

〈서흥폭포〉 시에 차운하다 2수[265]

次瑞興瀑布韻 二首

壯快平生瀑布遊	평소 폭포 유람을 장쾌하게 여겼나니
看來聊可滌塵憂	보노라면 세속 시름을 씻어낼 수 있지.
橫斜初認玉龍下	엇비슷 비낄 땐 옥룡이 내려오는 듯하고
直瀉還疑銀漢流	곧장 떨어질 땐 은하수가 쏟아지나 싶네.
滿壑風籟鳴隱隱	계곡 가득 바람소리는 은은하게 울리고
半天雲霧灑浮浮	하늘 한쪽에는 운무가 흩뿌리듯 떠있네.
淸冷忽覺襟懷爽	청량함에 홀연 심금이 시원 상쾌하여
怳惚如登十二樓	자못 십이루[266]에 오른 듯 황홀해라.

勝地何妨辦勝遊	경치 좋은 곳에서 유람한들 무슨 상관있으랴
幽人正合寫幽憂	그윽한 사람 정녕 깊은 시름 풀기에 마침맞네.
一嵒分作兩屛立	한 바위가 갈려져 두 폭 병풍으로 서 있고
兩水交成一瀑流	양 물줄기는 서로 합쳐 한 폭포로 흐르네.
擊震羣峰聲似霹	진동하는 뭇 멧부리에선 우렛소리 나고
懸垂百丈勢如浮	백 길의 높이로 드리워져 떠 있는 형세라.
却疑織女臨銀漢	의아해라 직녀가 은하수에 치달아
浣盡氷綃掛翠樓	흰 비단 빨아 비취 누각에 걸어 놓았나.

265) **붉은 …… 하리** : 원문의 '행화촌(杏花村)'은 술집이 있는 마을을 뜻하는 말로도 쓰인다. 두목(杜牧)의 〈청명(淸明)〉 시에 "묻노니 술집이 어느 곳에 있느뇨, 목동이 멀리 살구꽃 핀 마을을 가리키네.[借問酒家何處在 牧童遙指杏花村]"라고 하였다. 또 옷을 잡힌다는 것은 곧 술을 마시기 위해서 옷을 전당잡힌다는 뜻으로, 두보의 〈곡강(曲江)〉 시에 "퇴근하면 날마다 봄옷을 전당 잡혀, 날마다 강가에서 실컷 취해 돌아오네.[朝回日日典春衣 每日江頭盡醉歸]"라고 한 데서 온 말이다.

266) **십이루(十二樓)** : 천상 세계인 백옥경에 있다는 12층의 누각을 가리킨다. 이백의 〈경란이후천은유 야랑억구유서회증강하위태수양재(經亂離後天恩流夜郎憶舊遊書懷贈江夏韋太守良宰)〉 시에 "천상에는 백옥경이 있고, 오성에 십이루가 있다.[天上白玉京 十二樓五城]"라고 하였다. 《李太白集》

가을밤 나그네 회포 2수

秋夜旅懷 二首

兩兩三三鴈字橫	두서너 줄씩 기러기 떼 비껴 날고
涓涓淡淡露珠輕	맑디맑은 이슬방울 살포시 맺히네.
烟涵澗柳傷心碧	시내 버들 적신 이내 상심한 듯 퍼렇고
月到庭梧盡意明	뜨락 오동에 걸린 달 밝을 대로 밝구나.
遠寺疎鐘雲外落	머언 절의 성근 종소리 구름 밖에 떨어지고
危巢獨鳥夜深鳴	아스란 둥지의 외로운 새 깊은 밤에 우누나.
他鄕萬里身長絆	만 리 밖 타향에 이 몸 길이 얽매어 있으니
半壁孤吟夢不成	벽 한쪽에서 외로이 읊조리며 잠들지 못하네.

雲捲長天河漢橫	구름 걷힌 끝없는 하늘에 은하수 비껴 있고
露凝庭樹小風輕	이슬 맺힌 울 안 나무에는 바람 살랑이네.
階邊有意蛩音咽	뜰 가엔 마음 겨운 풀벌레 소리 목메고
囱外多情月色明	창밖에는 다정스레 달빛이 밝기도 해라.
慕侶孤鴻猶怨叫	짝을 찾는 기러기 원망하듯 울부짖고
離羣獨鶴更悲鳴	무리 떠난 외론 학 다시 슬피 우짖네.
清宵忽覺羈懷苦	맑은 밤 홀연 나그네의 회포가 쓰라리니
耿耿藤床萬恨成	애타는 침상에서 갖가지 한이 맺힌다네.

다시 앞 시의 운자를 써서 짓다

再用前韻

一村桑柘暮烟橫	한 마을 뽕나무 밭에 저녁 연무 서리고
數畝園池世念輕	서너 이랑 정원 못에는 속세 생각 가볍네.
水檻淸涼風氣冷	물가 난간이 청량하니 바람도 서늘하고
江天寥郭月華明	강가 하늘이 휘영하니 달빛마저 밝아라.
嗷嗷候鴈雲間投	끼룩끼룩 기러기 구름 속으로 날아가고
喞喞寒蛩艸際鳴	쓰르르 쓰르르 풀벌레는 풀숲에서 우네.

何處相思歸不得　　어느 곳에서 그리워도 돌아가지 못하는가
孤吟此夜句難成　　외로이 읊는 이 밤 시구 이루기 어렵구나.

화학루에 올라 우연히 읊다
登化鶴樓偶吟

數載夷猶滯遂州　　수년 동안 배회하며 수주[267]에 체류하니
幾回怊悵倚高樓　　서글픈 생각에 얼마나 누각에 기대었던가.
烟籠古樹孤村夕　　고목에 연무 서린 외로운 마을 저녁이요
露重疎林七月秋　　성긴 숲에 이슬 무거운 칠월의 가을이라.
千里別懷空耿耿　　천 리 밖에서 이별의 회한 속절없이 애타고
一燈羈思轉悠悠　　외론 등불 가에 나그네 시름 더욱 유유하네.
狂歌祗自題詩句　　호기롭게 노래하며 절로 시구만 쓸 뿐이나
壯氣應須射斗牛　　장대한 기운이 응당 두우성에 뻗칠만하네.[268]

다시 앞 시의 운자를 써서 짓다 4수
再用前韻 四首

遼陽形勝冠西州　　요산의 형승이야 서주에서 으뜸이니
遠客登臨百尺樓　　먼 나그네 백 척의 누각에 올라보노라.
獨鳥倦投雲樹夕　　외론 새 나른히 저녁 구름 낀 나무에 깃들고
疎烟淡滯水村秋　　성긴 연무는 뿌옇게 가을 강마을에 어리었네.
彈琴朗咏心猶靜　　거문고 타며 낭랑히 읊자 마음 외려 차분하고
倚劍狂歌思轉悠　　장검 짚고 호기롭게 노래하니 심사 더욱 유유해.
觸物皆□成好趣　　보이는 것마다 모두 좋은 흥취를 이루나니

267) 수주(遂州) : 황해도 수안(遂安)의 이칭이다.
268) 두우성(斗牛星)에 뻗칠만하네 : '두우성'은 두성(斗星)과 우성(牛星)을 가리킨다. 진(晉)나라 때에 장화(張華)가 천문(天文)을 보니 두성과 우성 사이에 이상한 기운이 쏘아 뻗치므로 그 기운이 생긴 곳을 찾아 땅 밑에서 보검(寶劍)을 파낸 일이 있었다 한다. 《拾遺記》 또한 왕발의 〈등왕각서〉에 "용천검의 빛이 우성과 두성의 자리를 쏘았다.[龍光射斗牛之墟]"라고 하였는데, 이는 불우하여 뛰어난 재능을 펼치지 못함과 아울러 걸출한 기개가 아직 꺾이지 않았음을 뜻한다.

牧童橫笛倒騎牛	목동은 젓대 비껴 불며 소 거꾸로 타고 온다.

遼山自古擅雄州	요산은 예로부터 웅장한 고을로 유명한데
勝地誰教架彩樓	명승지에 누가 단청 누각을 지어 놓았는가.
水閣虛凉消盛暑	물가 누각이라 텅 비고 시원해 무더위 식혀주고
風軒豁爽逗淸秋	바람 마루는 툭 터지고 상쾌해 맑은 가을 머무네.
丁仙一去名猶在	정선은 한번 떠나간 뒤로 이름만 남아 있고
華表千年事竟悠	화표주 천 년 고사는 아득하기만 하구나.[269]
異界奇觀今始得	이역에서 기이한 구경 이제야 하게 되니
眼前無復見全牛	눈앞에 다시는 온전한 소를 볼 수 없으리.[270]

病客重到海畔州	병든 나그네 다시 바닷가 고을에 이르니
愁吟獨倚夕陽樓	시름겨워 읊으며 석양 누각에 홀로 기댄다.
黃鷄何處初開釀	어디서 황계[271]에 빚은 술을 개봉하나
白髮天涯又值秋	천애 먼 곳에서 백발로 또 가을을 맞네.
自古人情元齪齪	예로부터 인정이란 원래 잗달고[272] 말고
如今世態轉悠悠	요즘 같은 세태는 갈수록 아득만 하네.

269) **정선(丁仙) …… 아득하기만 하구나** : '화학(化鶴)'이 학이 되었다는 의미이기에 이렇게 읊은 것이다. 정선(丁仙)은 한(漢)나라 요동(遼東)사람 정령위(丁令威)이다. 그가 일찍이 영허산(靈虛山)에 들어가 신선술을 배워 신선이 된 뒤에 천년 만에 학으로 변해 다시 고향을 찾아와서는 요동 성문의 화표주(華表柱) 위에 내려앉았는데, 소년 하나가 활을 쏘려고 하자 허공으로 날아올라 배회하면서 "옛날 정영위가 한 마리 새가 되어, 집 떠난 지 천 년 만에 이제 처음 돌아왔소. 성곽은 의구한데 사람은 모두 바뀌었나니, 신선술 왜 안 배우고 무덤만 이리도 즐비한고.[有鳥有鳥丁令威 去家千年今始歸 城郭如故人民非 何不學仙冢纍纍]"라고 탄식하고는 사라졌다는 전설이 전한다. 《搜神後記》

270) **눈앞에 …… 없으리** : 이 누대를 본 뒤로는 다른 누대는 볼 것이 없음을 말한 것이다. 《장자》 〈양생주(養生主)〉에서 "처음에 내가 소를 잡을 적에는 보이는 것 모두가 소 아닌 것이 없었는데, 삼 년 뒤에는 온전한 소가 눈에 보이지 않았다.[始臣之解牛之時 所見無非牛者 三年之後 未嘗見全牛也]"라고 한 '포정해우(庖丁解牛)'의 고사에서 시구를 원용한 말이다.

271) **황계(黃鷄)** : 누런 닭을 삶은 좋은 안주를 말한다. 참고로 기유년(己酉年)의 별칭이기도 한데, 다섯 방위의 색깔 중 중앙의 황색(黃色)은 십간의 기(己)에 해당하며 닭[雞]은 십이지의 유(酉)에 해당하므로 이렇게 칭하기도 한다.

272) **잗달고** : 원문의 '착착(齪齪)'은 자질구레한 모양이다.

傷心叔季寧容足　　말세에 상심하니 어디에다 발을 붙일까
適意林泉欲飯牛　　내 뜻대로 임천[273]에서 소나 먹이리라.

趨庭久滯塞邊州　　변방이라 고향 길[274] 오랫동안 막혀 있어
得趣多憑水上樓　　흥취일 때면 물가 누각에 자주 의지하네.
急杵殘燈千戶曙　　급한 절구질과 쇠잔한 등불에 집들은 새벽 맞고
亂蛩孤鴈一年秋　　요란한 벌레소리 외론 기러기 나는 가을이로구나.
星星白髮終難變　　희끗희끗 백발은 끝내 검어지기 어렵고
耿耿幽懷漫自悠　　슬몃슬몃 그윽한 회포는 제냥 유연쿠나.
世事筭來能幾許　　세상살이 헤어보면 얼마나 남았을까
田園吾欲牧羊牛　　전원에서 양이며 소나 치며 살으리라.

화학루를 제재로 지어 원언인에 화답하다 막내아우와 함께 읊다.

題化鶴樓和元彦仁 季弟共吟

星駕迢迢降遂州　　성가[275]가 아득히 수주[276]로 내려가니
風神灑灑絕凡儔　　깨끗한 풍모 범속한 무리가 따를 손가.
玄琴彈處憑朱閣　　거문고 타는 곳에선 붉은 누각에 몸을 기댔고
玉笛吹時倚翠樓　　옥피리 부는 때에는 비취빛 누대에 의지했었네.
筆陣縱橫驚驟雨　　필진[277]은 종횡무진 휘둘러 소낙비인가 놀랐고
詞源澔汗倒洪流　　사원[278]은 거세차서 물줄기 거꾸로 쏟아지듯.

273) 임천(林泉) : 숲과 샘으로, 세상을 버리고 은둔하기 알맞은 곳을 비유적으로 이르는 말. 각주 147)번 참조.

274) 고향 길 : 원문의 '추정(趨庭)'은 어버이의 가르침을 받는 것을 뜻한다. 각주 52)번 참조.

275) 성가(星駕) : 새벽에 별을 보고 말에 멍에 씌워 일찍 길을 떠남을 이른다. 《시경》 〈용풍(鄘風)·정지방중(定之方中)〉의 "새벽별을 보고 일찍 멍에 씌워 뽕밭에 멈춘다.[星言夙駕 說于桑田]"라는 구절에서 유래한 말로, 새벽에 달리는 수레 혹은 수령의 행차를 의미한다.

276) 수주(遂州) : 황해도 수안(遂安)의 이칭이다.

277) 필진(筆陣) : 붓글씨의 기세. 서법(書法) 또는 문장포치(文章布置)의 웅건함을 군진(軍陣)에 비유한 말이다. 두보의 〈취가행(醉歌行)〉 시에 "글 솜씨는 삼협의 물을 거꾸로 쏟아내는 듯, 붓글씨는 천 명의 적군을 홀로 쓸어낼 듯하네.[詞源倒流三峽水 筆陣獨掃千人軍]"의 시구가 있다. 《杜少陵詩集》

278) 사원(詞源) : 문장의 근원. 곧 글솜씨이다.

相携此日回青眼	서로 이끌던 이 날 반가운 눈길 돌리자니
莫逆他年到白頭	훗날 백발이 되어도 허물없는 벗이었기를.

다시 앞 시의 운을 써서 작별하다 막내아우와 함께 읊다.
再用前韻留別 季弟共吟

他鄕多幸識荊州	타향서 다행히도 형주를 알게 되었나니[279]
傾蓋新交邈寡儔	경개[280]의 갓 사귐에 짝할 이 아주 적지.
落日題詩同倚閣	석양에 함께 누각에 의지해 시를 읊고
淸宵翫月□登樓	맑은 밤이면 누대에 올라 달구경했지.
歡娛未洽情何盡	즐거움 흡족히 못 나눴거늘 정 어이 다할꼬.
聚散無期水自流	만나고 헤어짐 기약 없는데 물만 절로 흐르네.
別後心懷難可制	작별한 뒤에 마음의 회포를 가누기 어려울 터
幾回惆悵獨搔頭	얼마나 구슬픈 생각에 홀로 머리를 긁적일까.[281]

풍애에게 부치다
寄楓崖

一隔音容歲已遒	그대의 모습 한번 막힌 뒤로 한 해가 다 가는데
幾番惆悵獨回頭	몇 번이나 서글퍼 홀로 고개 돌려 바라보았던가.
秋深海岱鱗鴻斷	가을 깊은 바다와 산골[282]에는 소식 끊어졌고

---

279) **형주(荊州)를 …… 되었나니** : 면식(面識)을 갖게 된 것이 영광스럽다는 뜻으로, 상대방에 대한 경사(敬辭)이다. '형주'는 당나라 때 형주의 자사(刺史)였던 한조종(韓朝宗)을 가리키는데, 이백(李白)의 《여한형주서(與韓荊州書)》 시에 "생전에 만호후에 봉해지지 못할진댄 오직 한번 한 형주를 만나는 것이 소원이다.[生不用封萬戶侯 但願一識韓荊州]"라고 하였다.

280) **경개(傾蓋)** : 길가에서 서로 만나 수레를 잠깐 세우고서 이야기를 나눈다는 말로, 한번 보고는 바로 지기(知己)로 받아들이는 것을 뜻한다. 《사기》 〈추양열전(鄒陽列傳)〉에 "흰머리가 되도록 오래 사귀었어도 처음 본 사람처럼 느껴질 때가 있고, 수레 덮개를 기울이고 잠깐 이야기했지만 오랜 벗처럼 느껴지는 경우도 있다.[白頭如新 傾蓋如故]"라는 말이 나온다.

281) **머리를 긁적일까** : 그리움이나 번뇌 따위로 마음이 괴로운 모습을 형용하는 말이다. 《시경》 〈패풍(邶風)·정녀(靜女)〉에 "그리워하면서도 볼 수가 없는지라, 머리만 긁적이며 서성일 따름.[愛而不見 搔首踟躕]"이라는 구절이 나온다.

282) **바다와 산골** : 원문의 '해대(海岱)'는 동해(東海)에서 태산(泰山)까지의 사이에 있는 땅. 여기서는 두 사

地極西南道路脩	서쪽과 남쪽의 땅끝이라 왕래길도 멀다네.
何日淸罇開好語	어느 날에 맑은 술잔 들고 즐겁게 이야기 나누나
此宵寒舘抱離愁	이 밤 썰렁한 관사에서 이별의 설움 품고 있다네.
新詩莫怪遠相寄	새로 지은 시를 먼데서 부치는 걸 괴이타 마시게
明月從來非暗投	명월주는 원래 어둠 속에 던져주는 건 아니라오.[283]

한밤에 앉아

夜坐

夷猶關外歲將闌	관 밖에서 배회하다 한 해가 저무는데
輾轉窓前夜正寒	객창에서 뒤척이는 이 밤 정녕 춥구나.
山吐氷輪來戶牖	산이 빙륜[284]을 토해내니 들창으로 들고
風飄玉雪上欄干	바람이 옥 눈발 날리니 난간에 올라오네.
湖南迢遞音書斷	호남은 멀고멀어 소식이 끊어지고
漢北蕭條道路難	서울은 쓸쓸하게 가는 길 험난하네.
回首舊遊今寂寞	예 놀던 데로 고개 돌리니 이젠 적막하기만 하고
撫膺潛想摠邯鄲	가슴 쓸며 가만히 생각자니 모두가 허망한 것을.[285]

람이 각각 거처하고 있는 바닷가와 산골로 해석하였다.

283) **명월주(明月珠) …… 아니라오** : 새로 지은 시를 읊자는 것이지, 화답하길 요구하며 느닷없이 시편을 주는 것은 아니라는 뜻이다. 《사기》 〈노중련추양열전(魯仲連鄒陽列傳)〉에 "명월주와 야광벽(夜光壁)을 길 가는 사람에게 무작정 던지면[暗投人於道路] 모두들 칼을 잡고 노려보기 마련이다."라고 하여, 아무리 귀중한 보배라도 사람에게 증정하는 도리를 다하지 못하면 오히려 원망을 초래한다는 "명주암투(明珠暗投)"의 고사를 차용한 것이다.

284) **빙륜(氷輪)** : 얼음처럼 차고 맑게 보이는 둥근달.

285) **허망한 것을** : 원문의 '한단(邯鄲)'은 한단지몽(邯鄲之夢)을 말한다. 조(趙)나라 수도인 한단(邯鄲)의 객점(客店)에서 당(唐)나라 소년 노생(盧生)이 도사(道士) 여옹(呂翁)의 베개를 빌려 베고 잠을 잠깐 자는 사이에 부귀영화를 누리며 80세까지 사는 꿈을 꾸었는데, 깨어 보니 아까 주인이 짓던 황량 즉 조밥이 채 익지도 않았더라는 이야기에서 유래한 것으로, 인간 세상의 영욕(榮辱)이 한바탕 꿈처럼 부질없는 것을 가리킨다. 황량지몽(黃粱之夢)이라고도 한다.

밝은 창가에 조용히 앉아

明牕靜坐

輕風微雪冱寒時	바람 불고 싸락눈에 되우 추운 이 때
燠室明囪靜坐遲	온돌방 밝은 창가에 고요히 오래 앉았네.
滿酌松醪香似酪	잔 가득한 솔 막걸리는 향기가 유즙 같고
爛燒園栗美如飴	군불에 구은 동산의 밤은 엿인 양 달구나.
灞橋誰是深情趣	파교[286]에서 그 누가 정취 깊을런고
凍硯何勞寫好詩	언 벼루에 굳이 애쓰며 좋은 시 쓰랴.
萬事不求溫飽外	따뜻하고 배부른 것 밖엔 바라지 않으니
一身隨處樂怡怡	이 한 몸 어디서든 즐겁고 느긋하다오.

화학루 현판의 운을 따라 짓다 막내아우와 함께 읊다. 2수

次化鶴樓板上韻 季弟共吟 二首

勝地寧宜久秘慳	이런 승지를 어찌 오래도록 숨기고 아껴뒀나
新樓赫若翼鳳鸞	새로운 누대 빛나서 봉황이 날개 펼친 듯하네.
東邊綠繞泠泠水	동녘에는 짙푸르게 냉랭한 물줄기 둘렀고
北畔青羅點點山	북녘엔 푸르스름 멧부리 점점이 늘어섰네.
雲吐月光流翠戶	구름은 달빛 토해내자 푸른 창호에 흐르고
樹生風氣泛紅欄	나무에 바람이 일자 붉은 난간 뜬듯하네.
帝鄉不必求方外	제향[287]을 굳이 방외[288]에서 구할까
仙境從來在世間	선경은 예로부터 이 세상에 있었다네.

---

286) **파교(灞橋)** : 장안(長安) 동쪽에 있는 파수(灞水)의 다리로, 성당(盛唐)의 시인 맹호연(孟浩然)은 눈발이 휘날리는 파교 위를 나귀 타고 지나갈 때 가장 멋진 시상(詩想)이 떠올랐다고 하는데, 소식(蘇軾)의 시에 "그대는 또 못 보았는가 눈 속에 나귀 탄 맹호연을, 시 읊느라 찌푸린 눈썹 산처럼 솟은 두 어깨를.[又不見雪中騎驢孟浩然 皺眉吟詩肩聳山]"이라는 명구가 있다. 《蘇東坡詩集 贈寫眞何充秀才》

287) **제향(帝鄕)** : 신선이 사는 하늘나라로, 백운향(白雲鄕)이라고도 한다. 《장자》 〈천지(天地)〉에 "저 흰 구름을 타고 제향에 이른다.[乘彼白雲 至於帝鄕]"라고 한 데서 유래하였다.

288) **방외(方外)** : 속세의 바깥 곧 신선이 사는 곳을 뜻한다.

麗月華筵君莫慳　　고운 달빛 빛나는 자릴 그대 아끼지 마소
仙娥緩舞妙如鸞　　선아[289]의 느릿한 춤사위 난새인 양 기묘해.
杯中灩灩傾秋露　　술잔에 넘실넘실 추로[290] 기울이고
席上昏昏倒玉山　　자리에 어질어질 옥산이 무너지네.[291]
紅燭綠樽圍綺閣　　붉은 촛불 푸른 술동이 비단 누각에 둘러 있고
短歌長笛沸雕欄　　짧은 노래 긴 피리 소리 화려한 난간에 들끓네.
繽紛俗想消磨盡　　하 많은 속된 생각들 다 사라져 버렸거니
恍惚逍遙汗漫間　　한만[292]한 사이를 소요하듯 황홀하구려.

화학루 현판의 운을 따라 짓다
次化鶴樓板上韻

新構高樓逼廣寒　　높은 누각 새로 지어 광한전[293]과 흡사한데
登臨惟覺碧天寬　　올라보니 파란 하늘이 드넓은 줄을 알겠네.
青雲冉冉生階下　　푸른 구름 뭉게뭉게 계단 아래서 피어나고
白日亭亭過席端　　밝은 해 뉘엿뉘엿 자리 끄트머리 지나가네.
禦氣凌虛應甚易　　바람을 타고 허공에 오르기 응당 아주 쉽고
驂鸞駕鶴亦非難　　난새 수레 몰고 학 타기도[294] 어렵지 않네.
遼山自是神仙府　　요산은 이로부터 신선이 사는 고을이거니
誕幻何須羨費安　　하필 비장방의 편안함[295]을 부러워하랴.

---

289) **선아(仙娥)** : 달 속에 있다는 항아(姮娥) 곧 선녀를 이른다.

290) **추로(秋露)** : 추로백(秋露白)의 준말로, 가을철에 내리는 이슬을 받아 빚은 청주(淸酒)를 말한다.

291) **옥산(玉山)이 무너지네** : 《세설신어(世說新語)》에, 혜강(嵇康)의 사람됨은 마치 우뚝하게 빼어난 낙락장송과 같아서, 그가 취했을 때는 또한 마치 옥산이 곧 쓰러지려는 것과 같았다고 한 데서 온 말로, 술에 취하여 곧 쓰러지려는 모습을 말한다. 백거이(白居易)의 연구(聯句) 시에, "일어날 때엔 오사모가 삐딱하고, 헤어지는 곳엔 옥산이 무너질 듯하네.[起時烏帽側 散處玉山頹]"라고 하였다.

292) **한만(汗漫)** : 한만유(汗漫遊)를 말하는데, 신선처럼 세상 밖을 벗어나서 마음 내키는 대로 한가로이 노님을 뜻한다.

293) **광한전(廣寒殿)** : 달 속에 있다는 궁전을 말한다.

294) **난새 …… 타기도** : 원문의 '참란(驂鸞)'은 신선이 타고 다닌다는 수레인데, 곧 신선이 되어 학과 난새를 타고서 승천하는 기분임을 뜻한다. 강엄(江淹)의 별부(別賦)에, "학을 타고 은하수에 오르고, 난새를 타고 하늘에 오른다.[駕鶴上漢 驂鸞騰天]"라고 하였다.

화학루 현판의 운을 따라 짓다
次化鶴樓板上韻

一罇酩酊傲羲皇	동이 술에 흠뻑 취해 희황을 자부하니[296]
百尺樓觀近雒陽	백 척 누대의 경관은 낙양에 가깝다네.
岸上紅花開萬朶	언덕 위의 붉은 꽃은 일만 떨기 피어 있고
溪邊綠柳列千章	시냇가의 초록 버들은 일천 그루 늘어섰네.
山多嵐氣晴猶雨	산은 남기 많아 개인 날도 비오는 듯하고
樹引風聲夏亦凉	나무숲 바람소리 끌어와 한여름에도 시원해.
俯瞰方塘浮秀色	네모진 못을 굽어보니 수려한 빛 감돌아
魚吹細浪漾天光	물고기 잔물결 일으키자 하늘빛 일렁인다.

수안 동헌의 현판 시 운을 따라 짓다
次遂安東軒韻

結構何年闢草萊	어느 해에 황무지 개척하여 동헌을 세웠나
登臨此日起催頹	오늘 올라보니 퇴락한 것 일으켜야 하겠네.
歌騰五袴知推惠	오고의 노랫소리[297] 높으니 은택을 추앙함이요
穀溢千箱見阜財	천상[298]에 곡식이 넘치니 재물이 많음[299]이라.

---

295) **비장방(費長房)의 편안함** : 후한(後漢)의 비장방(費長房)이 시장에서 약을 파는 선인(仙人) 호공(壺公)을 만나 그의 호리병 속에 들어가 보니, 그 안에 일월(日月)이 걸려 있고 선경인 별천지가 펼쳐져 있어 편안하였다는 고사를 인용한 것으로 보인다. 《後漢書 方術列傳下 費長房》 여기서는 요산의 경치가 빼어나서 선경과 같다는 뜻으로 쓰였다.

296) **희황(羲皇)을 자부하니** : '희황'은 복희씨(伏羲氏)를 가리키는데, 그 시대의 백성들이 근심 없이 순박하고 한적하게 살았으리라 하여 은자들이 자칭 희황상인(羲皇上人)이라 하였다. 도연명의 〈여자엄등소(與子儼等疏)〉에 "오뉴월 북창 아래에 누워 있으면 서늘한 바람이 잠깐씩 불어오는데, 스스로 희황상인인 양 여겼네.[五六月中 北窓下臥 遇凉風暫至 自謂是羲皇上人]"라고 한 데서 나온 말이다. 《晉書 隱逸列傳 陶潛》

297) **오고(五袴)의 노랫소리** : 오고요(五袴謠)를 이른다. 집안이 넉넉하여 바지가 다섯 벌이라는 동요로, 후한(後漢)의 범방(范滂)이 촉군 태수(蜀郡太守)가 되어 선정을 펼치자 백성들이 "평생 저고리가 없었는데 지금은 바지가 다섯 벌이네."라는 노래를 부르며 칭송하였다. 《後漢書 范滂列傳》

298) **천상(千箱)** : 곡식을 운반하기 위한 많은 수레. 혹은 많은 창고. 《시경》 〈소아(小雅)·보전장(甫田章)〉에 "이에 많은 창고를 마련하고 많은 수레도 준비한다.[乃求千斯倉 乃求萬斯箱]"라고 한 말에서 유래하였다.

299) **재물이 많음** : 순(舜)임금이 일찍이 손수 오현금(五絃琴)을 만들어 타면서 〈남풍(南風)〉 시를 지어 노래

水勢逶迤將綠繞　　물의 형세는 구불구불 쪽빛으로 둘러 있고
山容縹緲送靑來　　산의 모양은 아스라이 푸른빛을 보내오네.
長吟欲效三叉手　　길게 읊조리며 삼차의 솜씨[300] 본받자니
自笑還非八斗才　　팔두의 재주[301] 아님이 스스로 우스워라.

신계 동헌 현판의 운을 따라 짓다
次新溪東軒韻

秋風獨倚意悠悠　　가을바람에 홀로 기대니 뜻이 한가로워
落日高樓興自牽　　해지는 높은 누각에 흥취 절로 끌리네.
西南點點羅雲巘　　서남쪽은 구름 걸린 멧부리 점점이 늘어섰고
東北溶溶繞石川　　동북쪽은 바위 깔린 하천이 도도히 에둘렀네.
勝賞莫求方外地　　승지 구경 세상 밖에서 구할게 있나
淸遊還有洞中天　　맑은 유람 도리어 이 골짝 안에 있네.
無窮客恨消磨盡　　끝없는 나그네의 설움 사라져 다했으니
滿酌松醪爛熳傳　　솔 막걸리 가득 따라 난만하게 전하노라.

부질없이 짓다 막내아우와 함께 읊다.
漫成 季弟共吟

寂寂衡門獨閉時　　적적한 형문[302]을 홀로 닫으려는 이때
漫漫勝景十分奇　　저 멀리 빼어난 경치 십분 기묘하여라.

했는데 그 시에, "남풍의 훈훈함이여, 우리 백성의 노염을 풀 만하도다. 남풍이 제때에 불어옴이여, 우리 백성의 재물을 풍부하게 하리로다.[南風之薰兮 可以解吾民之慍兮 南風之時兮 可以阜吾民之財兮]" 한 데서 온 말이다. 《孔子家語 辯樂解》

300) **삼차(三叉)의 솜씨** : '삼차'는 분명하지 않으나 세 갈래의 길이란 뜻으로, 송나라 육유(陸游)의 〈초청야보(初晴野步)〉 시에 "시장에 들어가니 길이 세 갈래라[入市路三叉]"라는 글귀가 보이는바, 육유처럼 시를 잘 짓는 솜씨를 가리킨 듯하다.

301) **팔두(八斗)의 재주** : 시문의 재주가 대단히 풍부함을 뜻한다. 사영운(謝靈運)이 말하기를 "천하 사람의 재주가 모두 1석(石)인데, 조식(曹植)이 혼자 8두(斗)를 얻었고, 내가 1두를 얻었으며, 예로부터 지금까지의 다른 사람들이 1두의 재주를 함께 나누어 썼다.[謝靈運嘗曰 天下才有一石 曹子建獨占八斗 我得一斗 天下共分一斗]"라고 한 데서 온 말이다. 《閱微草堂筆記 灤陽消夏錄》

新詩吟罷思難盡　　새 시 읊기를 마치자 심사는 그지없고
午睡醒來興自隨　　낮잠에서 깨어나니 흥이 절로 따르누나.
野鳥衝烟尋樹晚　　들새는 연무를 뚫고 저물녘 나무로 깃들고
山僧帶雪渡橋遲　　산승은 눈을 띠고 더디더디 다리를 건너네.
明窓更覺多其趣　　밝은 창가에 흥취 많음 갈수록 깨닫겠으니
靜坐何妨倒玉巵　　조용히 앉아 술잔을 기울인들 무슨 관계랴.

객지에서
客中

酸辛長飽客中艱　　험난한 객지서 오래간 고초를 진탕 겪으니
枯槁偏驚鏡裏顔　　비쩍 마른 거울 안의 얼굴에 새삼 놀라노라.
殘夢不禁開路□　　남은 꿈은 열린 길로 달려감 금할 수 없고
弊裘難禦朔風寒　　해진 갖옷은 삭풍의 찬 기운 막지 못하네.
吟成短律思多澁　　짧은 시로 읊조리자니 시상만 난삽하고
挑盡孤燈夜□闌　　심지 다한 외로운 등불 밤은 깊어가네.
酩酊但當歌浩浩　　술에 흠뻑 취해 호호탕탕 노래해야지
憂愁何用淚汍汍　　우수에 젖어 무엇 하러 눈물만 흘리랴.

양홍무중실의 시에 차운하다 중실이 당시 이곳 군의 광문[303]이 되었다. 막내아우와 함께 읊다.
次楊弘茂仲實韻 仲實時爲此郡廣文 季弟共吟

末世那堪益險艱　　말세에서 더욱 험난한 일 어이 감당할까
殘年猶覺減容顔　　늙은 나이에 용모마저 쇠해짐을 깨닫네.
清風透箔宵燈亂　　바람이 발을 뚫고 드니 한밤 등불 일렁이고
白雪盈庭曉榻寒　　흰 눈이 뜰에 가득하니 새벽 자리가 차구나.

302) 형문(衡門) : 나무를 가로질러 만든 보잘것없는 문으로, 안분자족(安分自足)하는 은자(隱者)의 거처를 뜻한다. 《시경》 〈형문(衡門)〉에 "형문의 아래에서 한가히 지낼 만하다.[衡門之下 可以棲遲]"라는 내용이 보인다.

303) 광문(廣文) : 교수(敎授)의 이칭으로, 지방의 학교에서 유학(儒學)을 가르치던 유학 교수관(儒學敎授官)이다.

關外羈蹤空踽踽	관문 밖 나그네 자취는 속절없이 쓸쓸하고
洛中歸路更漫漫	서울로 돌아가는 길 더욱 아득만 하구나.
休將離思慇懃說	이별 시름 운운하며 간곡히 말하지 말지니
只自疚懷涕淚汍	그저 혼자서 병든 심회에 눈물 흘릴 뿐이지.

우연히 읊다 막내아우와 함께 읊다.

偶吟 季弟共吟

沉吟詩句憑烏几	시구를 웅얼거리며 안석에 기대 있자니
一點燈火綴玉釭	한 점 등잔불은 옥구슬 매어 단 듯하네.[304)
風送寒聲滿庭院	바람은 뜨락에 가득 찬 소리 보내오고
月流淸影上軒窓	달은 창에 떠올라 맑은 그림자 흘려낸다.
林園落葉驚栖鳥	숲 동산 떨어지는 잎새에 깃든 새 놀라고
野店砧鳴吠睡狵	시골 주막 다듬이 소리에 졸던 개 짖어댄다.
此夜苟無酒杯倒	이 밤에 만일 술잔을 기울일 수 없다면
他鄕難得客心降	타향에서 나그네 심사를 달래기 어려우리.

높은 누각에서

高樓

百尺高樓獨倚時	백 척의 높은 누대에 홀로 기댄 이 때
一年秋色動羈思	한 해의 가을빛 나그네 시름 일으키네.
溪風引雨吹來急	골바람은 비를 끌어와 급하게 몰아치고
嶺月穿雲碾上遲	산마루 달은 구름을 뚫고 더디 떠오르네.
絡緯草間聲斷續	베짱이는 풀숲에서 울음소리 끊일 듯 이어지고
蒹葭池畝影參差	갈대는 연못 두둑에서 그림자 들쭉날쭉하구나.
淸宵耿耿千般恨	맑은 이 밤 슬몃슬몃 일천 가지 한스러움에

304) 한 점 …… 듯하네 : 원문의 '옥강(玉釭)'은 등불의 불똥을 뜻한다. 한유(韓愈)의 〈영등화(詠燈花)〉 시에, "황금빛 속에 금 낟알을 배치한 듯하고 비녀 끝에 옥 벌레를 이어 붙여 꾸민 듯하네.[黃裏排金粟 釵頭綴玉蟲]"라고 하여 등화(燈火)의 모습을 시적으로 표현하였다.

白髮蕭蕭兩鬢垂　　허연 터럭 듬성듬성 양 귀밑에 드리웠구나.

여관에서 우연히 읊다

旅館偶吟

苔深華表斷仙蹤　　이끼 깊은 화표주에 신선 자취 끊어졌는데[305]
霧鎖荒村聽夜舂　　연무 낀 황량한 마을 절구질소리 밤에 들리네.
綠樹風前聲策策　　초록빛 나무는 바람결에 살랑살랑 소리 내고
朱簾月下影重重　　붉은 주렴은 달빛 아래 아른아른 그림자지네.
貧來未免妻孥苦　　가난하니 처자식은 고생을 면치 못하고
老去難堪疾病攻　　늙어가니 질병이 닥침을 견디기 어렵네.
旅館此時無酒盞　　여관에서 묵는 이때에 한잔 술이 없다면
愁人何以豁心胸　　시름겨운 이 무엇으로 가슴을 트이게 하랴.

한밤에 앉아 우연히 읊다

夜坐偶吟

玉漏丁東報暗更　　물시계 소리 뚝뚝 밤중의 시각을 알리니
高秋寒氣滿山城　　하늘 높은 가을 찬 기운이 산성에 가득하네.
孤村月上砧聲早　　외딴 마을에 달 떠오르자 다듬이 소리 이르고
小院風來客夢驚　　작은 집에 바람 불어오니 나그네 꿈결 놀라네.
鶴宿疎松淸露重　　학이 잠든 성긴 소나무엔 맑은 이슬이 무겁고
鐘鳴遠寺白雲平　　종소리 울려오는 먼 절에는 흰 구름 깔려 있네.
故人渺渺隔千里　　옛 벗들 아득히 천 리 밖에 떨어져 있으니
衰髮蕭蕭生數莖　　노쇠한 머리칼 희끗희끗 몇 가닥 늘었다오.

305) **화표주(華表柱)에 …… 끊어졌는데** : '화표주'는 성곽이나 아문(衙門) 또는 동구 밖에 세우는 줏대를 이른다. 한(漢)나라 때 요동 사람 정영위(丁令威)가 신선술을 배워 신선이 되어 갔다가 뒤에 학으로 변화하여 다시 와서 요동 성문 밖의 화표주에 앉았던 고사를 말한다.

우연히 한 연구를 얻어 보여드리다 2수

偶得一聯用塵清覽 二首

青燈照壁夜深深　푸른 등불은 벽에 비추고 밤은 깊어 가는데
獨掩書窓萬古心　홀로 서창을 가리고 있자니 만고의 시름이라.
簷外月華無限好　처마 끝의 달빛은 끝없이 맑은데
草間虫響不平吟　풀 속 벌레소리 불평스레 읊조리네.
詩因遣興題紅葉　흥을 보내려 붉어진 잎에 시를 쓰고
酒爲消愁引白斟　시름을 달래려고 막걸리를 들이키네.
萬戶□聲秋色晩　일만 집 다듬이 소리[306]에 가을빛 저물어 가는데
故鄕歸夢幾番尋　고향으로 돌아가는 꿈속에서 얼마나 찾았던가.

衡門客斷夜初深　손님 끊긴 누추한 집 밤은 깊어가는데
徙倚高樓圭道心　높은 누각 배회하며 도심을 헤아리네.[307]
露重西林孤鶴唳　이슬 무거운 서녘 숲에는 외로운 학이 울고
水寒南浦老龍吟　물이 차가운 남포에는 늙은 용이 읊조리네.[308]
玄琴在匣還宜弄　갑 속의 거문고는 또한 희롱할 만하고
綠酒盈樽正好斟　동이 가득한 술은 따라 마시기 좋아라.
遙想故人應未寐　친구도 잠 못 들 걸 멀리서도 알겠으니
月中搖棹倘相尋　달빛 속에 노 저어 찾아가고 싶구려.

---

306) **다듬이 소리** : 저본에는 1자가 결락되어 있어, 문맥에 따라 외람되이 '砧聲(침성)'으로 보충하여 번역하였다.

307) **도심(道心)을 헤아리네** : '도심'은 마음이 청허한 상태에서 나오는 양심을 이른다.

308) **용이 읊조리네** : 원문의 '용음(龍吟)'은 젓대 소리를 비유하기도 하는데, 시인들은 흔히 대로 만든 여러 가지 관악기 소리나, 또는 소나무에 부는 바람소리까지도 모두 이렇게 형용한다. 이백의 〈금릉청한시어취적(金陵聽韓侍御吹笛)〉 시에 "바람이 불어 종산을 감아 도니, 일만 구렁이 다 용의 울음소리로다.[風吹繞鍾山 萬壑皆龍吟]"라고 하였다.

서울로 돌아가는 친척 어른 노씨를 전송하며
送盧戚長還京

異鄕千里回靑眼　　타향이라 천 리 밖에서 반갑게 만나서
同倚高樓玩碧峰　　함께 누각에 의지해 푸른 묏부리 구경했네.
東閣琴休朝對局　　거문고 소리 그친 동쪽 누각에서 아침에 바둑 두고
西菴月隱夜聞鐘　　달빛 숨은 서쪽 암자에서 밤에 종소리 들었지.
黃花晩處秋光晩　　노란 국화꽃 늦은 곳에 가을빛도 저물고
綠酒濃時客興濃　　좋은 술 익을 때 나그네 흥도 농익었네.
聚散浮生難可挽　　만났다 헤어지는 덧없는 인생 만류하기 어렵거니
塵埃何處更相逢　　이 풍진세상 어느 곳에서 다시 만날 수 있을는지.

부질없이 짓다
漫成

一壑烟霞獨掩柴　　한 골짝 연하 속에 홀로 사립문 닫고서
數間書籍坐如齋　　두어 칸 집 서책 속에 재계하듯 앉았네.
門前綠水秋增淨　　문 앞 맑은 물은 가을에 더욱 정갈하고
郭外靑山暮更佳　　성 너머 청산 해질녘에 더욱 아름다워라.
孤鳥微微投遠樹　　짝 잃은 새 아련히 먼 나무로 돌아들고
亂蛩喞喞咽空階　　풀벌레 찌르르 빈 뜰에서 목이 메이누나.
興來滿酌深盃飮　　흥이 나면 깊은 술잔 가득 채워 들이키니
萬里乾坤入醉懷　　만 리 천지가 취한 회포 속으로 들어오네.

밤 깊도록
夜久

絶域秋深客來歸　　이역에서 가을 깊어 나그네 돌아오니
空齋夜久燭無輝　　빈 서재에는 밤 깊도록 불빛조차 없네.
前溪得雨湍流急　　앞 시내에 빗물 더해지니 여울소리 급하고
後園經霜樹葉稀　　뒤뜰에는 서리 내려 나뭇잎 듬성듬성하구나.

羃野翠烟輕靄靄　　들판 뒤덮은 푸른 이내는 뭉게뭉게 가볍고
隔峰淸梵遠微微　　산 너머 맑은 종소리는 가물가물 아득하네.
羈愁耿耿猶難解　　나그네 수심 도렷도렷 외려 풀기 어려운데
別夢飄飄漫自飛　　이별의 꿈만 훨훨 속절없이 절로 날아가누나.

군재[309]에서 맑은 밤에 우연히 읊다 3수. 막내아우와 함께 읊다.
郡齋淸夜偶吟 三首 季弟共吟

異鄕千里歲云徂　　천 리 밖 타향에서 한 해가 지나가는데
回首長安恨自紆　　장안을 바라보니 한만 얼기설기 얽히네.
-七字缺-　　-7자 원문 빠짐-
郡齋燈盡客眠孤　　관사에 등불 다하는데 나그네 잠 못 이루네.
風吹落葉棲鴉散　　바람이 낙엽 흩날리자 깃든 까마귀 흩어지고
月上疎林病鶴呼　　달이 성긴 숲에 떠오르자 병든 학 우는구나.
縮頸塊然吟達曙　　목을 움츠리고 우두커니 새벽까지 읊조리고
寬懷無計醉提壺　　회포를 풀 길 없어 술병 잡고 취할 뿐이네.

頭上難堪歲月徂　　머리 위로 가는 세월 견디기 어려운데
洛中遙憶道路紆　　멀리 서울 생각하니 가는 길 굽었어라.
詩無驚句吟還苦　　시에 경구[310]가 없으니 읊기가 도리어 괴롭고
座有佳賓興不孤　　자리에 훌륭한 손님 있으니 흥이 외롭지 않네.
一帶淡煙橫野渡　　한 가닥 뽀얀 연무는 들판을 비껴 건너가고
數聲幽鳥隔林呼　　두어 소리 그윽한 새는 수풀 너머에서 우네.
異鄕幸得回靑眼　　타향에서 다행스레 반가운 사람을 만났나니

309) **군재(郡齋)** : 군수(郡守)의 거소를 말한다.

310) **경구(驚句)** : 경인구(驚人句)의 준말로, 매우 절묘하여 사람을 놀라게 할 만한 뛰어난 시구를 말한다. 두보의 〈강상치수여해세요단술(江上値水如海勢聊短述)〉 시에 "나는 성질이 아름다운 시구를 지나치게 좋아해, 남을 놀라게 하지 못하면 죽어도 마지않는데, 늘그막의 시편은 다 부질없는 흥취일 뿐이니, 봄이 오니 꽃과 새들은 너무 시름하지 말라.[爲人性癖耽佳句 語不驚人死不休 老去詩篇渾漫興 春來花鳥莫深愁]"라고 한 데서 온 말이다.

同醉何妨倒玉壺	옥 술병 기울이며 다 함께 취한들 어떠하리.

可惜佳辰苦易徂	애석타 좋은 때가 빨리 감이 시름겨운데
空敎離恨轉相紆	속절없이 이별의 한과 갈수록 얽혀지네.
紛紛白雪囱前亂	분분히 내리는 백설은 창 밖에 어지럽고
耿耿靑燈壁下孤	가물가물 푸른 등불은 벽 아래 외롭구나.
杵動荒村山犬吠	절구소리 거친 마을 울리자 산골 개 짖고
風鳴老樹澗禽呼	바람이 고목에 불자 계곡의 산새 지저대네.
寒齋半夜搔雙鬢	깊은 밤 추운 서재에서 귀밑머리 긁적이니
異域何人寄一壺	타향이라 누가 있어 한 병 술 보내주리오.

중실의 시에 차운하여 화답하다 막내아우와 함께 읊다.

次和仲實韻 季弟共吟

流年正似擲機梭	흐르는 세월은 정녕 베틀 북을 던지 듯 빨라
樂事無如把酒歌	즐거운 일이야 술잔 잡고 노래함이 제일이지.
松影月中金破碎	달 속으로 솔 그림자가 드니 금빛 부서지고[311]
山光雪後玉嵯峨	눈 내린 산 빛은 백옥이 뾰족뾰족 선 듯하네.
林泉幽寂還多趣	산천은 그윽하고 한적해 도리어 흥취 많으나
世路崎嶇孰免蹉	세상길 하 기구하니 누군들 넘어짐을 면하랴.
醉裏狂詩何浩浩	취중에 거칠게 지은 시 얼마나 호탕한가
醒來一咏可呵呵	술 깨어 한 번 읊자 껄껄 웃을 만 하이.

---

311) **달 속으로 …… 부서지고** : 송(宋)나라 왕안석(王安石)의 〈차운평보금산회숙기친우(次韻平甫金山會宿寄親友)〉 시에, "산에 뜬 달 소나무에 드니 금빛이 부서지네[山月入松金破碎]"라는 시구가 있다.

잡언시雜言詩[312]

제목 없이 막내아우와 함께 읊다.

無題 季弟共吟

東溪秋水深	동녘 시내에 가을 물 깊은데
南陌露艸滋	남녘 둔덕에 이슬 젖은 풀 우북하네.
穿溪度陌任所之	시내를 뚫고 둔덕을 지나 발 가는 대로 가노라니
行行荊棘不知疲	가시덤불 속을 가고 가도 지칠 줄 모르누나.
大牛好鬪尙橫行	황소는 싸우기를 좋아하여 제멋대로 설쳐대고
小犢慕侶空哀鳴	송아지는 어미 그리워하며 속절없이 슬피 우네.
垂鞭倒騎緩緩歸	채찍 드리운 채 거꾸로 타고 느릿느릿 돌아오니
十里江村長笛橫	십 리 강마을에 긴 젓대 소리 필릴리 비끼었구나.
興來叩角商聲歌	흥겨우면 쇠뿔 두드리며 목청 돋워 노래하고[313]
回首落日悲風多	석양에 머리 돌리니 슬픈 바람이 거세구나.

312) **잡언시(雜言詩)** : 저본에는 '잡저(雜著)'로 되어 있으나 전사의 오류로 보고 잡언시로 수정하였다. 장단구(長短句)라고도 한다.

313) **흥겨우면 …… 노래하고** : 원문의 '상성(商聲)'은 오음(五音)의 하나로 굳세고도 맑다. 옛날 춘추(春秋)시대에 제(齊)나라의 영척(甯戚)이 곤궁하여 남의 소를 먹이면서 소의 뿔을 두드리며, 노래를 지어 불렀더니 제환공(齊桓公)이 듣고 그가 어진 사람인 줄 알고 정승을 삼은 고사가 유명하다.

고가사를 본떠 짓다 막내아우와 함께 읊다. 3수

擬古歌詞 季弟共吟 三首

碧草茂深洞	짙푸른 풀은 깊은 계곡에 무성하고
清溪鳴逝時	맑은 시내 울면서 흘러가는 때로다.
繁華臺殿摠無處	번화했던 누대와 전각 모두 자취 없으니
只有斜陽飛鷰知	다만 비낀 석양 속 나는 제비나 알려나.

白雪飛古洞	흰 눈은 옛 골짜기에 날리고
陰雲鎖寒樹	먹구름은 싸늘한 나무들 덮었네.
嫩色梅花何處開	고은 빛 매화는 어디에 피었을까
黃昏獨立迷歸路	황혼녘에 갈 길 잃고 홀로 서 있네.

窮冬衣盡脫	섣달 겨울에 옷은 다 해어졌는데
深壑雪又霑	깊은 구렁에 눈 내려 또 무젖는다.
山外無端聞日落	산 너머로 쉬이 지는 해 보고 섰자니
淚流雙頰自難堪	두 뺨에 흐르는 눈물 감당키 어렵구나.

문

文

제문祭文

성 대곡[314] 선생을 애도하는 제문
祭成大谷先生文

만력 기묘년(1579) 8월 17일에 문생 유학 신저(申渚)와 정자 신식(申湜) 등은 삼가 대곡(大谷) 성(成) 선생의 영연(靈筵)에 계주(鷄酒)[315]의 제물을 받들고 제를 올립니다.

萬曆己卯八月十七日 門生 幼學申渚 正字申湜等 謹奉鷄酒之奠 祭于大谷成先生靈筵前

於休哲人	아 훌륭하신 철인[316]이여
邦國之光	나라의 광채이셨습니다.
龍九淵潛	구연[317]에 숨은 용[318]이요

314) **성 대곡** : 성운(成運, 1497~1579). 조선 중기의 학자, 자는 건숙(健叔), 호는 대곡(大谷)·허부(虛父)·삼산병인(三山病人), 본관은 창녕(昌寧)이다. 서울에서 태어나 사마시에 합격하여 사직서 참봉(社稷署參奉)에 천거되었으나 나아가지 않았다. 1545년(인종 1) 중형(仲兄) 성우(成遇)가 사화(士禍)에 피화(被禍)되자 시를 지어 뜻을 보이고, 처향(妻鄕)인 보은(報恩)의 종곡(鍾谷) 속리산 기슭에 대곡서실(大谷書室)을 짓고 은거하였다. 83세의 나이로 졸하자 임금이 제문을 내리고 학자들이 '대곡선생(大谷先生)'으로 추존하였다. 묘소는 보은 종곡의 남쪽 산록에 있다. 서경덕(徐敬德)·조식(曺植)·성제원(成悌元)·이지함(李之菡) 등과 교유하였으며, 저서로는 《대곡집》 3권 1책이 있다.

315) **계주(鷄酒)** : 척계두주(隻鷄斗酒) 혹은 적계서주(炙鷄絮酒)의 준말로, 변변찮은 제사 음식을 말한다.

316) **철인(哲人)** : 죽은 현인(賢人)을 높여 부른 말이다. 《예기》 〈단궁 상(檀弓上)〉에 공자께서 서거하기 얼마 전에 "태산이 무너지려는가? 대들보가 쓰러지려는가? 철인이 병들려는가?[哲人其萎乎]"라는 노래를 불렀다는 고사에서 유래한 말이다.

317) **구연(九淵)** : 깊은 못을 말한다. 한(漢)나라 가의(賈誼)의 〈조굴원부(弔屈原賦)〉에 "깊은 못의 신룡이여, 깊이 숨어서 스스로 보전하도다. …… 봉황은 천 길 높이 날아서, 빛난 덕을 보고 내려오도다.[襲九淵之神龍兮 沕淵潛以自珍 …… 鳳凰翔于千仞兮 覽德輝而下之]"라는 말이 나온다.

318) **숨은 용** : 곧 잠룡(潛龍)을 말한다. 《주역》 〈건괘(乾卦)〉의 초구 효사(初九爻辭)에 대한 문언전(文言傳)에 "세상에 따라 변치 않으며 명성을 이루려 하지 않아 세상에 은둔하되 근심하지 않고, 남으로부터 인정을 받지 못하여도 고민하지 않아, 즐거운 세상이면 도(道)를 행하고 걱정스러운 세상이면 떠나가서, 뜻이 확고하여 뽑을 수 없는 것이 잠룡(潛龍)이다.[不易乎世 不成乎名 遯世无悶 不見是而无悶 樂則行之 憂則違之 確乎其不可拔 潛龍也]"라고 한 데서 나온 말로, 여기에서는 대곡 선생이 지위를 바라지 않고 자신을 숨긴 채 드러내지 않고 살았던 삶을 비유한 것이다.

鳳千仞翔　천 길 높이 나는 봉황이셨습니다.

德盛道存　덕이 거룩하시고 도를 보존하시어

欲隱彌彰　숨기려고 하셔도 더욱 드러났습니다.

望之泰山　멀리서 바라보면 태산처럼 우뚝하셨고

卽之春陽　그 앞에 나아가면 봄볕처럼 따사로우셨습니다.

靜虛動直　고요할 땐 마음이 비어 있고 움직일 땐 곧으시어[319]

無欲之量　욕심이 없는 도량이셨습니다.

立齋坐尸　서 계실 적엔 제계하듯 앉아 계실 적엔 시동처럼[320] 하셔서

主敬之功　주경[321]의 공효를 드러내셨습니다.

淸通和樂　맑고 통창(通暢)하고 화락(和樂)하시며

渾厚克融　크고 원만하시어 능히 조화로우셨습니다.

謙冲不居　겸양하여 자처하지 않으셨고

敎思無窮　가르치려는 생각이 한이 없으셨습니다.

允矣先生　진실로 선생께서는

展也大成　진정 크게 이루셨습니다.

所學乖時　배운 것이 시대와 괴리됨에

嘉遯之貞　아름답게 은둔하여 곧음을 지키셨습니다.

婆娑澗阿　한가로이 시내와 언덕에

---

319) **고요할 땐 …… 곧으시어** : 원문의 '정허동직(靜虛動直)'은 고요할 때에는 마음이 비어 있고 움직일 때에는 곧다는 말로, 《주자어류(朱子語類)》나 〈태극도(太極圖說)〉 등에는 주돈이가 태극에 대해 토론한 내용이 실려 있다. 《근사록(近思錄)》 〈존양(存養)〉 등에 주돈이의 글이 인용되어 있는데, "욕(欲)이 없으면 정허동직(靜虛動直)하다. 정허하면 밝고 밝으면 통하며, 동직하면 공평하고 공평하면 넓다." 하였다.

320) **서 계실 …… 시동처럼** : 《논어》 〈학이〉에 "시습이란 때마다 익히지 않음이 없는 것이니, 앉아 있을 적에 시동과 같이 함은 앉아 있을 때의 익힘이요, 서 있을 적에 재계함과 같이 함은 서 있을 때의 익힘이다.[時習者 無時而不習 坐如尸 坐時習也 立如齊 立時習也]"라고 보이는 바, 원래 이 내용은 《예기》 〈곡례 상(曲禮上)〉에서 인용한 것이다.

321) **주경(主敬)** : 수양의 방법에 있어서 경(敬)을 주로 하는 학풍이다. 《소학집주》 총론에서 진씨(陳氏)가 "정자는 주경하는 공부가 소학의 빠진 것을 보충할 수 있다고 하였으니, 주경하면 방심을 거두어 큰 근본을 세울 수 있다. …… 대저 주경의 공은 시종을 관통하고 동정을 일관하고 내외를 합하니, 소학과 대학에 모두 없어서는 안 되는 것이다.[程子說主敬工夫 可以補小學之闕 蓋主敬 可以收放心而立大本 …… 大抵主敬之功 貫始終 一動靜 合內外 小學大學 皆不可無也]"라고 하였다.

軸薖永矢	묻혀 곧게 살기로[322] 길이 맹서하셨습니다.
匪伊隱戹	숨어살기만을 위해서가 아니고
唯以求志	오직 뜻을 구하고자[323] 하신 것입니다.
有壑奧如	골짜기에는 안온함이 있고
有山幽然	산에는 그윽함이 있었습니다.
種松引鶴	소나무 심고 학을 불러들이고
疏石行泉	돌을 트여 샘물을 흐르게 하셨습니다.
半壁雲居	반벽에 구름 걸친 곳에 사시면서
左右簡編	좌우에는 서책을 쌓아두셨습니다.
几坐終晷	책상에 앉아 시간 가는 줄 모르시니
儼若泥塑	엄숙하기가 이소와 같으셨습니다.[324]
一味道腴	한결같이 도의 진수를 음미하셨으니
餘外何慕	그밖에 무엇을 사모하셨겠습니까.
穠春素秋	꽃이 아름답게 핀 봄과 달 밝은 가을
勝日良辰	좋은 시절 좋은 날이면
沂中氣像	기수의 기상이셨고[325]
泗上風神	사상[326]의 풍도(風度)이셨습니다.

---

322) **묻혀 곧게 살기로** : 원문의 '축과(軸薖)'에서 축(軸)은 한가로이 서성이는 것을 말하고, 과(薖)는 마음이 관대한 것으로, 은거해 숨어 살면서 덕을 이루고 도를 즐긴다는 뜻이다. 《시경》 〈고반(考槃)〉에 "고반이 언덕에 있으니, 석인의 마음이 넉넉하도다.[考槃在阿 碩人之薖]" 하였으며, 또 "고반이 높은 언덕에 있으니 석인이 한가로이 서성이도다.[考槃在陸 碩人之軸]"라고 하였다.

323) **뜻을 구하고자** : 《논어》 〈계씨(季氏)〉에 "세상에서 물러나 숨어 살면서 자신의 뜻을 추구하고, 세상에 나아가 의를 행하여 자신의 도를 펼친다.[隱居以求其志 行義以達其道]"라는 말에서 나온 것이다.

324) **이소(泥塑)와 같으셨습니다** : '이소'는 진흙을 빚어서 만든 소상(塑像)으로 앉은 모습이 경건한 것을 비겨서 하는 말이다. 사현도(謝顯道)가 "명도 선생(明道先生)은 종일토록 단정히 앉아 있어 마치 진흙으로 만든 사람과 같으셨는데, 사람을 대하실 때에는 완전히 한 덩어리의 온화한 기운이셨다.[明道先生坐如泥塑 接人則渾是一團和氣]"라는 말에서 유래한 표현이다. 《近思錄》

325) **기수(沂水)의 기상이셨고** : 《논어》 〈선진〉에, 공자의 제자 증점(曾點)이 "늦은 봄에 봄옷이 만들어지면 관을 쓴 어른 대여섯 명과 아이들 예닐곱 명을 데리고 기수에 가서 목욕하고 기우제 드리는 무우에서 바람을 쏘인 뒤에 노래하며 돌아오겠다.[暮春者 春服旣成 冠者五六人 童子六七人 浴乎沂 風乎舞雩 詠而歸]"라고 자신의 뜻을 밝히자, 공자께서 그의 쇄락(灑落)한 기상을 인정한 내용이 있다.

326) **사상(泗上)** : 사수(泗水) 가. 공자께서 사수 가에 있으면서 제자들에게 도(道)를 가르쳤으므로, 공자의

把酒哦詩	술잔을 잡고 시를 읊조리심은
水曲花外	물굽이와 꽃 저편에서 하셨습니다.
上下同流	위아래가 천지와 함께 유행하시어[327]
俯仰自在	세상살이에 구애된 바가 없으셨습니다.[328]
簞瓢屢空	단표누공[329]의 처지에서도
其樂不改	그 즐거움을 변치 않으셨습니다.
平生雅趣	평생의 고상한 흥취는
一張瑤琴	한 장의 거문고에 두셨습니다.
朗然淸夜	환하게 해맑은 밤
月到天心	달이 하늘 한복판에 이른 경지셨습니다.[330]
調高絃絕	가락이 고상한데 거문고 줄 끊어지매[331]
奈無知音	지음지우[332]가 없으니 어찌하겠습니까.

학파를 흔히 사상으로 지칭한다. 《史記 孔子世家》 여기서는 대곡이 제자들과 함께 강학(講學)하던 사상에 비긴 것이다.

327) 위아래가 …… 유행하시어 : 상하여천지동류(上下與天地同流)의 줄임말로, 《맹자》 〈진심 상(盡心上)〉에 "군자는 지나가는 곳에 교화가 되며 마음에 두고 있으면 신묘해진다. 위아래가 천지와 더불어 함께 유행한다.[夫君子所過者化 所存者神 上下與天地同流]"라고 한 말에서 유래한 것이다.

328) 구애된 바가 없으셨습니다 : 원문의 '자재(自在)'는 대자재(大自在)의 준말로 불교 용어인데, 구애된 바가 없이 진퇴하여 마음이 번뇌를 떠나는 것을 이른다.

329) 단표누공(簞瓢屢空) : 《논어》 〈옹야〉에 "어질구나, 안회는. 한 대그릇 밥과 한 바가지 물[一簞食一瓢飮]로 누추한 마을에서 지내는구나. 사람들은 그 근심을 감당치 못하는데 안회는 그 즐거움을 고치지 아니하니, 어질구나, 안회는." 하였고, 《논어》 〈선진〉에 "안회는 거의 도에 가깝다. 자주 쌀독이 비었다.[回也 其庶乎 屢空]"라고 하였다. '단표누공'은 안빈낙도하는 생활을 비유하는 말로 쓰인다.

330) 달이 …… 경지셨습니다 : 송나라 사상가 소옹의 〈청야음(淸夜吟)〉 시에, "달은 하늘 한복판에 이르고, 바람은 물 위에 불어오누나. 이와 같은 청정한 경지를, 아는 사람 아마도 많지 않으리.[月到天心處 風來水面時 一般淸意味 料得少人知]"라고 하여 도의 경지를 비유하였다.

331) 거문고 줄 끊어지매 : 일반적으로 지기(知己)의 벗을 잃은 슬픔을 말하는데, 여기서는 대곡의 학문을 알아준 남명(南冥) 조식(曹植) 선생이 돌아가신 것을 말한 것으로 보아도 될 듯하다. 춘추시대에 금(琴)을 잘 탔던 백아(伯牙)가 지음(知音)의 벗 종자기(鍾子期)가 죽자 금 소리를 들을 사람이 없다 하여 금의 현(絃)을 모두 끊고 다시는 금을 타지 않았다고 한다. 《列子 湯問》

332) 지음지우(知音之友) : 종자기는 백아의 거문고 소리를 잘 알아들었던 지음지우이다. 춘추시대에 백아는 거문고를 잘 탔던 사람인데, 그가 거문고를 타면 종자기가 그 음률을 알아들었으므로 이것을 지음(知音)이라 하였는바, 후세에는 자신의 포부나 뜻을 알아주는 것에 비유하기 때문에 말한 것이다. 《列子 湯問》

一片心地	한 조각의 심지(心地)는
羲皇之天	희황의 하늘과 같았습니다.[333]
優哉游哉	넉넉하고 한가로이 지내시며[334]
素髮星鮮	허연 머리 듬성듬성 늙어가셨습니다.
蘭香難掩	난초의 향기는 가리기가 어려우니
潛德昭升	숨겨진 덕이 세상에 밝게 올랐습니다.[335]
束帛鼎來	초빙하는 예물이 성대하게 이르고
鶴書屢徵	학서[336]로 여러 번 부름이 있었습니다.
進退有義	나아가고 물러남에 의리가 있는 법
其又可輕	그 처신을 어찌 쉽게 할 수 있으셨겠습니까.
封章懇辭	봉장[337]을 올려 간곡히 사양하셨고
甘淹柴荊	전원에서 자취를 숨기고 사시는 것을 달게 여기셨습니다.
睿眷安之	임금님께서 돌아보고 편안하게 해주시어
尊禮益篤	존대의 예우가 더욱 도타웠습니다.
念寒賜帛	추위를 염려하여 비단을 하사하셨고
念貧賜樂	가난을 염려하여 풍악을 내리셨습니다.
庶幾百年	행여 백 년이 지나도록
永享休逸	길이 세속을 벗어나 편히 사시길 바랐습니다.

333) **희황(羲皇)의 …… 같았습니다** : '희황'은 복희씨(伏羲氏)의 존칭이다. 곧 풍속이 순박하고 안온했던 태곳적 태평세계를 뜻한다. 여기서는 대곡이 은거하여 물욕의 속박 없이 혼자 즐기는 사람이라는 뜻이다. 참고로, 도잠(陶潛)의 〈여자엄등소(與子儼等疏)〉에 "오뉴월 중에 북창 아래에 누워 있으면 서늘한 바람이 이따금씩 스쳐 지나가곤 하는데, 그럴 때면 내가 태곳적 희황(羲皇) 시대의 사람이 아닌가 하는 생각이 들기도 한다.[五六月中 北窓下臥 遇涼風暫至 自謂是羲皇上人]"라는 말이 있다.

334) **넉넉하고 …… 지내시며** : 원문의 '우재유재(優哉游哉)'는 종용 자득하며 한가함을 형용하는 말이다. 《시경》 〈채숙(采菽)〉에 "즐거운 군자여 복록으로 그를 후하게 대하네. 넉넉하게 노닐기에 또한 이에 이르렀네.[樂只君子 福祿膍之 優哉游哉 亦是戾矣]"라고 하였다.

335) **세상에 밝게 올랐습니다** : 원문의 '소승(昭升)'은 《서경》 〈문후지명(文侯之命)〉의 "문왕과 무왕은 정말 밝으시어 덕을 삼가 밝히시니 위로 밝게 올라가고 널리 세상에 알려졌다.[丕顯文武 克愼明德 昭升於上 敷聞在下]"라고 한 곳에 보인다.

336) **학서(鶴書)** : 조정에서 부르는 문서. 옛날에 현자를 초빙하는 글에만 썼던 서체로, 모양이 학(鶴)의 머리와 같다고 하여 학서라고 하였다.

337) **봉장(封章)** : 임금에게 봉(封)하여 올리는 상소문(上疏文).

何意一夕　어찌 알았겠습니까 하루 저녁에
梁壞山圮　들보가 부러지고 태산이 무너질 줄을.[338]
天之喪蒙　하늘이 몽매한 우릴 망하게 하시매[339]
晩獲趨拜　늦게야 나아가 배알하게 되었습니다.
追陪杖屨　선생[340]을 뒤따라 모시면서
叨承鐫誨　외람되이 훌륭한 가르침을 받았습니다.
立乎尺雪　눈이 한 자나 쌓이도록 서 있음에는[341]
誠雖未篤　정성이 비록 독실하지 못했지만
坐了春風　봄바람 속에 앉아 있는 듯하여
鄙穢自釋　비루함이 저절로 풀리었습니다.
那知此來　어찌 이곳으로 와서
載瞻靈輀　영구(靈柩)를 바라볼 줄을 알았겠습니까.
儀形奄隔　선생의 모습을 갑자기 못 뵙게 되니
小子疇依　저희는 누구를 의지해야 합니까.
墜緖茫茫　맥이 끊어져 망망할 뿐이오니
吾道何托　우리 도를 어디에 의탁합니까.
不憖一老　한 노인조차 남겨두지 않으시니[342]

---

338) **들보가 …… 무너질 줄을** : 들보가 부러지고 태산이 무너짐은 스승이 별세함을 이른다. 공자께서 자신이 별세할 꿈을 꾸고 아침에 일찍 일어나 뒷짐을 지고 지팡이를 짚고 문 앞에서 한가로이 거닐며 노래하기를 "태산이 무너지겠구나. 들보가 부러지겠구나. 철인이 죽게 되겠구나.[泰山其頹乎 梁木其壞乎 哲人其萎乎]"라고 하였다.《禮記 檀弓上》

339) **하늘이 …… 하시매** : 신저·신식 형제가 먼저 모시던 퇴계 선생께서 작고하신 것을 말한 듯하다.

340) **선생** : 원문의 '장구(杖屨)'는 지팡이와 신발을 말한다. 존귀한 분을 부르는 겸칭으로, 여기서는 대곡 선생을 가리킨다.

341) **눈이 …… 있음에는** : 송(宋)나라의 유작(游酢)·양시(楊時)가 정이(程頤)를 처음 찾아가 뵈었을 때 정이가 눈을 감고 명상(瞑想)에 잠겨 있으므로 두 사람은 곁에 시립(侍立)하여 날이 저물도록 기다렸는데, 정이가 물러가라고 명하였을 때에는 문 밖에 눈이 석 자나 쌓였었다는 고사가 있다.

342) **한 …… 않으시니** : 노(魯)나라 애공(哀公)이 애공이 공자의 죽음을 슬퍼한 뇌사(誄辭)에, "하늘이 우리를 불쌍히 여기지 않아서, 한 명의 노인조차 남겨두지 않고, 나 한 사람이 피폐해질 때까지 자리를 지키게 만들었네. 외롭고 근심되어 나는 병들었네, 아아 슬프도다. 공자여 나는 이제 본받을 곳이 없구려.[旻天不吊 不憖遺一老 俾屛余一人以在位 煢煢余在疚 嗚呼哀哉 尼父無自律]"라고 하였다.《春秋左氏傳 哀公 27年》

天夭是椓	하늘이 화(禍)를 내린 것입니다.[343]
擧觴一慟	술잔을 올리고 통곡하며
終天永訣	영원히 작별을 고합니다.
嗚呼哀哉	아 애통하옵니다.
尙饗	부디 흠향하소서.

343) 하늘이 …… 내린 것입니다 : 《시경》 〈정월(正月)〉에 "지금 복이 없는 사람은 하늘이 재앙을 내려 해치도다.[民今之無祿 天夭是椓]"라고 하였다.

부록

附錄

행장行狀

행장
行狀

공은 휘가 저(渚)이고, 자는 백원(伯源)이다. 우리 신씨는 보계(譜系)가 고령에서 나왔으니, 휘 성용(成用)께서 고려 조정에 벼슬하여 검교 군기감(檢校軍器監)을 지내셨다. 6대에 이르러 휘 포시(包翅)께서 본조[조선]에 들어와 항상 한가롭게 지내시며 벼슬하기를 즐겨하지 아니하여 공조참의(工曹參議)로 마치셨다. 참의께서 휘 장(檣)을 낳으시니, 집현전 제학(集賢殿提學)을 지내셨다. 제학께서 휘 숙주(叔舟)를 낳으시니, 영의정(領議政)을 지내셨으며 시호는 문충공(文忠公)으로, 수상[344]을 재차 역임하셨고, 원훈공신(元勳功臣)에 네 번 책봉되셨다. 문충공께서 휘 형(泂)을 낳으시니, 내자시 정(內資寺正)을 지내셨고 우의정에 추증되셨다. 시정께서 휘 광윤(光潤)을 낳으시니, 한성참군(漢城參軍)을 지내셨고 좌승지에 추증되셨다. 승지께서 휘 서(溆)를 낳으시니, 사맹(司猛)을 지내셨고 이조참판에 추증되셨다. 참판께서 휘 중엄(仲淹)을 낳으시니, 음사[345]로 통정대부에 이르고 수관[346]으로 가선대부(嘉善大夫)에 오르셨으며 좌찬성에 추증되셨으니, 이 분이 공의 부친이시다. 모친은 문화유씨(文化柳氏)로 사도시 정(司䆃寺正)을 지낸 엄(渰)의 따님이니, 삼한 벽상공신(三韓壁上功臣) 달(達)의 후손이며, 본조의 우의정 충경공(忠景公) 양(亮)의 6대손이다.

가정(嘉靖) 갑신년(1544) 10월 1일에 공을 낳으시니, 공은 남다른 자질을 타고나서 어려서부터 놀이할 때에 이미 성인(成人)의 의용(儀容)과 풍도(風度)가 있으셨다. 글을 읽고 공부할 줄 알게 되어서는 개연히 큰 뜻이 있어 과거에 응시하는 글에만 마음을 두지 않고 널리

---

344) 수상(首相) : 영의정(領議政).

345) 음사(蔭仕) : 과거를 거치지 않고 조상의 공덕에 의하여 관로(官路)에 진출한 벼슬아치로, 남행(南行)·음직(蔭職)·음관(蔭官)이라고도 한다.

346) 수관(壽官) : 통정대부 이상의 관원으로 임금과 동갑 이상 원로 중신에게 왕이 은전을 내려 품계를 한 등급 올려주는 제도이다. 매년 1월에 80세 이상인 관원과 90세 이상인 서민(庶民)에게 은전(恩典)으로 내리던 벼슬을 이른다. 수직(壽職)·수질(壽秩)이라고도 한다.

배우고 독실하게 실천하여[347] 성취가 있기를 기약하셨다. 나이 15, 16세에 문장이 성대하여 볼만하였고, 17, 18세에 태학에서 유학(遊學)하였는데, 상공 정언신[348]이 단번에 공의 그릇됨을 알아보고 재상감으로 기대하였다. 갑자년(1564) 8월에 모친께서 용담현[349] 관아에서 돌아가시자, 백씨[350]가 밤낮없이 빈소를 지키면서 목 놓아 울부짖으며 잠시도 떠나지 않았다. 그 해 겨울에 운구(運柩)하여 청주로 돌아와 안장(安葬)하고, 묘소 곁에서 여묘[351]를 하였는데 몹시 슬퍼한 나머지 쇠약해져 병이 되어 거의 일어나지 못하는 지경에 이르셨다. 그 당시 저(湜)의 나이 겨우 14, 15세였는데 형을 따라 시묘(侍墓)하면서 아침저녁으로 부여잡고 통곡을 하는 사이에 형의 병이 걱정스러워 의원에게 물어 약을 구해 겨우 소생하실 수 있었다. 그러나 이로 인한 한질(寒疾)이 평생 동안 빌미가 되어 수명이 길지 못하게 되셨으니, 아 통탄스럽도다!

공의 효도하고 우애하는 행실은 천성에서 나온 것이어서, 날마다 가묘(家廟)에 배알하는 의례를 종신토록 폐하지 않으셨고, 어버이를 봉양하고 그 뜻을 어김없이 받드는데 곡진하지 하지 않음이 없으셨다. 집안을 바르게 다스려서 안과 밖의 분별이 엄하였으되, 사랑과 훈계를 같이 베푸셨다. 선부군께서는 음사(蔭仕)로 여러 차례 지방관을 맡으셨기에 일찍이 한가롭게 집에 계신 때가 없으셨다. 그러자 백씨에게 편지를 보내시어 "나는 나랏일에 마음을 두어 집안을 생각할 겨를이 없으니, 네 아우들을 훈육하는 도리는 형인 너의 책임이 크다."라

347) **널리 …… 실천하여** : 원문의 '박학독행(博學篤行)'은 《중용장구》 제20장에 "참되려고 노력하는 것이 사람의 도이다. 그것은 즉 선을 택해서 굳게 잡는 것이다. 그러기 위해서는 널리 배우고, 자세히 묻고, 신중히 생각하고, 분명하게 분변해야 하며, 그러고는 독실하게 실천해야 한다.[誠之者人之道也 擇善而固執之者也 博學之 審問之 愼思之 明辨之 篤行之]"라는 말이 나온다.

348) **정언신(鄭彦信, 1527~1591)** : 본관은 동래(東萊), 자는 입부(立夫), 호는 나암(懶庵). 함경도병마절도사·대사헌·부제학·함경도관찰사·병조판서 등을 역임하였다. 우의정이 되어 정여립(鄭汝立)의 모반 후 그 잔당에 대한 옥사를 다스리고는 위관(委官)에 임명되었으나, 서인 정철(鄭澈)의 사주를 받은 대간으로부터 정여립의 구촌친(九寸親)이므로 공정한 처리를 할 수 없다는 탄핵을 받아, 위관을 사퇴하고 이어서 우의정도 사퇴했다. 그 뒤 역가문서(逆家文書) 가운데에 그가 들어 있다는 것을 구실로 정철 등으로부터 계속 정여립의 일파로 모함을 받아 갑산에 유배되어 그 곳에서 죽었다. 1599년에 복관되었다. 문경의 소양사(瀟陽祠)에 제향되었다.

349) **용담현(龍潭縣)** : 전라도(全羅道) 속현(屬縣)이다.

350) **백씨(伯氏)** : 정관재를 지칭한다. 행장을 쓴 이가 아우 식(湜)이므로 백씨라고 쓴 것임. 앞의 공(公)과 동일 인물이다.

351) **여묘(廬墓)** : 상제가 상중에 3년간 무덤 근처에서 여막(廬幕)을 짓고 살면서 무덤을 지키는 일. 시묘(侍墓)와 같다.

고 하셨다. 공께서 이미 15세 때부터 저를 가르쳐 인도할 적에 방도(方道)가 있었으니, 반드시 효제충신(孝悌忠信)과 예의염치(禮義廉恥) 등의 말로써 조석으로 정성스럽게 가르쳐주고 자상하게 일깨워 주셨다. 모친상을 치르고 난 뒤로는 막내아우가 너무 어려서 백씨가 낮에는 업어주고 밤에는 꼭 품에 안고서 어루만지며 길러 주니 자애로운 어머니와 다를 바가 없으셨다. 가르치고 타이를 때에는 반드시 엄하게 조목을 세워 부정한 글이나 터무니없는 말은 귀와 눈으로 보거나 듣지 않도록 하였다. 사서삼경을 가르쳐주며 날로 달로 익히고 닦도록 하였고, 깊은 속뜻이 있는 곳에 이르면 정성껏 우리들을 위해 풀어 주셨다. 조금이라도 게을리 하면 솔선하여 몸소 실천하시고 반드시 엄한 꾸지람을 하셨다. 이런 까닭에 아우들이 제대로 성장할 수 있었으니, 우리 어진 부형께서 가르치고 길러 주신 힘 아님이 없다.

아! 공이 일찍이 향공[352]에 천거되어 예조에 나아갔었는데, 마침 간악한 무리가 권세를 부려 현인들이 죽임을 당하는 것을 보고 한동안 탄식한 적이 있으셨다. 이로 인해 "해는 저물고 찬바람 세차니, 날리는 티끌이 옷을 더럽힐까 저어되네.[日暮西風急 飛塵恐汚衣]"라고 읊고는 호연히 돌아와서는 선고께 말씀드리길, "세상의 길이 험난하니, 소자 다시는 과거에 응시하지 않겠습니다."라고 하셨다. 선고께서는 들으시고 가상히 여기시며 말씀하시길 "선비는 저마다 뜻이 있으니, 네가 좋아하는 바를 따르는 것도 괜찮다."라고 하셨다. 이로부터 과거에 뜻을 접고 저와 함께 성 선생[353]의 문하에서 유학하였으니, 육경(六經)에 크게 진력하였고 예학(禮學)에 부지런히 힘쓰면서 관혼상제에 소용되는 제구(諸具)는 몸소 실천하여 체득하지 않음이 없으셨다. 무엇보다 역학(易學)에 조예가 깊어 진퇴소장(進退消長)의 이치를 마음으로 융합(融合)하고 정신으로 회통(會通)하지 않음이 없으셨다. 그런데도 공은 마음을 스스로 감추고 드러내지 않았으므로 사람들이 아는 이가 드물었지만 성 선생께서는 크게 인정해 주셨다.

대대로 청주의 묵정(墨井)에 살아오시면서 그곳의 바위와 골짜기의 아름답고 기이함과 시내와 연못의 깨끗하고 맑음을 사랑하셔서 마침내 한 칸의 집을 따로 짓고는 '정관'[354]이라 명

---

352) **향공(鄕貢)** : 지방 장관(地方長官)이 천거(薦擧)한 사람. 즉 지방 장관의 천거로 서울에 와서 생원(生員)·진사(進士)의 시험에 응시하게 된 사람.

353) **성 선생** : 조선 중기의 학자이자 문인인 대곡(大谷) 성운(成運) 선생이다. 16세기에 활약한 처사형 사림으로 그의 학풍과 사상은 당대에도 높은 평가를 받았다. 각주 314)번 참조.

354) **정관(靜觀)** : '만물의 이치를 고요히 살핀다'로 풀이할 수 있다. 송나라 정호(程顥)의 〈춘일우성(春日偶成)〉 시에 "만물은 고요히 관찰해 보면 모두가 자득하여, 사시의 아름다운 흥취가 사람과 똑같네.[萬物

명하시고 정원의 화초와 분지(盆池)의 물고기를 보는 즐거움에 마음을 붙이셨다. 그리고 소나무와 대나무, 화초를 더 심고서 날마다 그 사이에서 읊조리고 낚시하고 노닐면서 세상일을 사절하셨다. 조용한 집에 단정히 앉아 도서를 좌우에 두고서 정밀하게 연구하고 깊이 사색하여 고요한 가운데 이룬 공부가 이전에 비해서 더욱 깊고 전일하게 되셨다. 그러므로 "또렷또렷 지경(持敬)의 의미를 납득하겠나니, 고요 속의 진미(眞味)가 범부의 처지를 벗어나네.[領得惺惺持敬義 靜中眞味迥超凡]"라는 시구가 있게 된 것이니, 이는 매우 열심히 힘써 공부하여 체험하신 경지이다. 공은 흥이 나는 곳을 만날 때면 소요하며 스스로 뜻을 얻고는 번번이 아우들과 시를 주고받으며 화창(和唱)하시고, 이 시들을 모아 엮은 책의 제목을 '영원잡영(鴒原雜詠)'이라고 하였으니, 이는 한평생 우리 형제간에 우애하는 즐거움을 길이 누릴 것을 기대하신 것이다.

아, 비통하다! 공께서는 묵은 병을 오래 안고 살아오셨는데, 무자년 가을에 병이 위독해지셨다. 내가 눈물을 흘리며 여한이 무엇인지를 여쭈니, 공께서는 몸을 일으켜 내 손을 잡고 슬피 눈물을 흘리시며 목메며 말씀하시기를 "노친께서 살아계시는데 죽는 것이 불효가 될 뿐, 달리 무슨 한이 있겠는가? 단지 죽을 때에 그 바름을 얻으면 된다."라고 하시고는 자리를 바꿔[355] 정침[356]에 나아가셔서 박장[357]할 것을 유명(遺命)으로 남기시고, 9월 26일 정침에서 졸하셨다. 그해 11월 묵정의 건좌(乾坐) 언덕 선비(先妣)의 묘소 아래에 안장하고, 관(棺)만 쓰고 덧관은 없었으니, 공의 유언을 따른 것이다.

공의 선취 부인(先娶夫人)은 적순부위(迪順副尉) 함창(咸昌) 김정준(金廷俊)의 따님인데 두 아들을 두셨으니, 장남은 득준(得濬)이고, 차남은 득해(得海)로 진사를 지냈다. 계실(繼室)은 사평(司評)을 지낸 능성(綾城) 구심언(具審言)의 따님으로, 아들 하나를 두었으니 득호(得灝)이다. 득준(得濬)은 능성 구대인(具大仁)의 딸에게 장가들었는데, 일찍 죽어 후사가 없다. 득해(得海)는 금성(錦城) 박지(朴祉)의 딸에게 장가들었는데, 역시 일찍 죽어 후사가 없다. 득호(得灝)는 초취(初娶)가 첨지중추부사 거창(居昌) 신호학(愼好學)의 딸인데, 아들

靜觀皆自得 四時佳興與人同]"라고 한 구절이 있다.

355) **자리를 바꿔** : 원문의 '역책(易簀)'은 임종을 이르는 말로, 증자(曾子)가 임종 시에 자신이 깔고 누운 대자리가 신분에 맞지 않음을 깨닫고 즉시 자리를 바꾸었던 일에서 온 말이다. 《禮記 檀弓上》

356) **정침(正寢)** : 임종 전 평소에 기거하던 사랑채를 청소하고 새로 자리를 마련하여 임종을 맞을 수 있게 마련한 곳을 말한다.

357) **박장(薄葬)** : 장례를 박하게 치름.

이 없고, 계취(繼娶)는 별제(別提)를 지낸 능성 구항조(具恒祖)의 딸로 아들 하나를 낳았다.

아, 공은 배움을 좋아하셨으니, 수를 더 누렸더라면 머지않아 화(化)하셨을 것인데,[358] 불행히도 단명하셨고 자손 또한 영성(零星)하니, 하늘이 선인(善人)에게 보답해 줌이 어찌 이렇단 말인가?[359]

공의 저서로 《역행연의(易行衍義)》 3권이 있었는데 결정정미[360]의 심오한 뜻을 다하였고, 《예설총론(禮說總論)》 4권은 시의(時宜)에 맞도록 매우 적절하게 조절한 것이다. 그러나 병란에 모두 산일되었으니, 공께서 글을 지어 후세에 남기고자 하신 뜻이 끝내 어떻게 되었다 해야 할까? 애석하기 이를 데 없도다. 공의 덕망과 재주로써도 생존해 계실 때엔 지위가 없으셨는데 작고하셔서도 행장이 없다면, 없어져서는 안 될 것들이 세월이 오래될수록 없어지게 될 것이니, 이것은 아우들의 책임이다. 이에 공께서 남기신 일 몇 가지를 엮어서 입언군자[361]를 기다리면서, 지나치게 찬미하여 비난을 받게 되는 일이 없어야 함을 선현들께서 이미 경계하심이 있었으니,[362] 내 비록 불초하나 역시 그렇게는 하지 않았다.

사제(舍弟) 식(湜)이 삼가 짓다.

---

358) **수(壽)를 …… 것인데** : 공이 훌륭한 인격으로 변화했을 것이라는 말이다. 화(化)는 힘을 들이지 않고 저절로 되는 것을 말하는데, 유학에서는 성인(聖人)과 현인(賢人)을 구분함에 있어 힘을 들이지 않고 저절로 선행을 하는 것을 성인이라 하고, 억지로 노력하여 선행을 하는 것을 현인이라고 한다. 《논어》 〈옹야(雍也)〉 주(註)에 안자(顏子)의 학은 다소 힘써서 이른 것이어서 "성인의 경지에 이르지 못했음은 억지로 지킨 것이고 저절로 화한 것이 아니기 때문이니, 몇 년만 수명을 연장해 주었다면 얼마 안 되어 저절로 화가 되었을 것이다.[其未至於聖人者 守之也 非化之也 假之以年 則不日而化矣]"라고 하였다.

359) **하늘이 …… 말인가** : 선인(善人)에게 복을 주고 악인(惡人)에게 재앙을 내린다는 하늘의 뜻을 의심하지 않을 수 없다는 말이다. 사마천(司馬遷)이 《사기》 〈백이열전(伯夷列傳)〉에서 백이 숙제(叔齊)와 안연(顏淵) 같은 선인은 비참하게 살다가 죽고, 도척(盜跖)과 같은 악인은 천하를 횡행하며 오래 살다가 죽었다고 전제하고는, "그렇다면 하늘이 선인에게 보답해 준 것이 어떻다고 하겠느냐.[天之報施善人 其如何哉]"라고 의혹을 제기한 말이 나온다.

360) **결정정미(潔靜精微)** : 《예기》 〈경해(經解)〉에 "깨끗하고 고요하고 정미한 것이 역의 가르침이다.[絜靜精微 易教也]"라고 하였다.

361) **입언군자(立言君子)** : 입언하는 군자. 입언(立言)은 후세에 모범이 될 만한 글을 남긴다는 뜻이다.

362) **지나치게 …… 있었으니** : 《예기》 〈제통편(祭統篇)〉에 "옛날의 군자가 그 선조의 미덕(美德)을 기록하여 후세에 밝게 드러내는 데는 자신의 이름을 선조의 이름 밑에 부기(附記)하여 자기의 나라를 빛나게 한다."라고 하였고, 또 "선조에게 미덕이 없는데도 칭찬하는 것은 속이는 것이고, 선행(善行)이 있는데도 자손이 알지 못하는 것은 밝지 못한 것이며, 알면서도 전하지 않는 것은 어질지 못한 것이다.[古之君子論譔其先祖之美而明著之 後世以比其身 以重其國家 又曰先祖無美而稱之 是誣也 有善而不知 不明也 知而不傳 不仁也]"라고 하였다.

公諱渚 字伯源 吾申出自高靈 有諱成用 仕高麗朝 官檢校軍器監 六世而至諱包翅 入本朝 常居閒不樂仕 卒工曹參議 參議生諱檣 集賢殿提學 提學生諱叔舟 領議政 謚文忠公 再入首相 四冊元勳 文忠公生諱泂 內資寺正贈右議政 寺正生諱光潤 漢城參軍贈左承旨 承旨生諱潊 司猛贈吏曹參判 參判生諱仲淹 蔭仕至通政 壽官陞嘉善贈左贊成 是爲先考也 妣文化柳氏 司䆃寺正湋之女 三韓壁上功臣達之後 本朝右議政忠景公亮之六世孫 嘉靖甲辰十月初一日生公 公生有異質 小少嬉戲 已有成人儀度 及知讀書修業 慨然有大志 獨不屑意於科學之文 博學篤行 期於有成 年十五六文章蔚然可觀矣 十七八遊太學 鄭相公彦信 一見知其爲器 以公輔期之 甲子八月 先妣終于龍潭縣衙 伯氏日夜守殯 號泣不暫離 其年冬 奉櫬歸葬于清州 廬于墓側 哀毁成病 幾至不起 時湜年才十四五 隨兄廬墓 朝夕攀號之餘 以兄病爲憂 問醫求藥 僅以得蘇 然因此寒疾爲平生之祟 得壽不長 嗚呼痛矣 孝友之行 出於天性 日拜家廟 終身不廢 奉養承順 靡不曲盡 治家以正 內外截然 恩信行焉 先府君以蔭仕 累典州郡 未嘗閒居在家 貽書伯氏曰 吾心國事 不暇念家 汝弟教訓之道 爲其兄長之責也 公已自成童時 教導湜有方 必以孝悌忠信禮義廉恥等說 朝夕提耳 諄諄然善誘之 自喪先妣 季也甚幼伯氏晝則保負 夜必懷抱 撫育愛養 無異慈母 至其教誨 則必嚴立科條 不正之書 無稽之語 不使之接於耳目 授以四書三經 日月講磨 至有奧意 懇懇爲湜輩解之 少有懈怠 則率先躬行 必加嚴責 故湜輩之賴得成立者 莫非我賢父兄教養之力也 噫 公嘗擧鄉貢 赴禮曹 適見奸徒用事賢流見劉 歎息久之 因吟日暮西風急 飛塵恐汚衣之句 浩然長歸 告于先考曰 世道險巇 小子不復應擧矣 先考聞而嘉之曰 士各有志 從汝所好可也 自是絶意擧業 與湜 遊于成先生運門下 大肆力於六經 致勤於禮學 而冠婚喪祭之具 無不躬行而體得者也 尤邃於易書 而進退消長之理 莫非心灕而神會者也 然公心自晦韜 故人鮮有知而成先生多奬許焉 世居清州墨井 愛其巖壑瑰奇 溪潭潔清 別築一室而遂爲名曰靜觀 以寓庭草盆魚之樂 益樹以松竹花卉 日嘯咏釣遊其間 謝絶世故 端坐靜室 左右圖書 研精覃思 靜裏工夫 比之前日 尤深且專一 故有領得惺惺持敬義 靜中眞味逈超凡之句 此其力學切至而體驗處也 每遇興到處 逍遙自得意 輒與湜輩 和而唱之 題其目曰 鴒原雜詠 是期其永享友于之樂於百年矣 嗚呼痛矣 舊痾沉綿戊子秋 公疾革 湜泣問有何恨 公蹶起執湜手 痛泣哽咽曰 老親在堂 死爲不孝 他尙何恨 但死得其正可矣 易簀就正寢 遺命薄葬 九月二十六日 卒于正寢 是年十一月 葬于

墨井乾坐之原 先妣墓下而有棺無槨 從其治命也 先聘于迪順副尉咸昌金廷俊女 生二男 長得濬次得海進士 繼室以司評綾城具審言女 生一男 得灝 得濬娶綾城具大仁女 早夭無嗣 得海娶錦城朴祉女 亦早夭無嗣 得灝初娶僉中居昌愼好學女 無子 繼娶別提綾城具恒祖女 生一子 嗚呼 以公之好學 假之以年 不日可化 不幸短命 子孫亦是零星 天之報施善人 其如何哉 公所著書 有易行衍義三卷 克盡潔靜精微之蘊 禮說總論四卷 深得斟酌損益之宜 而盡佚於兵燹 其於立言垂後之意 竟何如也 惜哉 以公之德之才 生無位而死無狀 其不可泯者 歲久而益泯 則是湜輩責也 撰次其一二 以俟立言之君子 而若無溢美而取譏 則先賢已有戒 湜雖無狀 亦不爲也

舍弟 湜 謹撰

통문通文

쌍천서원 통문[363]
雙泉書院 通文

다음과 같이 통유[364]합니다. 정관재(靜觀齋) 신 선생(申先生)은 바로 졸재(拙齋)와 하은(霞隱)의 백씨(伯氏)입니다. 선생은 도학(道學)이 고명(高明)하고 효도와 우애가 우뚝하게 높았으며 문장이 세상에 출중하셨고, 기타 유적이 본손(本孫)의 집안에 소장되어 있습니다. 그러한 데다가 대곡 성 선생의 문인이기도 합니다. 그러니 사림들이 경모하는 입장에서 누군들 흠모하고 숭상하지 않겠습니까. 마땅히 선현을 추배[365]하는 사업이 있어야 했고, 공론이 일치된 지도 오래되었습니다.

그러나 본손(本孫)은 영락하고 사기(士氣)가 부진하여 지금까지 이루지 못했으니, 어찌 개탄스럽지 않겠습니까. 이에 통문을 발송하니 바라건대 여러 군자들께서는 공의(公議)를 준발하시어, 먼저 선생의 높은 덕행을 천명하고 다음으로 사림의 성의를 이룰 수 있게 된다면 천만다행이겠습니다.

갑신년(1814) 2월 24일 서원 재중[366] 사림 유학(幼學) 오달환(吳達煥), 이시예(李是銳), 강찬주(姜纘周), 신경록(申景祿), 오계환(吳啓煥), 목인봉(睦仁鳳), 안지중(安知重), 신경행(申景行), 목인숙(睦仁翻), 신지연(申智淵), 오경환(吳景煥), 한석좌(韓錫佐), 신원모(申元模).

右文爲通諭事 靜觀齋申先生 卽拙齋霞隱伯氏公也 先生道學高明 孝友卓爾 文章絶

363) 쌍천서원 통문(雙泉書院 通文) : 쌍천서원은 졸재 신식(申湜, 1551~1623) 선생을 제향하기 위해 1694년(숙종 20)에 청주 낭성에 창건한 서원이다. 통문(通文)은 여러 사람의 성명을 차례로 적어 넣는, 여러 사람이 돌려보는 통지문(通知文)이다. 여기서는 쌍천서원에서 통지한 통문을 이른다.

364) 통유(通諭) : 여러 사람에게 두루 알림.

365) 추배(追配) : 추후에 배향(配享)하는 것.

366) 재중(齋中) : 서원에서 기숙하며 수업하는 유생들이라는 뜻으로 쓴 것이다.

世 其他遺蹟 藏在本孫家 而又是大谷成先生門人也 其在士林景慕之道 孰不欽崇哉 宜有追配先賢之擧 而公議之詢同 則厥有久矣 然而本孫零替 士氣不振 于今未遂者 豈不慨然者乎 玆以發通 幸須僉君子 準發公議 一以闡先生之景行 二以遂士林之誠意 千萬幸甚

甲申 二月 二十四日 書院齋中 士林 幼學 吳達煥 李是銳 姜纘周 申景祿 吳啓煥 睦仁翻 安知重 申景行 睦仁翻 申智淵 吳景煥 韓錫佐 申元模

봉계서원 회통문[367]

鳳溪書院 回通文

다음과 같이 통유합니다. 정관재 신 선생은 도학이 고명하여 우리 사림들이 우러러 사모한 지 오래되었습니다. 그러나 선현을 추배하는 행사는 공론이 모두 같기를 기다려야 합니다. 지금 귀측의 통문을 받았는데, 감히 다 같이 한목소리로 찬동하지 않을 수 있겠습니까.

이에 통문에 회답하니, 바라건대 여러 군자들께서 속히 창시(創始)하여 이 일을 성사시키시면 천만다행이겠습니다.

갑술년(1814) 2월 25일 재말[368] 김연일(金烟一), 김언기(金彦基), 권상충(權尙忠), 신인록(申仁祿), 유대기(柳大基), 한영복(韓永復), 권상정(權尙正), 신경록(申景祿), 조기현(趙箕鉉), 오재관(吳在寬), 권억(權億), 정보환(鄭輔煥), 권칙(權侙).

右文爲通諭事 靜觀齋申先生 道學高明 惟我士林仰慕久矣 而追配先賢之擧 以待公議之詢同 今承貴通 敢不同然一辭乎 玆以回通 望須僉君子從速創始 以爲準事之地 千萬幸甚

甲戌 二月 二十五日 齋末 金烟一 金彦基 權尙忠 申仁祿 柳大基 韓永復 權尙正 申景祿 趙箕鉉 吳在寬 權億 鄭輔煥 權侙

367) 봉계서원 회통문(鳳溪書院回通文) : 봉계서원은 1702년(숙종 28) 청주 월오동에 창건한 서원으로, 동강 김우옹(金宇顒, 1540~1603), 하은 신용(申涌, 1560~1631), 종산 신집(申潗, 1623~1688)을 제향하였다. 회통문은 통문에 대한 회답의 글이다.

368) 재말(齋末) : 재임(齋任)의 말석이란 뜻의 겸사이다. 재임은 향교에서 숙식하는 유생으로서 그 안의 일을 맡아보던 임원을 말한다.

청안향교 통문
清安鄕校 通文

다음과 같이 통유합니다. 도학이 고명하고 효도와 우애가 탁월한 분이 계시면 사우를 건립하여 제향을 올리는 것이 곧 나라의 아름다운 법도요 사림의 성대한 행사로, 거행하지 않은 경우가 없었습니다. 그런데 오직 우리 정관재 신 선생은 대곡 성 선생의 훌륭한 제자이자 졸재와 하은 두 선생의 어진 백씨로, 문장과 도덕이 태산과 북두처럼 나란히 높고, 시례와 연원[369]이 임천에서 지내시면서 한결같이 고결하셨습니다. 천년을 거슬러 올라가 선현의 정맥을 잇고 백세가 지나도 후학의 사표가 되시니, 존모하는 정성이 마땅히 어떠해야 하겠습니까. 영령을 모시자는 공론이 이미 선배로부터 나왔는데도 아직까지 거행하지 못하고 있으니, 실로 이것은 유림들이 개탄할 일이요, 끝내 때가 늦었다는 탄식이 없지 않을 것입니다. 추배하는 일은 또한 어진 이를 높이는 전례입니다. 하물며 이 고장은 선생께서 평소에 오가던 곳이며 형제가 함께 뛰어났으니, 어찌 찬미할 일이 아니겠습니까.

엎드려 바라건대, 여러 군자들께서는 공의를 일으키시어 속히 일을 끝마칠 수 있도록 하여, 후학들의 현인을 흠모하는 정성에 부응하여 주시면 천만다행이겠습니다.

갑술년(1814) 5월 초1일 통지하는 글을 보냅니다. 교임[370] 황검(黃檢), 채득사(蔡得泗), 장수문(張受紋), 김의호(金義浩), 이한정(李漢鼎), 김영덕(金永德), 신규(辛鍷), 장수정(張受鼎), 장태성(張台星), 장수곤(張受坤), 장수경(張受經), 이배실(李培實), 연재현(延在顯), 권상평(權尙枰), 연재신(延在信), 김영수(金永壽), 황일섭(一燮), 안경수(安景洙), 김여효(金汝孝), 김세락(金世洛), 연희호(延喜浩), 김의로(金義路).

右文爲通諭事 道學高明 孝友卓越 則建祠宇享俎豆는 乃國家美典 士林盛擧也 無不畢擧而惟我靜觀齋申先生 卽大谷成先生之高弟 拙齋霞隱兩先生之賢伯也 文章德業並山斗而齊高 詩禮淵源 處林泉而同潔 遡千載繼先賢之正脉 閱百世而後學之師表 尊慕之誠 當如何 妥靈之公議 已發於先輩而尙且未爾 實是儒門之慨然處 而終不無

369) 시례(詩禮)와 연원(淵源) : '시례'는 시례지훈(詩禮之訓)의 준말로, 집안에서 전해지는 가학(家學)을 이른다. '연원'은 학문의 전통을 이른다.

370) 교임(校任) : 교수(敎授)·훈도(訓導) 등 향교 관원을 말한다.

後時之嘆 追配之擧 亦尊賢之前例也 況本乃先生杖屨之所 而況兄弟同卓 豈不美事哉 伏願僉君子 系發公議 期於從速竣事 以副後學慕賢之誠 千萬幸甚

甲戌 五月 初一日 發文 校任 黃檢 蔡得泗 張受紋 金義浩 李漢鼎 金永德 辛鏟 張受鼎 張台星 張受坤 張受經 李培實 延在顯 權尙枰 延在信 金永壽 黃一燮 安景洙 金汝孝 金世洛 延喜浩 金義路